两型工程管理

陈晓红 等 著

科学出版社

北京

内 容 简 介

本书对可持续发展理念提出以来，日渐普遍的资源节约型和环境友好型工程（简称两型工程）实践进行了归纳梳理，系统提出了两型工程管理的理论框架，从两型工程的过程管理、融资管理、风险管理、公共关系管理、法律事务管理等章节进行了较深入的理论阐释和实践经验介绍，并对两型工程管理实践中的典型代表——长株潭国家两型社会建设示范工程体系的规划、标准和具体工程管理实践进行了全面总结介绍，最后对两型工程管理的未来发展趋势进行展望。本书主要章节均有理论成果应用于实践的案例分析，在提高了理论成果的实践指导价值的同时，也提升了内容的可读性。

本书适用于管理学、工程学理论研究者，工程管理实践的领导和实施者参考阅读。

图书在版编目（CIP）数据

两型工程管理/陈晓红等著. —北京：科学出版社，2015

ISBN 978-7-03-045790-5

Ⅰ. ①两⋯ Ⅱ. ①陈⋯ Ⅲ. ①工程管理 Ⅳ. ①F40

中国版本图书馆 CIP 数据核字（2015）第 226140 号

责任编辑：徐 倩/ 责任校对：贾伟娟
责任印制：肖 兴/ 封面设计：无极书装

科 学 出 版 社 出版

北京东黄城根北街 16 号
邮政编码：100717
http://www.sciencep.com

中国科学院印刷厂 印刷

科学出版社发行 各地新华书店经销

*

2016 年 1 月第 一 版 开本：720×1000 1/16
2016 年 1 月第一次印刷 印张：18 1/2
字数：370 000

定价：112.00 元

（如有印装质量问题，我社负责调换）

序

　　工业革命以来，人类经济社会的发展进入了前所未有的高速发展阶段，人类文明在获得璀璨夺目成果的同时，与自然资源、环境的矛盾冲突也日益尖锐。就我国而言，过去 30 多年来经济经历了高速发展，经济总量跃居世界第二，但同时也成为世界最大的能源消费和二氧化碳、二氧化硫、化学需氧量排放大国。面对日益严峻的资源环境约束，自 20 世纪 80 年代"可持续发展"理念被提出以来，国际社会掀起了一场以绿色、生态、低碳为主题的发展革命，中国政府也将推进资源节约型和环境友好型社会建设、大力推进生态文明建设、加快生态文明制度建设作为国家战略和大政方针，推动经济发展方式的转变。

　　在这一时代背景下，工程作为人类影响自然最重要、最直接的手段，不仅继续承担着开发利用自然资源、改造生态环境的基本职能，而且开始肩负起提高自然资源集约节约利用水平、创造推广新型可再生资源、保护和修复生态环境的时代重任。两型工程应运而生，成为增强国家核心竞争力和实现中华民族永续发展的一类重要工程。两型工程具有全新的工程目标、复杂的实施背景、各异的工程形态，在工程管理中面临着许多过去不曾出现的问题，因此国内外具有远见卓识的理论界和实务界专家学者开始密切结合两型工程的实践，深入研究两型工程管理理论与方法，为两型工程管理提供科学的方法指导和实用的技术支持，这一领域研究工作深远的理论意义和显著的现实意义不仅为相关专业人士所肯定，也得到社会各界的认同。

　　陈晓红教授领导的研究团队是国内较早进入这一科研领域的创新研究群体。他们将"顶天立地"的指导思想贯穿于科研工作的始终，一方面通过为两型工程的规划、实施和运营管理解决具体技术难题及深入工程建设实践广泛调研等途径，在纷繁复杂的两型工程实践中，不断凝练科学问题，开展深度理论研究，取得了极具价值、引人瞩目的一系列理论成果；另一方面又积极将上述理论成果推广应用于两型工程管理实践中，在实践的检验和反馈中不断完善所取得理论成果的同时，也为我国两型工程管理专业化、规范化程度提升做出了贡献。今天我们看到的这本专著是他们多年来进行的关于两型工程管理理论研究与管理实践取得成果的结晶。

　　该书在探讨两型工程的概念、梳理两型工程的主要类型、明晰两型工程管理的主要内涵、总结两型工程管理的主要特点的基础上，从知识、过程、要素三个维度构建了两型工程管理理论框架体系；总结阐述了两型工程管理发展历程与研究现状，全面论述了两型工程管理的理论基础，概述了两型工程管理的学科基础；分别以专门章节对两型工程的过程管理、融资管理、风险管理、公共关系管理、法律事务管理进行了分析论述，并以长株潭国家两型社会建设示范工程为案例，对两型工程管理实践的典型经验与做法进行了分析与介绍；最后对两型工程管理未来的发展趋势进行了展望。

该书在国内较早尝试对两型工程管理涉及的历史沿革、理论基础、学科基础进行全面总结阐述，并率先提出了两型工程管理理论框架体系；同时在内容安排上坚持理论与实践相结合，在两型工程的融资管理、风险评估等章节均有作者承担或参与过的相关案例介绍，并专门安排一章对长株潭国家两型社会建设示范工程体系的规划、代表性工程的管理实践进行全面分析介绍。这些鲜明特色，使得该书不仅条理清晰、体系完整，而且具有较强的操作性和较好的可读性。该书的面世，可以说不仅是对构建两型工程理论体系的有益探索，同时也是对现有工程管理理论体系的丰富和拓展。

虽限于时间和水平，还未及对该书内容详加精读和研究，但仅匆匆翻阅通读之后，已深感该书对于我国工程管理学界的重要意义。在祝贺陈教授及其团队取得成绩的同时，也衷心地期待他们和国内外许多相关研究机构、学者一道，在以前工作的基础上，把我国两型工程管理的理论与实践水平不断推向新的高度。

是为序。

何继善

2015 年 4 月 30 日

前　　言

　　1987 年，世界环境与发展委员会（World Commission on Environment and Development，WCED）发表了报告《我们共同的未来》，首次提出了"可持续发展"的概念，自此以来，"可持续发展"成为现代生态经济和环境政策分析的核心理念。可持续发展理念所要求的"既满足当代人的需求又不危及后代人满足其需求的发展"被《21 世纪议程》正式列为首要的经济社会发展目标，也被越来越多的国家、政府组织甚至私营企业接受，在学术界和实务界都产生了巨大的影响。20 世纪 80 年代以来，世界发展出现的可持续、绿色、环保、低碳的潮流，为工程管理变革提供了宏观的时代背景。世界上的主要发达国家均把实现经济发展方式的可持续化转变作为本国经济社会发展的核心指导方针之一，提出了一系列具体化的实施方案。

　　我国党和政府高度重视资源、环境约束对我国经济社会发展和人民生活带来的影响，面对日益突出的资源、环境问题，党在十六届五中全会上第一次明确提出建设资源节约型、环境友好型社会的要求。党的十八届三中全会对生态文明制度建设作了总体部署，提出要紧紧围绕建设美丽中国深化生态文明体制改革，加快建立生态文明制度，推动形成人与自然和谐发展的现代化建设新格局。而资源节约型和环境友好型（简称"两型"）社会需要通过节能减排、环境综合治理、资源循环利用、"两型"城市、"两型"产业与园区等方面的一大批两型工程项目的建设来逐步实现。

　　两型工程是指人类社会为追求自身的可持续发展，根据整体、协调、循环、再生的控制论原理，采用资源高效开发与集约节约利用、环境保护、生态修复等技术的系统开发与组装，系统设计、规划、调控经济社会和环境生态系统的结构要素、工艺流程、信息反馈、控制机构，在系统范围内获取高的经济和生态效益的工程活动类型。两型工程的关键在于资源高效开发与集约节约利用、环境保护、生态修复等技术的系统开发与组装。两型工程的开发管理既需要传统工程管理理念与方法，又需要新的适应两型工程特性的管理体系，需要工程参与者和组织者的努力，运用科学的管理理论和特定方法，对两型工程及其资源进行计划、组织、协调、控制，以实现两型工程的特定目标。两型工程管理是在工程管理理念中加入生态的思想，要求最大限度地节约资源、保护环境和减少污染，以达到人与自然、人与社会的和谐发展。

　　本书共 9 章，内容包括两型工程管理的内涵与特点、两型工程管理理论基础、两型工程过程管理、两型工程融资管理、两型工程风险管理、两型工程公共关系管理、两型工程法律事务管理、两型工程管理实践、两型工程管理展望。陈晓红教授主持了与本书相关的课题研究工作，提出了本书中的主要思想和学术观点，制定了本书的详细大纲，组织了本书的整理过程，并对本书进行了统稿、改写和最终定稿。李大元副教授参加了相关课题研究和书稿整理写作工作，并协助陈晓红教授对全书进行了认真细致的审查，提出了许多宝贵的修改意见。贝兴亚研究员、任胜钢教授、徐选华教授对本书的写作提出了许多宝贵的建议与意见。参加相关课题研究和书稿整理工作的还有：周志方、粟路军、王傅强、李喜华、周智玉、唐湘博、龚巍、易国栋等。在研究过程中，参考了大量的国内外有关研究成果。

　　在科研工作当中，团队得到国家自然科学基金创新群体项目"复杂环境下不确定性决策的理论与应用研究"（项目号 71221061）、国家自然科学基金重点项目"面向环境管理的嵌入式服务决策支持理论与平台"（项目号 71431006）、教育部哲学社会科学研究重大课题攻关项目"两型社会建设标准及指标体系研究"（项目号 10JZD0020）和"生态文明制度建设研究"（项目号 13JZD0016），以及其他省、部和企业委托的重大课题的大力支持，在此，衷心感谢国家自然科学基金委员会、教育部及其他省、部相关科研管理部门和有关企业对团队科研工作的大力支持。衷心感谢所有参考文献的作者！衷心感谢团队所在的"两型社会与生态文明"协同创新中心，它为团队科研工作创造了良好的学术环境和研究条件！衷心感谢科学出版社，它为本书的出版进行了精心细致的修订与整理。

　　两型工程管理是一个全新的研究领域，很多关键问题还没有统一答案，值得我们去深入探讨，作者水平有限，定有不足之处，恳请读者不吝赐教。

2015 年 6 月

目　　录

第1章 绪 论

1.1 研究背景与意义

1.1.1 研究背景

1987 年，世界环境与发展委员会发表了报告《我们共同的未来》，首次提出了"可持续发展"的概念，自此以来，"可持续发展"成为现代资源、环境经济学和公共政策分析的核心理念。可持续发展理念所要求的"既满足当代人的需求又不危及后代人满足其需求的发展"被《21 世纪议程》正式列为首要的经济社会发展目标，也被越来越多的国家、政府组织甚至私营企业接受，在学术界和实务界都产生了巨大的影响。

1997 年 11 月，《京都议定书》在联合国气候变化框架公约缔约国会议上被提出，以应对温室气体过量排放而引发的气候变化问题，此后的 13 年间，陆续有191 个国家签署并批准了这一议定书；承诺采取经济、社会、工程技术等多方面的综合措施，实现全球平均气温上升控制在 2℃以内这一目标。应对气候变化的国际行动是可持续发展理念提出以来一项重要的具体实践，也为世界各国发展的转型提出了最为直接、迫切的现实压力。

20 世纪 80 年代以来，世界发展出现的可持续、绿色、环保、低碳的潮流，为工程管理变革提供了宏观的时代背景。世界上的主要发达国家均把实现经济发展方式的可持续化转变作为本国经济社会发展的核心指导方针之一，提出了一系列具体化的实施方案。例如，美国以国会法案形式，确立了将多种形式可再生能源推广利用打造成为经济发展新引擎的战略计划，并明确提出了新型风能、太阳能、地热能利用技术，以及高效电池、智能电网、碳储存和碳捕获技术等发展重点；英国实施低碳转换计划，提出了到 2020 年可再生能源在能源供应中要占 15%，40%的电力来自低碳能源、绿色能源领域的战略目标；德国推进新的国家经济现代化战略，实施了包括推行生态工业政策、制定各行业能源有效利用战略、扩大可再生能源使用范围、推出刺激汽车业政策等改革创新措施；日本提出了绿色经济与社会变革政策草案，包括促进新能源汽车研发，大力发展风力、水力、太阳能、潮汐、地热、废弃物等可再生能源，实施温室气体排放权交易制和征收环境税等政策方针；等等。

我国党和政府高度重视资源、环境约束对我国经济社会发展和人民生活带来的影响，面对日益突出的资源、环境问题，在党的十六届五中全会上，建设资源节约型、环境友好型社会首次被提出作为国家战略。十七大报告将资源节约、环境保护提升为基本国策，首次明确提出了建设生态文明的战略任务。十八大报告进一步把生态文明与政治、经济、社会、文化建设并列构成中国特色社会主义事业"五位一体"总布局，提出加快资源节约、环境友好型社会进程，建设"美丽中国"的宏伟目标。党的十八届三中全会对生态文明制度建设进行了总体部署，提出要紧紧围绕建设美丽中国深化生态文明体制改革，加快建立生态文明制度，推动形成人与自然和谐发展现代化建设新格局。

工程活动作为人类改造和影响自然环境最为直接的活动，也日益表现出新的特点和发展趋势。例如，在工程管理的目标中，工程活动对环境的友好程度和资源利用的集约节约程度成为越来越重要的考虑因素；在工程活动的类型中，出现了专门为保护良好生态环境或修复已损害的生态环境的工程类型；等等。在这样的发展趋势和时代背景下，探讨两型工程管理的内涵、特征与规律已显得十分必要和迫切。

1.1.2　研究意义

对两型工程管理活动的探讨与研究具有显著的理论与实践意义，主要表现为以下三个方面。

一是有助于明确两型工程管理所具有的理论内涵。根据与两型工程管理有联系的资源环境经济学、生态经济学、工程项目管理、全生命周期评价等相关理论，结合实践中两型工程管理所涉及的具体活动过程和类型，通过已有研究文献的梳理和总结，对两型工程管理的理论内涵加以分析和明确，为在学术研究和工程实践中界定两型工程管理提供较为科学、明确的标准，客观、准确地描绘两型工程管理活动所涉及的理论范畴。

二是有助于探索两型工程管理行为的内在规律。通过针对两型工程的过程、融资、风险、公共关系、法律事务等方面工程管理活动的理论构建、实践归纳，分析总结出两型工程管理在上述各方面区别于一般现代工程管理的独特特征，并在此基础上归纳探索两型工程管理在上述各方面存在的运行规律。这对于进一步正确认识和理解两型工程管理活动，优化两型工程管理的效率和效果具有直接的指导意义。

三是有助于形成两型工程管理机制。本书力求尽可能地在概括前人的有关研究、总结归纳实践经验的基础上，剖析当前两型工程建设中所涉及的主要问题，并就这些问题的本质特征从管理的角度、机制的深度进行剖析，为有效地解决两型工程管理中的问题提出对策建议，力图促进形成符合中国实际情况、具有中国特色的两型工程管理机制。

1.2　两　型　工　程

1.2.1　两型工程的概念

资源节约型与环境友好型工程，本书又称为"两型工程"，是以实现可持续发展为终极目的，在建设"两型社会"和生态文明的过程中，所规划、建设、运营的一系列直接服务于资源节约、环境友好目标的工程的总称。

在讨论和界定两型工程的内涵之前，有必要明确"工程"一词的含义。工程（engineering）一词普遍见于各个历史时期、各种通俗及专业的文献资料中，这一概念的内涵其实也经历了众多的衍生和变化，国际学术研究者们对于工程概念较为广泛接受的解释是，工程是一种科学应用，是把科学原理转化为新产品的创造性活动，而这种创造性活动是由各种类型的工程师来完成的。例如，《大不列颠百科全书》（*Encyclopedia Britannica*）定义"工程是为最有效地把自然资源转化为人类用途的科学应用"。美国工程师职业发展理事会（Engineering Council for Professional Development）对工程的定义则是"为设计或开发结构、机器、仪器装置、制造工艺，单独或组合地使用它们的工厂，或者为了在充分了解上述要素的设计后，建造或运行它们，或者为了预测它们在特定条件下的行为，以及所有为了确保实现预定的功能、经济地运行以及确保生命和财产安全的科学原理的创造性应用"。从工程管理的视角出发，本书认为何继善等（2005）对工程的定义较为适用，即"工程是人类为了生存和发展，实现特定的目的，运用科学和技术，有组织地利用资源所进行的造物或改变事物性状的集成性活动。一般来说，工程具有技术集成性和产业相关性"。

考察两型工程的概念，与之概念内涵较为接近的有"生态工程"概念。关于生态工程的内涵，美国学者 William J. Mitsch 在其著作《生态工程概述》中做出如下定义：为了人类社会及其自然环境二者的利益而对人类社会及其自然环境进行设计，它提供了保护自然环境，同时又解决难以处理的环境污染问题的途径，这种设计包括应用定量方法和基础学科成就的途径。虽然该定义阐述了生态工程的工程内容、工程目的，以及工程设计的方法，但是由于自然环境不存在"利益"，所以它发展或者演进的"好"与"坏"，仅仅是人类社会以自身"利益"尺度对生态环境存在质量进行衡量和评判的结果。同时生态工程可能涉及对人类生活、生产方式的改进，但是作为在一定区域范围内实施的自然工程，它不可能也不应该对"人类社会进行设计"。所以，该定义还不能科学地概括生态工程与两型工程的本质和发展实际。

我国有关学者专家也对生态工程进行了定义。北京林业大学的王礼先（2000）认为，生态工程是一门着眼于生态系统的持续发展能力的整合工程技术，其主要目的是解决当今世界面临的生态环境保护与社会经济发展的协同问题，也可以说是要解决现代人类社会的可持续发展问题。生态工程的关键在于生态技术的系统开发与组装。李世东和翟洪波在《世界林业生态工程对比研究》中认为，生态工程是根据整体、协调、循环、再生生态控制论原理，系统设计、规划、调控人工生态系统的结构要素、工艺流程、信息反馈、控制机构，在系统范围内获取高的经济和生态效益，着眼于生态系统持续发展能力的整合工程和技术。在这些对生态工程的定义中，已经体现出了系统论的思想，表现出我国学者专家结合我国国情对生态工程概念内涵的深刻理解。

参考"生态工程"等相关概念内涵，根据两型工程的目的与功能，本书认为，所谓两型工程是指，人类社会为追求自身的可持续发展，根据整体、协调、循环、再生的控制论原理，进行资源高效开发与集约节约利用、环境保护、生态修复等技术的系统开发与组合，系统设计、规划、调控经济社会和环境生态系统的结构要素、工艺流程、信息反馈、控制机构，在系统范围内获取高的经济和生态效益的工程活动类型。

两型工程是一类着眼于经济社会、环境生态系统、持续发展能力的整合工程，其关键在于资源高效开发与集约节约利用、环境保护、生态修复等技术的系统开发与组合。从各行各业的两型工程建设实践中发现，其主要类型有：两型产业工程、两型城镇工程、两型农村工程、两型建筑工程等。

1.2.2 两型工程的类型

两型工程所包含的内容十分复杂，通过对已开展的大量两型工程实践的梳理总结，两型工程主要包括五个方面：两型区域总体规划、产业两型化规划、两型项目规划、特殊环境生态工程设计与实施、两型技术与产品设计制造。

一是两型区域总体规划，主要是指在宏观和中观层面上，在城市群、城市、城区等地理区域范畴内，按照经济社会可持续发展的要求，在平面上对该区域的自然环境、经济、社会和技术因素进行综合分析，并在现有基础上，对区域的经济社会总体发展、产业发展、功能区分布、土地利用等进行多层次复合规划，使之相互衔接配套，实现多规合一；通过规划使经济社会发展各子系统在平面上形成合理的镶嵌配置，构筑符合资源节约和环境友好要求的区域经济社会可持续发展系统。

　　二是产业两型化规划，主要是指在中观和微观层面上，对一定区域内的产业结构调整优化和对两型产业、企业发展进行总体规划设计。一方面，根据环境资源对经济社会发展形成的约束，制定相应的产业政策，明确产业准入、退出标准；另一方面应用循环经济物质流、价值流分析方法，按照循环经济发展的要求，对现有产业链条进行优化设计，实现产业层面的资源节约、环境友好。同时也可按照循环经济设计要求，对重点企业的生产流程和物质流转进行优化设计，达到节能降耗的目的。

　　三是两型项目规划，主要是指在微观层面上，对具体的两型社会建设重点工程项目的选址、设计、建造标准、建造过程、运营管理进行规划设计。一方面要根据区域总体规划的要求，根据充分利用已有自然生态条件，尽量降低对环境的影响，充分发挥项目的预定功能的前提，选择项目的恰当的位置、设计原则与风格、建造标准，并对项目实施全过程及交付后的运营管理开展指导和优化；另一方面，根据低冲击开发的理念，进行项目空间结构设计，在立体上构筑项目各功能单元间互利互惠，充分利用环境资源的高效空间结构，实现对环境的低破坏、低影响、低冲击，对资源利用集约化、减量化。同时慎重论证，将必要适当的先进两型技术引入到项目设计与建造中，实现各种两型技术的集成植入和优化配置。

　　四是特殊环境生态工程设计与实施，主要是指重度污染区域的生态环境修复、生态脆弱地区的环境保护与生态养护等环境生态工程的设计与实施，如传统矿区生态修复工程、重工业区污染治理工程、大江大河源头生态保育工程、严重退化的劣地生态养护工程等。一般通过立即停止对特殊区域生态环境的破坏行为，清理、治理历史遗存积累的污染物，人工干预当地生态系统，使得这些区域逐步恢复生态功能。

　　五是两型技术与产品设计制造，主要是指在微观层面上，对两型社会建设亟须的、具有显著资源节约和环境保护功能、带来生态环境效益的技术和产品进行研究开发。

1.2.3　两型工程的特点

　　由于两型工程建设是以提供良好的生态功能为目的，这就决定了两型工程的投资者性质、工程形态和规模、工程评价指标和标准、工程管理适用理论与方法等方面，与一般现代工程相比，既有相似性，又有自身的独特性。本书认为两型工程的特点包括以下四个方面。

1. 系统性

　　系统性是现代工程共有的特性，在两型工程中表现得更为明显。两型工程不仅面临多变的外部环境、多层次的目标需求，具备多个功能子系统，同时又在同一层次上是多目标，且目标之间有兼容或冲突关系。因此，其在设计建造中不仅要求负责不同众多其他单位的共同协作，更要求两型工程在设计、建设、运营后能够实现多层次、多属性的目标要求。两型工程中，许多工程由成千上万在时间、空间上相互影响制约的活动构成，每一个工程在作为其子系统的母系统的同时，又是其更大的母系统中的子系统。因此，两型工程具备更为突出的环境敏感性、系统复杂性、形态多样性、过程动态性、结构异质性等特性，要求我们更为全面、动态、统筹兼顾地分析处理问题，以系统的观念指导两型工程建设。

2. 功能多重性

两型工程与一般现代工程相比，往往具备更多的环境、生态功能，表现出强烈的功能多重性。例如，工业废气综合利用工程，既是一类具有工业废气收集与处理功能的环保工程，同时也是一类具备余温、余压发电等功能的能源利用工程，具有鲜明的多重功能属性。

3. 目标多属性

工程都具有建设的目标体系，这一体系包括宏观指标和微观指标。一般与现代工程相比，两型工程由于其肩负的特殊使命和目的，其目标属性构成更为复杂，多目标间进行的取舍和决策更为困难。

4. 评价多元性

两型工程的根本目的在于维护和改善生态环境、服务两型社会建设、实现可持续发展，两型工程目的的特殊性决定了对其工程项目的评价维度将更为多元化，生态效益和社会效益将在其中占有重要地位。因此，传统的以经济产出作为主要目标的工程项目评价理论和方法应用于两型工程产出效益评价时并不完全适用，需要根据两型工程的特点和目的，对传统的工程项目评价指标体系进行创新和完善，增加反映两型工程的社会效益和环境效益的指标，如生态资源贡献量、单位环境容量经济产出等。

1.3　两型工程管理

1.3.1　两型工程管理的内涵

工程管理是因大型工程规划、实施和运营需要而产生的一个管理学分支学科。

它研究的对象主要是在资源有限的前提下，用以实现既定工程目标的科学管理和运筹方法。伴随着工程管理科学与技术自身的长足发展及其在各类工程实施中应用产生的良好效果，工程管理在世界各国已得到广泛推广和应用，特别是在责任重大、关系复杂、时间紧迫、资源有限的一次性任务中，工程管理显示出其独特的优势。

工程管理的基本含义有多种描述，比较权威的是美国项目管理学会《项目管理知识指南 PMBOK》中的定义，"把各种系统、方法和人员结合在一起，在规定的时间、预算和质量目标范围内完成工程项目的各项工作，有效的工程项目管理是指在规定用来实现具体目标和指标的时间内，对组织机构资源进行计划、引导和控制工作"。

我们认为，两型工程管理的内涵是指，由投资者、建设者、运营者和其他利益相关者共同参与，创新、发展现有工程管理科学理论和方法，并用其对两型工程活动及其资源进行规划、组织、协调、控制，以实现包括经济、社会、资源、环境等多方面综合目标的管理方法体系。两型工程管理除了具备一般现代工程管理的内涵以外，还包括有以下的特殊内涵。

1. 两型工程管理的本质是适应于两型要求的管理方法体系

工程管理是一种公认的管理模式，而不是任意的一次管理过程，是在长期实践和研究的基础上总结成的理论方法。两型工程管理本质上也是一种管理方法体系，但为了适应于复杂多变的资源节约和环境友好型工程实践，无论在结构、内容，还是在技术、手段上与一般现代工程管理方法既有相同之处，又有一定的区别，以有效地保证工程活动实现预定的资源节约与环境友好目标。

2. 两型工程管理的对象是具有两型特征的工程项目体系

工程是由一系列任务组成的整体系统，具有系统性和完整性，前文已经具体分析了两型工程与一般现代工程相比具有的独特特点，包括系统性、功能多重性、目标多属性、评价多元性，正是这些特点的存在，使得两型工程管理发展成为一个区别于一般现代工程管理的管理方法体系。

3. 两型工程管理的主体是性质多样复杂的工程实体

工程项目的管理主体一般是投资者或经营者（业主），抑或由其他工程实体担当。两型工程项目的管理主体有可能是企业，在社会责任和监督压力的驱使下，违背追逐利润最大化的本性，其两型工程管理活动始终在成本控制与社会效益之间寻求艰难平衡；也有可能是政府相关部门或政府投资企业，往往面临投资和收益的不确定性，在计划和变化间不断平衡。

4. 两型工程管理的职能是快速多变的任务体系

两型工程管理的根本职能是对两型工程及其资源进行计划、组织、指挥、协调和控制，但由于外部环境快速变化对于两型工程实施效果影响巨大，所以两型工程管理的职能任务较为灵活多变，往往需要两型工程管理者根据环境变化及时识别工程风险，进行应对。

1.3.2　两型工程管理的特点

"两型工程管理"，顾名思义，"两型"是指从资源和环境约束的现实问题，用于解决资源和环境约束的现实矛盾；"工程"是指服务于上述目标的工程性措施，"管理"则是指对上述针对资源和环境约束问题进行的工程性措施运用管理学方式和技术进行协调、控制等管理活动。在此过程中，需要考虑所针对的资源和环境问题的特点、工程性措施的特点和管理活动自身的特点，只有将上述三者充分考虑，才能对两型工程管理的特点充分了解。

本书认为，所谓两型工程管理是指通过工程参与者和组织者的努力，运用科学的管理理论和特定方法，对两型工程及其资源进行计划、组织、协调、控制，旨在实现两型工程的特定目标的管理方法及其应用体系。它具有如下一些基本特点。

1. 管理因素的复杂性

两型工程项目往往实施规模大、范围广、现场分散，有的工程甚至跨行政区域、跨自然流域。由于上述特点，两型工程项目往往都有众多组成部分，在管理实践中需要运用多学科、跨学科、交叉学科知识和创新来解决问题，同时要求工程实施在精细化的质量、成本、进度约束前提下，实现既定的复杂多元目标，这使得两型工程管理的复杂、艰巨程度普遍超越了一般工程管理。因此，两型工程管理的成败更取决于科学适用的工程管理理论和方法体系的创新和应用，而不仅仅只是传统项目管理人员的经验和粗放式管理。

2. 管理方法的创新性

两型工程项目不但具有区别于一般工程项目的共性特征，由于工程形态差异较大，每个具体两型工程都有鲜明的自身特点和独特的目标体系，一般工程管理中常用的传统工程管理理论和方法往往难以直接适用。同时由于两型工程规划、实施和运营过程中的约束条件更多，面临的未知因素更为复杂，不确定性较一般工程项目大大增加，要求两型工程的管理要在稳妥中创造、继承中创新，为解决两型工程管理中的独特难题另辟蹊径。

3. 管理过程的交互性

两型工程管理把项目看成一个完整的系统，依据系统论"整体—分解—综合"的原理，将系统分解为许多单位，由责任者分别按要求达成目标，然后汇总、综合成最终的成果。各个分系统的实施与变化又将对整个工程大系统的目标产生影响，形成交互。因此，两型工程管理活动不仅仅强调部分对整体负责，也强调整体应当注意和应对分系统实施过程中带来的变化，即管理过程中存在交互性。

4. 管理组织的特殊性

两型工程管理是一个综合管理过程，需要集权领导和建立专门的工程管理组织。两型工程的复杂性随其范围不同变化很大。工程越大越复杂，其所包括或涉及的学科、技术种类也越多。工程活动主体的多元性要求有效的协调和职责的分解到位。

项目进行过程中可能出现的各种问题多半是贯穿于各组织部门的，它们要求这些不同的部门做出迅速而且相互关联、相互依存的反应，设立专门的组织机构，以矩阵式结构来组织管理项目，而非直线职能结构，这样有利于组织各部分的协调与控制，在保证多层次分目标实现的基础上，促进项目总体目标的实现。

1.3.3　两型工程管理的理论框架体系与主要内容

工程管理活动是指为了实现预期的目标（群），有效地利用各类资源，在正确的工程理念指导下，对具体的工程进行决策、指挥、协调与控制的活动与过程。而两型工程管理简而言之就是在工程管理理念中加入生态的思想，要求最大限度地节约资源、保护环境和减少污染，以达到人与自然、人与社会的和谐发展。本书认为，两型工程管理理论框架体系的架构，由知识、过程和要素三大维度构成，建立在管理科学、工程科学、环境科学及资源科学等多学科基础之上，对两型工程决策、设计、实施控制、评价进行管理。在过程管理活动中，它涉及融资管理、风险管理、公共关系管理和法律事务关系管理四大要素，具体的框架体系如图1-1所示。

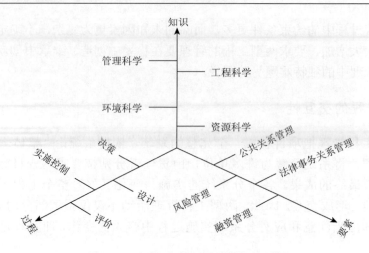

图 1-1　两型工程管理理论框架体系图

（1）两型工程过程管理。从工程管理的视角出发，其过程贯穿两型工程决策、设计、实施控制、评价四大领域，有效利用各类资源，在正确的工程理念指导下，对具体的工程进行决策、指挥、协调与控制。两型工程决策是两型工程过程管理的首要步骤，是一种非线性的社会系统决策。它的决策主体一般是以国家的政府机构为代表，还包括在决策过程中作为工程实施者的各类投资公司、作为智囊的咨询者和公众。对两型工程建设而言决策程序可包括五个步骤：发现问题、确定目标、处理信息、拟定多种备选方案及选择最佳方案。两型工程设计是对保证建设项目质量、成本和项目目标及生态环境具有重要影响的一个管理步骤。它根据批准的设计任务书，按照国家的有关政策、法规、技术规范，在规定的场地范围内对拟建两型工程进行详细规划、布局，把可行性研究中推荐的最佳方案具体化并形成图纸、文字，为工程建设提供依据。两型工程实施控制是科学运用工程管理方法和手段，严格按计划实施、及时进行反馈更新、严密跟踪对比，全面做好协调控制的阶段。它要求对自然资源的节约使用和优化配置，在工程的周期内进行工程的进度管理和变更管理，通过控制保证工程实施的规范、工程质量的合格、资金使用的合理有效，来达到环保效果的控制手段，从而科学有效地建立和运行两型工程的实施控制体系。两型工程评价是在工程竣工验收后，对各项目安全、质量、投资等逐项检查，以及全面考察工程的综合能耗、节能环保措施的落实及绿色建筑技术的应用情况等的一个评价阶段。两型工程评价体系主要包括两型工程项目评价、两型工程实施过程评价、两型工程效益评价、两型工程影响评价、两型工程持续性评价等单项评价及综合评价。对于评价的程序一般包括选择评价工程、制订评价计划、确定评价范围和选择执行工程评价的咨询单位和专家等。

（2）两型工程融资管理是政府为实现资源节约、环境友好目标，采用直接或间接融资方式，支持两型工程建设的一种资金活动。科学评价两型工程，正确分析两型工程风险是融资成功的基本条件之一。两型工程不同于一般现代工程项目，它具有规模大、建设周期长、对资金需求量和筹资渠道有着更高的要求等特点，因此两型工程的融资模式应多样化，包括投资者直接融资、绿色信贷融资、两型工程项目融资、国际融资等。每一种融资模式的特点不同，应用范围也不同，应该合理使用。由于两型工程融资的结构复杂，所以融资的程序比传统的也复杂很多。就两型工程的融资参与者来说，涉及的利益主体概括起来主要包括项目发起方、项目公司、项目投资者、金融机构、项目产品购买者、项目承包工程公司、材料供应商、融资顾问、项目管理公司等。一般来说，工程资金结构的选择由两大部分组成，即股本资金和债务资金，因此筹集渠道相对较多，筹集资金的手段也相对灵活。

（3）两型工程风险管理简言之是对两型工程建设中存在的风险进行管理。与一般现代工程的风险管理相比，两型工程的风险管理的特殊难点在于，一般现代工程项目风险管理以同类已建项目的经验性资料为参考，两型工程的同类项目经验资料较少，科学准确预判风险并设计应急预案较为困难。两型工程的风险管理要求依据两型工程所处的风险环境和预先设定的目标，由两型工程管理人员对导致未来损失的不确定性进行识别、评估、决策、应对与监控，以最小代价，在最大程度上保障两型工程总目标实现的活动。两型工程风险管理是一个确定和度量"两型社会"建设风险及制订、选择和管理风险处理方案的过程。概括来说，两型工程风险管理包括风险分析和风险处置两大部分的内容。风险分析包括风险的识别、评估等内容，其主要采用实证分析的思路，对两型工程风险性质进行准确描述，从定性和定量两个角度认识项目所面临的风险。风险处置包括两型工程风险的决策、应对和监控等内容，依据工程风险分析的结果并结合工程项目的人员、资金和物资等条件，制订和实施风险处置方案。两型工程风险识别是两型工程风险管理的开端，在风险识别的过程中，要全面有效地识别出可能对两型工程目标产生影响的风险因素、风险性质及风险产生的条件；记录具体风险各方面特征，并初步识别出风险发生可能引起的后果；编制风险识别清单，为风险管理后续工作的展开提供依据。两型工程风险评估是建立在有效识别两型工程风险的基础上，根据两型工程风险的特点，对已确认的风险，通过定性和定量分析方法估计其发生的可能性和破坏程度的大小。两型工程决策是管理人员为实现两型工程管理的目标，根据两型工程建设的环境和条件，采取合理的科学理论和方法，对所有可能的各个方案进行系统分析、评价和判断，从中选出最优方案的过程。两型工程风险应对计划是继风险识别、风险评估、风险决策之后，为降低风险的负面效应而制定风险应对策略和技术手段的过程。一般而言，针对某一风险通常先制定几个备选的应对策略，然后从中选择一个最优的方案，或者进行组合使用，可以依据风险管理计划、工程的特性、风险的识别清单、风险的评估清单、主体的抗风险能力及可供选择的风险应对措施等几个方面制订应对计划。

（4）两型工程公共关系管理是两型社会建设过程中一项独特的管理职能，需要处理政府、企业、公众等各方面的公共关系。由于资源、环境的公共品特点，两型工程项目的社会影响往往较大，其环境影响涉及面广、周期长，利益相关各方诉求各异、关系复杂，社会参与的主动性高，上述特点决定了两型工程公共关系管理的重要性。从两型工程公共关系的要素、职能、工作程序、策略着手，确立两型工程公共关系管理的理论框架，从而探索两型工程公共关系管理的实践路径。两型工程公共关系是在开展两型工程建设中，相关社会组织通过将具体措施政策施加给公众并造成一定影响后所形成的特定关系，其要素包括关系主体、客体和介体三个方面。两型工程公共关系的基本功能是指公关在社会实践活动中所发挥的效能和作用，它有利于两型工程公共关系活动原则和规范、技术和方法的确定和使用。其职能主要包括搜集信息、辅助决策、协调关系和塑造形象，这四大基本功能不是孤立存在的，而是彼此联系、互为因果，综合地发挥作用，形成一种综合性的功能。妥善处理两型工程的公共关系，科学的工作程序是必不可少的，一般而言，主体会从调查分析、公共关系策划、实施方案及评估调整四个方面入手来建立和发展公共关系。公共关系调查研究是两型工程公共关系的首要程序；公共关系策划在两型工程公共关系中处于核心地位，发挥着承上启下的功能；计划实施是两型工程公共关系的主体程序；而两型工程公共关系评价是对两型工程公共关系工作作全面深入的研究，是两型工程公共关系"四步工作法"的最后一步。两型工程公共关系策略是指在两型工程实践过程中，由政府公关、企业公关、媒体公关及非政府组织所建立以来的公共关系策略。在两型公共关系中，政府起着统筹决定作用，企业发挥着主体作用，媒体和非政府组织在信息传输、宣传导向上具有重要辅助作用。同时，为了应对两型工程公共关系危机事件，还需要相应的两型工程公共关系危机应急决策和冲突消解协调方法作为参考。

（5）两型工程法律事务管理就是通过制定和实施相关的法律制度，形成一套完整的防范、控制、监督、纠正的法律管理系统，对社会各界起到约束管制的作用，从而达到建设"两型社会"的目的。两型工程的法律事务管理一方面涉及相关各种法律法规的执行与实施；另一方面，也要求建立法律法规根据两型工程实践进行修改、衔接、完善的反馈机制。两型工程的主要法律法规构成包括四大部分，即宪法、法律、法规和规章。其中所涉及的各项法律由全国人民代表大会或全国人民代表大会常务委员会制定并颁布；所涉及的行政法规是由国务院制定并颁布的针对工程实际运作中的管理和许可条例等；所涉及的部门规章则是由国家环境保护部根据相关的法律和法规所颁布的一系列管理办法和管理规定。两型工程与环境、生态有着密切的联系，因此两型工程的法律法规体系庞大，主要包括：一是与环境保护相关的法律法规，如《环境保护法》《水污染防治法》《大气污染防治法》等；二是与自然资源相关的法律法规，包括《水法》《森林法》等；三是有关清洁生产方面的法规，如《清洁生产促进法》等；四是有关节约资源能源方面的法规，如《节约能源法》《环境影响评价法》《循环经济促进法》等。除此之外，还涉及上述多方面法律法规从立法到执法等多层面如何协调、衔接的问题。

第 2 章 两型工程管理理论基础

2.1 两型工程管理的发展历程与研究现状

2.1.1 两型工程管理的发展历程

伴随着社会生产的发展、科学技术的进步所引起的生产专业和协作综合化，工程管理的方式也随之不断演变、丰富与发展。基于构建资源节约型和环境友好型社会理念的提出，与之相适应，社会呼吁一种全新的工程管理方式——两型工程管理。两型工程，是基于中国目前处于工业化中后期的现状，在经济社会发展资源短缺、价格上涨、对外依存度上升、环境污染加剧、治理成本提高、生态失衡等多种问题并存的条件下提出的解决环境-生态-经济-社会方面问题的科学理念。这一理念在世界各国都有所应用和体现。其中，生态工程管理、环境工程管理的成熟发展推动了两型工程管理的萌芽，且三者在理念、本质方面保持高度一致性。

1. 国外两型工程管理的发展历程

国外关于两型工程管理的理念主要贯穿、体现于生态工程管理、环境工程管理，生态工程管理是既古老、通俗，又年轻、深奥的一门学科。20 世纪 60 年代，美国的 Odum 提出了生态工程概念，为生态工程管理成为一门新兴学科奠定了基础。西方国家生态工程管理的历史回顾及主要观点见表 2-1。

表 2-1　西方国家生态工程管理发展

时间	发展历程
自 20 世纪 60 年代起	通过利用生态工程和生态系统的某些原理及功能，西方一些科技工作者试图达到治理、保护生态环境和持续发展的目的，由此产生了西方生态工程概念
1962~1971 年	率先提出"生态工程"的美国学者 Odum 将其定义为"为了控制系统，人类应用主要来自自然的能源作为辅助能对环境的控制"
20 世纪 80 年代	欧洲的 Uhlmann、Straskraba 与 Gnamek 提出生态工艺技术，将它作为生态工程的同义语
1988~1999 年	美国的 Mitseh 与丹麦的 Jorgenson 联合将生态工程定义为"为了人类社会及其自然环境二者的利益而对人类社会及其自然环境进行的设计"
20 世纪末~21 世纪	西方的生态工程管理从研究走向应用，如美国加利福尼亚州南部河口区湿地，利用湿生植物香蒲去除重金属，丹麦雷姆斯湖建立了防治富营养化的生态工程，美国提出的环保 4R（reduction，recovery，reuse，recycle）策略正在逐步实施

20 世纪 60 年代以后，西方发达国家和地区面临了严重的生态危机，主要体现为工业化、城市化及农业生产所造成的环境污染和破坏。这使得国外为解决现代农业所带来的一系列弊端而首次将生态工程管理应用于农业方面。其中，颇具代表性的是美国将生态工程管理应用于有机、再生与持久农业方面。除美国外，西欧国家、菲律宾及日本分别在生物农业、立体农业及自然农业方面的生态工程管理中取得不错的成果。

此外，随着环境保护和污染治理日益受到关注，西方许多发达国家将生态工程管理应用于防污保护方面。其中，取得不菲成果的代表国家有在佛罗里达种植柏树使之成为森林湿地的美国；通过在湿地种植芦苇来处理污水的德国；利用植物处理山区生活污水的奥地利等。

世界各国重视生态环境建设可追溯至 1934 年美国实施的"罗斯福工程"，此后，许多发达国家纷纷将生态工程管理应用到社会实践中。其中，影响力较大的有日本的"治山计划"、加拿大的"绿色计划"、法国的"林业生态工程"及北非五国的"绿色坝工程"等。纵观西方国家生态工程管理发展史可知，国外的生态工程管理主要以环境科学与生态学为理论依据展开，大部分应用于自然生态系统的保护和环境污染的治理方面，相关的生态工程设计原理和技术路线比较单一，规模一般都比较小，目的大抵偏向于污染治理和环境保护。

2. 我国两型工程管理的发展历程

两型工程管理理论首先从原联邦德国和日本传入我国。在改革开放的起步阶段，两型工程管理理论开始向纵深发展。此后，由于国际文化交流程度扩大，我国得到世界银行等国际金融组织贷款和外商投资建设工程的大量增加，工程管理的理论与实践经验在我国得到推广应用，其具体发展历程如表 2-2 所示。

表 2-2　我国生态工程管理发展

时间	发展历程
20 世纪 70 年代	以传统农业经验为基础的朴素的自发生态工程
1979 年	马世骏首先倡导提出我国生态工程概念
1987 年	马世骏主编的《中国的农业生态工程》一书在我国出版，为开拓生态工程的研究思路奠定了基础
1989 年	马世骏、颜京松和仲崇信等教授参与的世界第一本生态工程专著 Ecological Engineering 使生态工程作为一门新兴学科正式问世
20 世纪 90 年代至今	基于整体、协调和内因外因关系等理论的中国生态工程管理的技术路线形成

事实上，依据我国大量朴素的生态工程实践，马世骏教授将生态工程原理的

研究对象确认为社会-经济-自然复合生态系统，这无疑为两型工程管理的发展奠定了理论基础。钱学森在 20 世纪八九十年代基于"工程控制论"对"复杂巨系统"进行研究；我国系统工程学会在 20 世纪 90 年代组织编写了《系统科学》等书；湖南省系统工程会在 1983～1990 年对区域规范化系统工程、区域综合发展规划展开研究，对区域经济、社会、生态等综合发展的中期规划方法进行探讨，且有规划地完成。此外，水利工程灌溉工程和人工林生物防治在原理、技术及方法的理论支撑下取得不错的社会效益。

虽然我国两型工程管理的研究时间较短，但进展速度较快。我国早期的两型工程管理是基于多门学科渗透融合的基础上发展起来的，在最初应用阶段主要强调综合系统的组分间关系及发挥系统的内部功能。此外，在环境保护方面的两型工程管理也得到初步应用，且因地制宜实施有利于促进生态系统恢复和重建的措施，如湖北鸭儿湖通过生态工程管理治理有机磷和有机氯农药污染、苏州外城河葑门支塘通过生态工程管理进行污水资源化等。

不同于西方国家，除了环境污染，我国面临的生态危机包括因人口激增、环境与资源破坏等问题合成的"并发症"。为有效解决这些问题而产生的两型工程管理不但要保护环境与资源，更重要的是生产出更高产、低耗、优质的物质产品。我国的特殊、复杂的实际情况不允许照搬照抄国外先进、成熟的理论，而应该立足本国国情，探索符合我国情况的两型工程管理模式。

2.1.2　两型工程管理的研究现状

两型工程建设是一个社会性试验，而如何对两型工程建设进行管理，已成为人们关注的焦点，而两型工程管理的研究也是学术界的研究重点。

1. 两型工程管理研究的国内外研究现状

国内外与两型工程管理相关的研究焦点一直在资源节约、环境友好、循环经济等几个方面上。两型工程管理方面的研究，不论是两型工程管理的原理和方法，还是现实的评价体系构建，国内外学者均取得了许多具有代表性的成果。

1）两型工程管理的原理与方法研究

两型工程管理的原理与方法研究主要包括以下三个方面。

一是资源节约、环境友好方面。20 世纪 80 年代以来，内生经济增长理论在以罗默（Romer）为代表的学者的推崇下得到了迅猛发展，一些经济学家们开始研究在自然资源和环境约束条件下，经济与环境协调发展条件问题。

　　二是循环经济、可持续发展方面。1984 年，我国著名生态学者马世骏提出的社会-经济-自然复合生态系统理论认为要追求经济在社会与自然的融合中可持续的、循环的发展。罗马俱乐部通过系统动力学模型提出"增长的极限"理论，并于 2004 年发布了此模型第三版的分析报告。

　　三是生态城市方面。以发达国家的面板数据为实证，格罗斯曼（Grossman）等提出了环境库兹涅茨曲线假设，且主张城市生态环境质量会随城市经济水平的提高呈现倒 U 形发展。美国著名生态学家 Odum 创立了一种新的环境-经济价值论和系统分析方法——能值分析理论和方法。这种方法通过将生态经济系统内的各种不同类别的能量和物质转换为同一标准的能值，进行定量分析研究并评估其发展的可持续性。

　　在经济快速增长和资源低效利用已经破坏了自然生命保障系统的前提下，Odum 于 1977 年强调有效解决生态环境问题的关键是把城市看成一个复合生态系统，且他将处于不成熟期的城市认为是生物圈的寄生者，人类社会经济活动离不开生态环境的支持，随后于 1983 年进一步指出城市共生功能对寄生功能的取代表明系统逐渐走向成熟（Odum，1983）。

　　通过构建城市能源基础设施-经济-社会-环境复合系统协调度模型，万冬君等（2007）对北京市展开了实例分析。付丽娜等（2013）基于高效数据分析技术的环境要素识别方法、区域生态环境治理决策的模拟仿真系统和基于智能监测与预警技术的合同能源管理与合同环境管理服务模式，为长株潭城市群的节能减排全覆盖工程和长沙市国家节能减排综合示范工程实施方案的制订提供了决策支持，实现了对环境治理工程的全过程动态模拟与结果仿真。

　　2）两型工程管理的理论体系研究

　　针对两型工程面临的工程蓝图如何具象化、标准化，建设规范和技术指南缺乏，资源型产业城市转型升级、重金属污染治理、产业结构调整与优化、企业节能减排等系统理论指导缺乏，动态、量化决策支持工具缺乏，能耗、排污状况难以与节能减排服务方案动态匹配等问题，陈晓红教授带领团队提出了"标准引领、智能监测、平台决策、服务推进"的两型工程管理理论，其理论思想如图 2-1 所示。具体包括以下内容。

　　（1）以标准引领两型工程建设的新理念与两型工程建设系列标准体系和认证体系。针对两型工程日渐增多，建设、管理中不断呈现出新特点、新趋势、新需求，却又缺乏科学规范的指引问题，陈晓红教授提出了以标准引领两型工程建设的新理念，构建了两型工程评价的框架体系、理论依据、主要原则、指标设置、评价方法、操作流程等规范，初步形成了两型工程建设系列标准体系和认证体系，解决了两型工程建设中独具特色的资源节约、环境友好、生态安全等评价维度的理论支撑、方法创新、工具研发的问题。

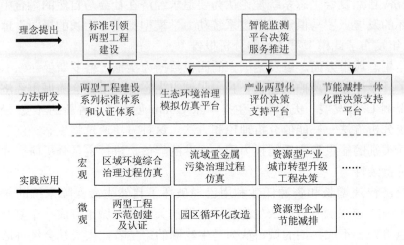

图 2-1　"标准引领、智能监测、平台决策、服务推进"的两型工程管理理论框架

　　在此基础上，针对不同的建设对象，研究构建了两型产业、企业、园区、技术与产品、学校、医院、建筑等 16 类两型工程建设标准，以实现对不同类型的两型工程建设进行分类指导。这些标准涵盖控制性指标和引导性指标，既划定了两型工程建设中必须达到的底线，又提出了要努力达到的发展方向，取得的成果属国内首创。

　　上述两型工程建设系列标准体系和认证体系在国家长株潭城市群两型社会建设综合配套改革试验区的重大工程规划、建设与评价中得到充分应用，发挥了重要指导作用，已成功指导了 468 个两型示范工程项目建设，从而在试验区探索出全国范围内可量化、可考核、可复制、可推广的两型工程建设规范和技术指南。

　　（2）以全过程模拟仿真为主要内涵的区域生态环境综合治理工程管理方法。该方法体系包括基于高效数据分析技术的环境要素识别方法、区域生态环境治理决策的模拟仿真系统及基于智能监测与预警技术的合同能源管理与合同环境管理服务模式，能成功实现对环境治理工程的全过程动态模拟与结果仿真。该方法、模式和仿真平台，为长株潭城市群的节能减排全覆盖工程和长沙市国家节能减排综合示范工程实施方案的制订提供了决策支持，为湘江流域综合治理的能耗、水质预警和减排提供了决策方案。

　　（3）集成基础数据管理、动态综合评价、决策方案优化的产业两型化评价技术及决策支持系统。在两型工程管理思想指导下，结合"集成动态量化"决策理论及其技术方法，设计出产业两型化程度评价指标体系，建立了长株潭城市群产业两型化发展数据库，研发出产业两型化水平评价决策支持系统。运用系统生成的评价报告为资源型产业城市的产业选择与升级问题提供决策支持，成果应用于株洲、冷水江、淮南等资源型产业城市的转型升级中。

（4）集成基于物联网的资源能源与环境数据采集、大数据分析、决策方案模拟等多种功能的企业节能减排一体化群决策支持平台。该平台由信息采集监控系统、数据分析系统和群决策分析系统三大部分构成（图 2-2），通过嵌入到企业的用能、排污设备的采集监控装置和技术，实时收集能耗、污染数据，并通过物联网络传输汇集到平台的数据分析系统，利用自主研发的大数据分析方法分析能耗和排污特征，并通过群决策支持系统，为高能耗、重污染企业排污实时监测、限额预警、减排动态决策、污染事故应急决策等提供解决方案。该平台已经应用于株洲冶炼集团等 11 家企业，取得了良好的经济效益和显著的节能减排效果。

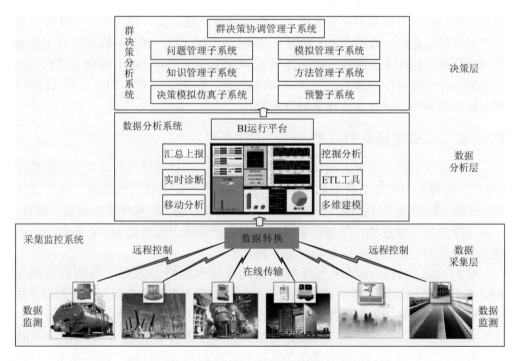

图 2-2 企业节能减排一体化群决策支持平台的架构

3）两型社会协调发展的评价指标体系研究

国外许多组织机构如联合国可持续发展委员会、联合国环境规划署、联合国统计局、世界银行等和世界各国政府、组织及相关学者提出了循环经济、可持续发展、生态城市等指标体系和有关的统计方法，推动了两型社会协调发展的评价指标体系研究。

虽然我国对两型社会协调发展的评价指标体系的研究起步较晚，但各地政府争先恐后地对此展开研究，尤其是在中共中央表明构建两型社会的决心后，各个学者研究热情空前高涨。其中，湖北省统计局建立了一套能对武汉城市圈两型社会建设现状进行初步评价的统计监测评价指标体系；湖南省统计局则建设了 29 个监测考核指标；中国城市规划设计研究院和湖南省发展和改革委员会构建了长株潭城市核心区经济社会发展指标体系；湖南"两型社会建设指标体系研究"课题组构造了社会综合指标体系。

除以上成果外，1983 年，国家统计局社会司建立了中国第一套《社会统计指标体系（草案）》；中国社会科学院社会指标课题组则研究社会经济综合指数；于 2005 年启动的"支持中国全面建设小康社会"项目帮助中国制定一整套有关发展的、科学的社会评价指标体系；近年来，中国社会科学院、中国科学院可持续发展战略研究组等单位和有关学者研究了全面建设小康社会、现代化、可持续发展等指标体系。此外，周永章等（2006）、钱锡红和杨永福（2008）构建了若干资源节约型社会指标体系；李名升和佟连军（2007）、袁志明（2008）则建立了相关环境友好型社会评价指标体系；王茂祯和冯之浚（2012）、孟丽莎和沈中华（2008）则对城市循环经济评价指标体系展开研究。

2. 两型工程管理研究的应用

经国务院批准，国家发展和改革委员会同意，长株潭城市群与武汉城市圈于 2007 年成为全国资源节约型和环境友好型社会综合配套试验改革区。短短几年间，这两个试验改革区按照"资源节约型和环境友好型"的总体要求从重大项目、一体化探索到部省合作、体制机制创新，在两型道路上迅速起步。在此期间，两型工程管理的方法及研究成果也得到了现实应用。

株洲冶炼厂的重金属废水处理资源化和废水废渣资源化项目被列入国家 2006 年资源节约和环境保护第二批备选并启动 5 项科技创新项目，这标志着长株潭整体进入国家老工业基地改造城市。

长沙市引水及水质环境工程建设进展顺利，岳麓污水处理厂、开福污水处理厂已经进入前期施工。长沙金霞海关保税物流中心建成。进出口银行湖南分行组建工作进展顺利。确定省级新农村建设示范村 341 个，新建户用沼气池 2.6 万口。世界银行湖南城市发展项目进展顺利，累计完成投资 8.12 亿元，占总投资的 22%；世界银行提供的技术援助支付比由原 91%提高到 100%，长沙排水公司项目土建支付比由原 42%提高到 75%。

自 2008 年起，以大东湖生态水网、梁子湖生态保护等工程为核心，武汉城市圈率先在中部开展排污权交易试点，实现体制创新；又以东湖国家自主创新示范区为据点，发挥引领与示范作用，顺利实现科技成果转化。

以湖北省联合发展投资公司这个崭新的投融资平台为依托，大东湖生态水网、花山生态新城等大项目纷纷启动。在此期间，先后有 67 个国家部委与湖北展开省部共建，国家推动武汉城市圈走两型道路。两型工程管理的相关理论研究指导着武汉城市圈的经济生产，使得整个城市群在改变粗放式生产的道路上快速前进。科学的指标体系更好地体现了两型社会对于资源节约和环境友好的要求，指引着城市发展在提高资源利用率方面的前进方向。

以上实践成果，均是两型工程管理在社会应用中先进性和优越性的体现。

3. 两型工程管理研究存在的主要问题

目前两型工程管理研究虽取得一定成果，但专门针对这一体系的研究较少，不足主要表现在以下方面。

（1）缺乏两型工程管理系统研究，研究分散且未形成相对成熟的理论框架与方法体系。

（2）两型工程管理的指标研究较少且不系统，无法反映发展状况，且指标体系的建立缺乏科学的理论基础，特别是指标体系的层次关系多为序列分解式的简单线性关系，其适配关系缺乏科学论证。

（3）两型工程管理研究的可参考案例十分稀少，难以为理论研究提供实践支撑，两型工程管理体系的框架构建也还在探讨中，需要进一步完善和丰富。

所以，两型工程管理的研究仍任重而道远。

2.2　两型工程管理的相关理论基础

通过对我国工程管理相关理论发展历史的梳理发现，人们的思维模式经历了从工程思维发展到哲学思维与伦理思维的转变过程。而在当下，随着环境问题的日趋严重，我国在借鉴发达国家发展经验的基础上，结合我国国情提出了一种具有创新意义的工程管理模式，即两型工程管理。两型工程管理理论是在传统管理理论弊端与社会需要之间的矛盾不断显露，而可持续发展理论与"资源节约型、环境友好型社会"改革成为社会共同认知环境下滋生、成长与发展起来的一种新型的工程管理理念。

2.2.1　系统工程理论

系统概念来源于古代人类的社会实践经验，人类自有生产活动以来，无不在同自然系统打交道。系统工程是 20 世纪中期开始兴起的一门综合性学科，其内容涉及系统论、控制论、耗散结构、信息论、决策理论、突变论、运筹学、协同学、大系统理论、超循环论及系统工程过程等多个方面。系统工程是从总体出发，合理规划、开发、运行、管理及保障的一个大规模复杂系统所需要的思想、理论、方法和技术的总称。系统工程与系统科学已经成为当代世界上最有影响的一种综合性基础性学科，它的应用已经渗透到工业、农业、国防、科学技术等各个部门，从宏观的国民经济规划到微观的一个工厂的管理，从长期战略的制定到短期计划的实施等，都无不可以用上系统工程与系统科学方法。

系统工程经过 40 多年的发展，已经逐渐发展成为一门学科，其方法技术体系已经非常庞大，其理论体系仍在不断发展过程中。其中，较为有影响力的系统工程理论有如下几种。

（1）一般系统论。一般系统论的概念是 1937 年贝塔朗菲在芝加哥大学的一次哲学研讨会上首次提出的，他提出"不论系统的具体种类、组成部分的性质和它们之间的关系如何，存在着适用于综合系统或子系统的一般模式、原则和规律"。

（2）控制论。控制论是 1947 年美国学者维纳创立的，主要研究系统的控制，其对控制论的定义是"关于动物和机器中控制和通信的科学"，着眼于结构之间的沟通、协调和控制机理。控制论的发展经历了经典控制论时期（20 世纪 40 年代末到 50 年代）、现代控制理论时期（20 世纪 60 年代）、大系统控制理论时期（20 世纪 70 年代以后）几个阶段。

（3）信息论。信息论是 1948 年贝尔研究所的香农所提出的。狭义信息论研究范围主要是消息的信息量、信道容量及编码等；一般信息论研究内容主要是通信问题；广义信息论则包括了所有与信息有关的领域。

（4）自组织理论。自组织理论是在 20 世纪 60 年代末期开始建立并发展起来的，是一般系统论和控制论的新发展。其基本的观点是"系统存在和生存有赖于系统本身复制其行为和组织的能力"，主要由耗散结构理论、协同学、突变论三部分组成。

20 世纪 70 年代中期开始系统工程在中国实现了有系统、有组织的研究和应用。中国学者在运筹学、管理科学和控制论方面的研究还可以追溯到 20 世纪中叶。钱学森教授早在 20 世纪 50 年代初期就开始对工程控制论的研究。其认为系统工程是组织、管理系统的规划、研究、设计、制造、试验和使用的技术，把所有为了改造客观世界的，从系统的角度来设计、建立、运转复杂系统的工程实践，都叫作系统工程。在现代这种高度组织起来的社会里，你会发现几乎到处都有复杂系统，任意一种社会活动都会形成一个系统，其建立、运转即构成了一项系统工程。系统工程是对一切系统都适用的技术——应用的普遍性和广泛性。从系统工程的概念出发，各种系统不同，就有各种系统工程，如企业系统工程、工程系统工程、信息系统工程、经济系统工程、军事系统工程、法治系统工程、行政系统工程、后勤系统工程、教育系统工程、环境系统工程、计量系统工程、农业系统工程等。

2.2.2　可持续发展理论

可持续发展概念的提出源于 20 世纪 80 年代，在 20 世纪 90 年代得到了大幅的发展。1987 年，世界环境与发展委员会在《我们共同的未来》报告中第一次提出了可持续发展的概念，这得到了社会各界的广泛认可，将其录入了国际社会的议程，同时让人们看到了其新颖的价值观和发展前景。根据这份报告，可持续发展被定义为"以不损害后代人利益为前提，满足当代人发展的需求"。可持续发展观与过去过分强调经济增长的偏激思想是有明显不同的，其基本主张是"世界上任何国家和地区的发展不能以损害其他国家和地区的发展能力为代价，当代人的发展不能以损害后代人的发展能力为代价"。

可持续发展的目标主要定位在三个方面的关系协调——人与自然的协调、当代与后代的协调、区域与区域的协调或全球整体发展。它强调"不仅要生存、更要发展"的观念，努力达到资源、环境与经济的一体化。作为将两型社会建设的要求贯彻落实到具体项目的重要举措，加强工程项目管理是重要抓手和落脚点。两型工程管理理论在某种程度上是可持续发展理论的具体展现，奠定了必要的大众意识与社会环境，所以在两型工程管理的研究中，可持续发展理论是十分重要的支撑理论。

2.2.3　循环经济理论

循环经济理论是在 20 世纪 60 年代被美国经济学家波尔丁在论述生态经济时提出的。然而直到 20 世纪七八十年代时，循环经济的思想仍然只是作为理念的形式存在，循环经济理论的高速发展开始于 20 世纪 90 年代，特别是在可持续发展理论兴盛的推动下，人们开始关注环境保护、绿色消费、清洁生产和废弃物的再生利用。这时，为避免废弃物的产生，利用"资源循环"利用的特征，循环经济得以迅速发展起来。

循环经济的本质其实是一种生态经济，它是用于指导人类社会经济活动的理论。循环经济理论运用生态学规律，而不是机械论规律。相反的，传统的经济模式是高投入、高消耗、高排放的粗放型经济发展方式，导致能源危机、环境危机、资源危机、生态危机等问题出现，明显已经不能适应社会经济发展的要求了。但循环经济、两型经济恰好改变了传统经济的发展方式和思路，重在对生态环境的保护、对资源利用效率的提高和对经济社会可持续发展实施的保障。两型工程管理作为新型的管理科学模式，它的建设包括整个工程项目实施过程中的各个领域，覆盖面包括工程建设前期阶段的决策分析、工程建设准备、工程勘察设计、工程施工监理、竣工验收、投资后评价等各阶段，而循环经济在全过程都要加以体现，因此两型工程管理本身就包含着发展循环经济。循环经济强调不管哪种产业结构都要实现对废弃物的循环使用，两型工程管理强调产业结构在体现资源节约的同时，又要体现环境友好。两型工程管理和循环经济都是在科学发展观的指导下，追求资源节约和可持续发展，都要求在工程项目实施的全过程中，要尽可能地节约自然资源，适应自然生态系统的环境容纳量和承载能力，将对环境的伤害缩减到最小的范围内，这既是循环经济的要求，也是两型工程管理的要求。

2.2.4　生态经济学

生态经济学是 20 世纪六七十年代产生的一门新兴学科。生态经济学是由生态学和经济学融合而成的交叉学科，最开始被称为公害经济学或污染经济学。其对客观世界的观察和研究是站在自然和社会的双重角度上的，从本质上来看，应属经济学范畴。生态经济学的研究内容包括：经济发展与环境保护的关系，资源浪费的原因和对策，环境污染、生态退化、环境治理的经济评价，经济活动的环境效应等，其在经济和生态学的结合基础上，围绕人的经济活动与自然环境、生态间相互作用关系，对生态经济结构、功能、平衡、规律及效益，以及生态经济的宏观管理和数学模型等进行研究。此外，其还通过研究由生态和经济系统互相作用而成的复合系统及运动过程中产生的各种问题，由此来揭开生态经济发展与运动的规律，找寻使社会经济与自然生态发展互相适应、维持平衡的途径与对策。生态经济学的研究结果可以为环境资源问题的解决，以及正确的发展战略和经济政策的制定提供科学的依据。

人类在经济活动中对自身利益的追求，进而对环境产生的负外部性是造成生态环境问题的最直接原因。在经济利益的驱使下，经济主体和个人便会追求自身利益的最大化，而无视社会利益的存在，经济无序发展从而造成各种生态环境问题。因此，在新的环境问题的挑战下，两型工程管理的新模式的构建要通过改变经济发展模式才能最终得以实现。因为生态经济学研究的内容是经济发展与自然环境保护、资源节约之间的相互关系，探索调节自然再生产与经济再生产之间的物质交换，力图用相对较少的经济代价换取较大的经济效益、环境效益和社会效益。因此，生态经济学是一种能够有效解决目前由经济无序发展造成资源环境问题的理论方法。在两型工程管理的实施要求下，需依据生态环境问题的成因，确定与人类干扰相应的经济学驱动机制，提出对应的经济良性发展模式与资源有效利用对策，而倡导两型工程项目管理可以提升工程建设项目的使用功能和价值，创造友好的环境。所以，生态经济学应该在两型工程管理理论的构建中得到充分重视。

2.2.5　工程预测理论

在工程项目的实施过程中，首先应对工程整体进行相关的预测分析。在对工程是否投资做出判断时，首先需要对相关的市场运行状况、投资环境、资源条件等进行调研，其次要对项目建设过程和未来运行状态进行分析和预测，即充分利用已有的数据资料对工程将来的状况实施预测，并以预测的最终结果为基础对工程进行投资机会、市场前景、财务状况、社会与经济效益的分析。

在对工程项目进行可行性研究或工程项目建议书的初级阶段，可以项目的经济效益的要求和约束为基础，提出若干个可行的实施方案。这些工程实施方案一般各有各的特点，为了得到工程项目决策的依据，应经常对其进行经济、社会和环境等方面的考评。在加强两型社会构建的大背景下，为客观地评价工程方，需要构建科学的评价体系和选择合理的评价方法。工程项目开发的目标往往包含有经济、环境和社会效益等多个方面，而且其获取的数据资料和评价结果的准确性常常含有一定的不确定性。工程项目方案的预测与优化决策问题一般属于多目标、风险性的决策问题，将会与多目标决策和风险决策理论相关联，因此，为使工程管理更好地为两型社会服务，两型工程管理是起支撑作用的理论之一。

2.2.6　工程交易机制理论

工程交易机制问题一般被认为是关于工程项目的业主方怎样选择交易对象（即承包人）、怎样确定工程合同的交易价格等问题。在两型社会构建的要求下，在传统考量对业主的成本最小化的基础上，更应将交易产生的环境成本纳入考量的范围。就目前的情况来看，市场上基本上是通过工程招标交易机制来选择承包人和决定合同价格，在此种机制下，业主方往往处在主导的优势地位，相关的交易规则是由其来制定的。于是，对于业主方和承包方，人们常常对业主方的工程交易治理问题给予更多关注，对此，要使业主方的交易治理问题最小化，应在制定交易规则的过程中，灵活地运用工程交易机制理论。然而，对于确定招标的目标、设计项目合同的类型、制定招标的条件和建立合理评标机制等问题，都需要对工程的特点、业主方的管理能力和可能导致的环境问题等多方面因素进行充分考虑。因此，借助基础理论知识，最大限度地多方位考虑其影响因素，建立相关的理论和方法是很有必要的。

2.2.7　项目管理理论

以往的经验显示，由于两型工程建设中"市场失灵"状况的存在，其投资建设应以政府为主。但在，政府在对工程进行投资时，如果其直接进行生产又可能出现"政府失灵"的状况，从而可以知道政府在投资两型工程建设过程中引入市场与竞争机制、实行项目管理是很有必要的。对两型工程建设实行项目管理必须以项目管理理论为指导。

项目管理理论由美国起源，形成于 20 世纪 50 年代，被认为是第二次世界大战的产物。在当时其主要在制造业中被运用，强调预测能力与重复性活动，以制造过程的合理性和标准化为重点。20 世纪 90 年代以来，随着高新技术产业的迅猛发展和信息时代的到来，事务的重复性逐渐被独特性所取代，新时代下动态、千变万化的信息使灵活性成了新秩序的核心，而灵活地运用项目管理成为关键手段。通过对项目管理的应用，可以尽可能地调动和利用内外部资源，使管理效率从根本上得到改善。

项目管理理论和知识技术体系随着社会的发展而不断发展，通过长期探索和经验总结，逐渐成为了一门独立的学科体系，形成了专业的知识体系。项目管理学的主体是将项目管理应用于各种特殊领域中所需的知识体系，除了一般的管理学知识外，还创造出了关键路线法、项目生命期、工作分解结构等该学科独特的知识技术。现代项目管理知识体系随着项目管理的发展仍在不断丰富，国际上已有的项目管理知识体系有美国、英国、法国、德国、澳大利亚、瑞士、中国等国家的多个版本，其中较有代表性的有项目管理国际标准 ISO10006、美国项目管理学会项目管理知识体系 PMBOK2000 和中国项目管理研究委员会中国项目管理知识体系 C-PMBOK 等。

2.2.8　参与式发展理论

参与式发展理论是对传统发展模式的反思而产生的，是在发展理论与实践领域的综合与具体的体现。准确地说，参与式发展方式含有谋求多元化发展道路的积极取向。参与式发展理论是统筹两型工程实施和营运过程中项目决策与人民意愿、宏观生态效益与微观环境影响等影响因素的有效工具。

参与式发展指的是一种在对人民生活状况产生影响的发展过程或发展计划项目的有关决策中发展主体积极、全面地介入的发展方式（毛小云和齐顾波，2010）。参与式发展萌芽于 20 世纪 60 年代，到七八十年代早期逐步推广到东南亚和非洲国家并逐渐完善，形成了一系列参与式发展的工具与方法，如参与式评估与计划等。20 世纪 80 年代后期至今，在中国参与式发展理论也得到极大的推广和运用（叶敬忠等，2001）。

将参与式发展理论引入到两型工程管理中具有广阔的应用空间，可以有效地连接两型项目的实施运营与周边人民群众的生产生活。例如，将参与式发展理论和方法应用到生态修复工程的森林资源管理中可以形成参与式林业。参与式林业意味着将乡村社区群众作为森林管理的主体，调动社区群众参与森林经营活动的积极性，并使他们从中受益，增强其在森林管理中的主人翁精神，充分利用社区群众的才智与能力等（刘金龙，2004）。同样，参与式发展理论在与两型工程相关的其他项目上也可以得到良好应用。

2.3　两型工程管理的学科基础

两型工程管理作为一个将工程管理融入两型社会建设中的新概念，其学科基础不仅包含了与两型社会建设相关的文化生态学，还有资源科学、工程管理学等学科的基础理论。

2.3.1　两型工程管理的文化生态学基础

两型工程管理的初衷，也是最终要实现的目标，即是建立两型社会。社会是人与环境的共同存在，文化的主题是人，生态产生于环境，两型社会建设的本质其实是一种文化生态的建设，其出发点与归宿是人的全面发展，充分体现了可持续发展理念。

美国的文化人类学家斯图尔德提出了文化生态学，这门学科主要研究的是文化对环境的适应过程和由此种适应性所引起的文化习俗间的相互适应性。

两型社会建设的思路原本是来源于文化生态学的思想，其旨在协调人与自然环境的关系，而人的全面发展是其终极目标。两型社会是指资源节约型与环境友好型社会。资源节约型社会是指整个社会经济需以节约资源为基础，在消费和生产等关键环节中厉行节约，减少资源浪费，提高资源的利用效率，保护好有限的资源，实现社会的可持续发展。在建设资源节约型社会的过程里人们的主体意识得到强化，由被动地维护自然环境转变为积极主动地保护自然环境，在环境遭受损坏之前就要主动介入并实施人为的控制，才能够有效防止因对资源的过度使用导致的环境恶化，从大自然的报复中幸免。这种可持续发展理念展现出了一种生态智慧，实行两型社会建设，本质就是一种融合了生态智慧的自我和社会的构建过程。环境友好型社会是指某种人与自然、人与人、人与社会和谐共生的社会形态，人们的生产、消费行为活动与文化生态系统的协调发展构成了其核心内涵；人与自然、人与人、人与社会的互惠共生关系即文化生态系统的多层次结构组成，构筑了立体式的"文化生态圈"。环境友好型社会就在此种立体式的文化生态系统中产生，其本质上也融合了生态智慧的内容。

总之，文化生态是人与社会存在的文化基础，能为两型社会的建设提供丰富的资源供给。而两型社会建设也起到了优化文化生态环境，促进文化生态体系发展的作用。

2.3.2　两型工程管理的资源科学基础

两型社会中的资源节约型社会建设必然离不开资源科学，节约资源，就要站在科学的角度合理开采和利用资源，掌握资源科学的理论必不可少。

资源科学按照其研究对象和研究内容与应用目的不同可分为两种类型：一种是综合性研究，即综合资源学，如资源地理学、资源生态学、资源信息学与资源法学等；另一种是专门性研究，即部门资源学，如气候资源学、能源资源学与药物资源学等。

资源科学对传统学科中有关资源与资源管理的内容有所继承，但是其又与传统的生物、经济与社会等学科有区别。其研究对象为资源及其管理，对资源的形成、质量、数量、功能结构、开发利用及管理与保护等问题进行研究。其既对各个单项资源、复合资源与资源系统进行研究，也对人类活动与行为对它们的影响进行研究。资源科学学科的研究范围非常广，涵盖了不少问题。其将分属于经济资源、自然资源、社会资源等不同资源领域里的各个分支学科统一起来，构筑了一个拥有整体性观念和现代学科多源性特点的综合性学科群，并将资源及其管理作为它们的共同属性。目前，资源科学学科体系还不是很完善，学科理论也还不完备，但其是一个非常有发展潜力的新兴综合性学科。与此同时，不少的传统学科开始冲破其学科领域的界限，与相邻学科进行交叉、渗透，逐步迈进资源科学的学科领域。

2.3.3　两型工程管理的工程管理学基础

工程管理，为实现预期目标，有效地利用各种资源，对工程项目决策、计划、组织、指挥、协调与控制进行管理，将管理学融入两型社会建设中，能够促使两型社会建设更系统化，步伐更加条理清楚、稳且不乱。

工程管理科学，它是依据系统的科学技术管理方法、科学产品管理方法及科学产业管理方法，所形成的一套综合性学科体系。它融合工程科学和管理科学，是一种面向工程的管理科学。也就是说，工程管理科学是一门结合工程研究和管理研究方法的学科，目的在于实现工程效益最大化。由于工程存在于特定形式的技术开发和产业活动，所以工程管理也包含了此类特殊的含义，它与一般的企业管理活动不同。在面对不同产业环境所采取的特殊的技术集成管理过程中，工程管理活动是有目的地进行决策、计划、协调与控制的管理过程。

工程管理的价值体系与它所承担的社会责任和历史责任密切相关。工程管理最终归途在于以循环经济、建设资源节约型社会为方针来提高社会的物质和精神文明，满足社会的可持续发展要求。工程管理的使命一方面是努力实现和保持工程项目的价值，以满足上层系统的要求；另一方面在满足项目相关者的利益和期望的同时，承担起社会责任，尽最大努力来减少资源消耗和环境损害，满足公众的利益，保护环境。工程管理的价值观在具备管理科学的文化内涵基础上，还应具备自身的专业精神、职业道德。它的目标需要在工程的全生命周期时间跨度上，围绕工程的目的、使命和价值观来构建它的目标体系。从工程管理的目标体系看出，两型社会建设是工程管理的一面标杆，两型工程管理自此产生。

第3章　两型工程过程管理

3.1　两型工程决策

3.1.1　两型工程决策的内涵与特点

决策常常是决定各种行动成败的关键环节，是人类行动的前提与指南。在工程活动中，决策具有头等重要的地位、作用和重要性。决策对工程活动有着整体性、全局性、决定性的影响，是工程活动的一个关键环节。决策是指在相关约束条件中做出选择、决定方案和制定办法。决策是主体通过设计和决定未来实践的目标、方式、手段来完成某项任务或者解决问题的过程。

工程决策主体通过设计、部署，并对不同工程建设方案进行对比分析，选出最合适的、能够完成所需工程任务或者解决工程问题的方案的过程便是工程决策。

两型工程决策是两型工程过程管理的首要步骤，在工程决策的原有基础上，融入两型的理念，在工程管理的各个领域、各个环节采用资源高效开发与集约节约利用、环境保护、生态修复等技术的系统开发与组装，以最少的资源消耗获得最大的经济和社会效益，并以最小的环境投入和环境影响，带来最大的综合效益。

从两型工程决策的过程看，两型工程决策有以下特点。

第一，两型工程决策本质上是设计和决定未来的两型工程活动。创造全新的存在物是工程的本质，所以工程决策是具有前瞻性的，是指向未来的，是指向从未出现的新的工程存在物的。两型工程决策将理论知识转变为实践认识，塑造实践观念模型来探索和发现将来有可能实现的目标和价值。因此，两型工程决策是在现实基础之上面向未来的。一方面，它必须同当前现实相联系，将两型的概念注入工程决策中去。通过把握人们观念中对现实中面对的对象的固有规定和价值关系，来实现对未来的寻找。另一方面，通过筹划未来目标和活动，来实现促进发展和改造现实的目的，这正是两型工程决策意义所在。

第二，两型工程决策是非线性的社会系统决策。社会系统是各项工程和工程建设活动开展的基础环境，社会系统给工程活动带来了各方面的制约和影响。社会系统是现实世界中最为复杂的非线性开放系统，有着独特的属性和演化机制。社会系统的这些内在特征相互作用，使得人们需要进行多面向和多维度的描述和认识。也就是说，工程决策的环境和基础是多维度和多变的，因此两型工程决策思考的因素也应当是多维度的，其决策方案的制订和选择也应当是有多种可能的。它不仅涉及自然科学和工程技术的问题，也涉及社会科学、环境科学、资源科学、文化生态学、循环经济学、人文价值甚至艺术美学等方面的考虑，是一种非线性的社会系统决策。

第三，两型工程决策是非逻辑整合工程活动中所涉及的各种因素，如社会因素、环境因素和资源因素等。社会领域的决策有别于一般决策问题，没有严格、绝对的逻辑性。决策主体并不能一直保持理性思维，做出理性决策。在社会实践领域，决策不一定就符合逻辑，不符合逻辑的也不一定就不是决策，一方面，社会行动之间有不符合逻辑的特点，另一方面，决策主体的意志、能力和地位也影响着决策的理性程度。两型工程决策不同于逻辑严谨的科学决策，它是工程思维主导下的决策模式，整体上表现出不严格的逻辑性，是决策要素间的非逻辑整合或者超逻辑协调。除了技术要素的决策，一项工程还会涉及不同利益主体的价值追求、理念和意志因素。我们通常在实际工程决策中看到，同一逻辑的原则常常被决策者用来处理同一属性或者同性质的问题，但是当决策者思考和处理不同要素及其关系时，又会使用不同的逻辑原则来权衡或者取舍。例如，通过降低安全标准来控制工程成本。总之，为了实现工程决策各因素真正的统一和协调工程利益相关者利益均衡的目标，需要制订切实可行的计划、方案，并在工程决策中非逻辑整合多维目标和价值。

第四，两型工程决策有层次性特征。目标决策和过程决策是两型工程决策的两个层次，是指两型工程的战略决策和战术决策。目标决策确定了两型工程的工程目标，过程决策则是具体实施方案的制订和选择。根据问题、需要和条件，工程建设的总体战略部署了在什么时间、什么地方、安排什么工程。工程总体布局的合理性、协调性、经济性和两型化是战略部署需要考虑的重点。通过对多个可能的实施方案进行综合评价与比较分析，从中选出最满意的工程实施方案。决策方式也包括应对常规、标准化行为的程序化决策和处理新的复杂无结构问题的非程序化决策。

3.1.2　两型工程决策程序

正确的决策与科学的程序密不可分，没有科学的决策程序，就难以形成科学的决策。两型工程的成败与否与决策过程是否得当紧密相连，科学的决策不仅取决于决策者个人的知识、素质、才能和经验，且与科学的决策程序密切相关。两型工程决策程序与一般工程决策大同小异，主要包括四个步骤：发现问题，确定目标，收集、加工、整理信息并拟订多种备选方案及选择最佳方案。如图 3-1 所示。

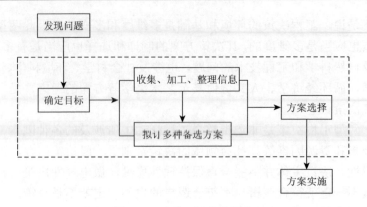

图 3-1　两型工程决策程序

1. 发现问题

任何一个工程都旨在解决社会需求中的某一问题，但是问题存在的事实必须由能设法解决问题的人们去认识。选择实施一个工程的重要前提是发现社会供求中所存在的矛盾，这一矛盾确定的是否得当、是否准确关系着工程实施的成功与否。近年来，我国环境日益恶化，资源逐渐枯竭，为了缓解这一问题，我国提出建设资源节约型和环境友好型社会，经济的发展应该建立在优化结构、提高效益、降低消耗和保护环境基础上，而非以破坏环境为代价。

2. 针对问题确定目标

目标是和问题相联系的，发现社会需求中存在的问题后，应针对所面临的问题，分析问题的性质、特征、范围、背景、条件及原因等，确定工程要实现的目标，即确定要建造什么工程，提出满足需求的实施策略，并做出战略部署。工程决策中至少要确立如下目标：①功能目标，即工程建成后所达到的总体功能；②经济目标，如总投资、投资回报率等；③技术目标，即对工程总体的技术标准的要求或限定；④生态目标，如环境目标、对污染的治理程度等；⑤社会目标，如对国家或地区发展的影响等。

对两型工程来说，"资源节约"与"环境友好"是工程建设的前提，也是工程决策时不容忽视的因素。在实际问题中，一个工程一般目标不止一个，且目标之间往往是矛盾的、冲突的，因而要对各目标之间的关系进行充分分析。比如，两型工程既要考虑利润的问题，又要不违反"资源节约"和"环境友好"的原则，所以不同工程应具体分析。

3. 处理信息并拟订备选方案

根据两型工程的目标及其战略部署，结合国家政策、市场调研情况、原料和能源的供应情况、技术发展趋向，应该多方面搜集自然、经济、技术环境等方面的信息，并加工整理这些信息，拟订解决问题的各种方案。由于两型工程对经济、社会和生态环境等多方位都能够构成影响，所以实施方案往往会出现多种，且方案各有所长，决策者需要对它们进行系统分析，尽可能地遵循人与自然的和谐，以及人与人之间的和谐，权衡选择。

4. 确定最佳方案

通过全面客观地评价、比较各个方案，并在一定的确定和不确定的约束条件下选择最满意的方案。由于各种工程方案往往各有所长，所以很少以其中的一项准则为标准来选择最优方案。所以，无论选择哪种方案，都可能舍掉其他方案中的合理成分。对两型工程来说，既要以经济效益为主导原则，又要保证做到"资源节约"和"环境友好"，所以需要综合各方面因素，将积极的后果最大化，并尽可能地减少消极的后果，根据工程决策者的经验和国家政策对方案所可能产生的其他效果加以认真考虑。

3.1.3　两型工程决策方法

两型工程决策注重解决两型工程建设中的实际问题，除理论指导外，还需要具体决策方法的支持。针对两型工程决策问题的不同特征，所需要的决策方法包括以下几种。

（1）基于大数据分析的资源环境因素预测方法。预测的目的是为决策系统提供制定决策所必需的未来信息。现代工程管理领域中，由于环境等外部因素的复杂性在不断提高，不进行预测或预断，很难得到工程建设的成功。所以，可以毫不夸张地说，没有预测或预断，就没有科学的决策。大数据环境下需要新的预测方法，如实时动态预测方法、缺失信息预测方法、海量数据挖掘与分析方法等。

（2）两型工程不确定信息多属性复杂大群体决策方法。由于两型工程项目既涉及外部环境的不确定性，又涉及决策参与者主观偏好的不确定性，所以需要处理大量不确定信息或多重不确定信息的方法（如模糊决策方法、语言决策方法、贝叶斯决策方法，以及多重不确定的随机模糊、区间模糊信息等）；同时两型工程参与决策的专家呈现出复杂大群体的特征，决策偏好之间可能存在各种各样的显性或隐性关系和冲突，这就给决策偏好的集结带来高度的复杂性。这些特性决定了需要与传统群决策方法不同的全新工程决策方法，即不确定信息多属性复杂大群体决策方法。

（3）两型工程决策过程的动态演化与仿真方法。两型工程论证决策过程是一个复杂的系统工程，既是一个决策主体认识自然、改造自然并与自然和谐相处的科学研究活动，又是一个体现国家战略意志、进行多元价值评判、选择与协调的过程。因此，两型工程的决策过程是一个冲突不断消解、由混沌到有序不断演化的动态过程，需要用演化博弈的方法和动态仿真系统，对两型工程的决策过程和决策效果进行模拟和分析。

（4）基于两型工程项目生态系统评价的动态均衡决策方法。两型工程从本质上说既是社会经济工程，也是生态工程，它们之间还存在紧密而复杂的相互关联，"三峡工程""西气东输工程""南水北调工程"等在内的特大型两型工程，在项目启动后，仍没有出现预见的负面影响（如移民成本追加和生态保护费用提高）或正面效应（如地区经济社会发展进程加速）。因此，要提高两型工程项目评价质量，就需要一种基于生态系统的动态均衡决策方法。

（5）两型工程复杂风险决策方法。现在两型工程的风险除了体现在工程项目本身的技术风险之外，更多地体现在项目决策、管理与信用、项目投资与建设实施、建设管理监管等方面的风险，主要落在决策过程、实施过程和监管过程中，具有极高的隐蔽性、衍生性和传导性等特征，其风险控制因处于信息不完全和不确定状态而变得高度复杂和困难，需要对工程项目在全过程中的风险进行监测、预警和化解，制定管理对策，指导工程项目复杂风险控制并提高风险控制的准确性和效率，上述新环境需求下需要复杂风险决策方法支持。

3.1.4　面向两型工程的群决策支持平台及其关键技术

1. 面向两型工程的群决策支持平台构建背景

1）两型社会建设的各类工程迫切需要解决大量决策问题

两型社会需要在明确的目标体系指引下，通过一大批工程建设来逐步实现，其中包括流域水污染治理工程、大气污染治理工程、资源高效开发利用工程、资源循环利用工程、新能源开发工程、企业节能减排工程、两型城镇建设工程、绿色建筑建设工程等。而这些工程又面临着大量复杂的决策问题，如节能减排、环境综合治理、资源循环利用等工程的目标、措施与方案制订问题，两型产业与园区建设工程规划问题，两型城镇规划与建设方案的选择问题，绿色建筑项目投资评估问题等。

2）两型工程决策问题特征需要构建决策平台与工具

两型工程决策问题复杂多样，涉及面广但又缺乏强有力的决策支持工具，需要通用灵活的决策支持平台及相应工具；且决策问题普遍具有不确定性、决策行为多具有非理性，需要提出更适合两型社会建设服务决策问题特点的决策方法。此外，两型工程决策必须快速准确地采集与分析处理资源、能源消耗和环境监测数据，因而需要在平台中集成更有效的能源、环境数据采集监控与分析技术。最后，两型工程决策必须有明确的标准和建设效果评价，建立两型工程评价的理论与标准体系。因此，两型工程决策问题特征决定我们亟须构建两型决策平台与工具，以便于两型工程的顺利开展。

2. 面向两型工程群决策支持平台构建的总体思路

两型工程是以资源节约与综合利用、环境保护与治理等为目的的工程项目的总称，其目标是实现经济结构从"高污染、高能耗、高投入、低产出"的模式向"低污染、低能耗、低投入、高产出"模式转变。本书在构建两型工程评价理论与标准体系的基础上，从上述决策问题与决策模式的一般共性出发，研制出一个从数据采集、数据处理、决策功能开发，到决策问题分析和决策方案生成的一体化群决策支持平台，并深入研究平台的体系架构、不确定性群决策方法、数据采集监控与分析处理方法等关键技术和设备。具体如图 3-2 所示。

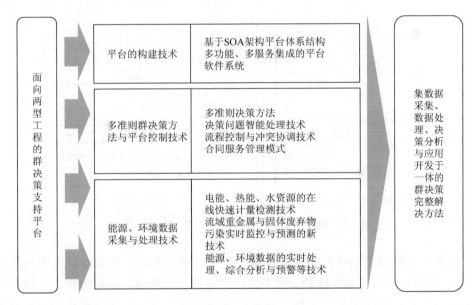

图 3-2　群决策支持平台构建的总体思路

3. 面向两型工程群决策支持平台的构建技术

1）集决策应用与功能开发于一体的平台体系结构模型

两型工程中存在不同类别的复杂群决策问题，如果为每类问题单独开发专用群决策支持系统不仅工程繁复，且难以有效利用已有的模型、算法、数据、知识等决策资源，需要类似通用的决策软件，但面向所有问题的通用决策软件结构太复杂、开发难度大。为解决这一难题，本书设计了基于 SOA 架构的开放式群决策支持平台框架模型，开发出包括基础构建、Web 服务、决策分析与协调等在内的平台软件系统。该架构以决策问题求解为核心，构建问题求解功能服务体系，有机集成了专用决策支持系统开发服务和决策问题求解服务两大领域功能。该平台框架由群决策分析系统、信息采集监控系统、数据分析系统、Web Servers 库和基础构件系统五大部分组成。纵向可以划分为决策应用和功能开发两个维度，各自又可以划分为三个不同的层次（图 3-3）。

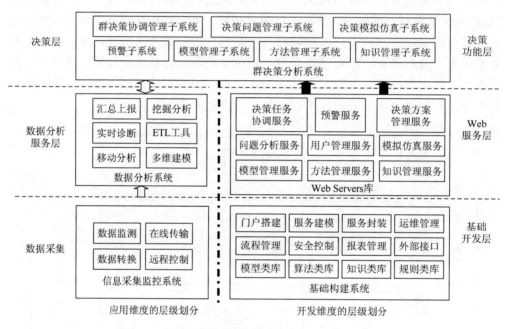

图 3-3　面向两型工程的群决策支持平台框架模型

该平台已解决重金属污染实时监测、预警与综合治理，企业能耗监测与能效管理，"两型社会"试验区规划，两型城镇建设等工程领域的决策问题。在解决这些领域的工程决策问题时，启用平台的群决策分析系统、数据分析系统和信息采集监控系统。信息采集监控系统实时监测能源、资源与环境基础数据，传输到数据分析系统，对这些数据进行组织、有序存储、实时分析和深度挖掘，然后提供给群决策分析系统进行各类决策问题的分析，并形成决策方案。

当需要解决新的决策问题时，可以应用基础构件系统（含 536 个基础构件）一方面快速开发新的 Web 服务，补充 Web 服务库；另一方面开发新的决策事务处理功能，补充完善群决策分析系统。Web 服务库由 9 类 78 个可重用、低耦合的 Web Servers 组成，可供群决策分析系统动态调用。

　　这种架构能有效解决两型工程建设所面临的决策问题复杂多样性与支持平台的通用性之间的矛盾。我们应用该平台开发了"金属矿产资源开发决策支持系统""经济技术开发区入区企业后评价系统""产业两型化水平评价决策支持系统""能效评估及节能辅助专家平台软件"等一系列面向资源节约与高效利用、节能减排、产业园区与企业"两型化"建设等工程辅助决策系统。

　　2）集应用系统开发和决策问题求解于一体的平台软件系统

　　两型工程中决策问题复杂多样，开发平台软件系统的问题难点主要集中于平台的决策分析系统与数据采集监控系统集成，以及 Web 服务与基础构件的设计上。为了解决这两大难题，我们主要采用两大关键技术，即分类数据转换与等级量化技术（图3-4）和面向业务的模型驱动敏捷服务建模技术（图3-5），为平台软件系统的研制提供支持，提高平台对不同设备数据分析处理的通用性，以及对不同决策任务和开发任务的灵活性。

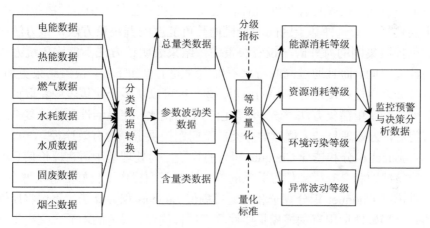

图 3-4　分类数据转换与等级量化技术

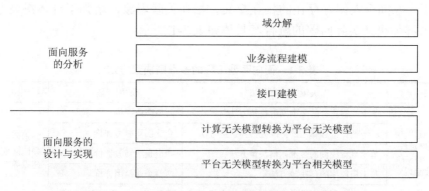

图 3-5　面向业务的模型驱动敏捷服务建模技术

4. 多准则群决策方法与平台控制技术

针对现有群决策方法难以适应两型工程决策面临的复杂环境与多重不确定性的问题，我们提出了系列不确定性多准则群决策方法，研发出复杂决策问题智能处理技术和决策方案形成的流程控制技术，并提出了一种基于智能监测与预警技术的合同服务管理模式，以在同一平台中能够对不同决策问题进行分析处理并形成决策方案。

1）面向两型工程的多准则决策方法

我们综合运用前景理论、贝叶斯理论、模糊、随机等不确定性理论，刻画了多重不确定性决策问题的动态规律，以及人的非理性行为对实际决策的影响，提出了24种不确定性多准则复杂群决策方法，以对海外矿产资源投资、两型产业与企业投资项目评价、工程项目的两型性审查、两型城镇规划、资源型产业城市转型升级、资源型企业节能减排等具有灰色、粗糙、模糊和随机特征的不确定性决策提供支持。

主要包括：①一种基于区间两型模糊数可能度的群决策方法，该方法应用于湖南有色控股集团的海外矿产投资决策中，结果表明该方法不仅比传统方法具有更短的计算时间，而且通过同时考虑不确定性的上界和下界，决策结果更加准确，且能有效处理属性权重部分未知的情形。②一种可以从多个决策表中获取群体分类信息的可变精度粗糙集方法。该方法与已有方法相比，在灵活性和计算复杂度方面均具有优势，为处理复杂大群体的分类决策问题提供了一种有效途径。③提出了基于语言 Choquet 积分和诱导 Choquet 积分的算子，为处理基于语言评价信息的多属性群体决策问题和具有模糊偏好关系的群体决策问题提供了良好的解决方案。④构建了直觉模糊 Choquet 积分算子和直觉模糊值 Sugeno 积分算子，不仅将属性指标权值的确定巧妙地运用直觉模糊重要性测度进行描述，权值的本质含义也得到了延伸，评价属性指标间的相互作用不容忽视，其反映了对评价系统状态的影响，而且考虑了专家间个人偏好存在的相互交叉、相互关联现象，增强了群体决策方法与复杂大群体决策实际问题的融合。具体如表 3-1 所示。

表 3-1　面向两型工程的多准则决策方法

决策特点	决策方法与算法	适用问题	应用领域
决策问题的模糊不确定性决策信息的不完全性	基于模糊积分的多准则群决策方法	两型产业评价	两型产业、两型园区规划和建设等
	基于证据推理算法的多准则群体决策方法	企业创新能力评价	
	基于直觉模糊的多准则决策方法	两型企业绩效评价	
	基于粗糙集的群决策方法	两型企业信用评价	
	具有多重不确定性的多准则群决策方法	绿色 GDP 评价等决策问题	

续表

决策特点	决策方法与算法	适用问题	应用领域
决策中充满非理性行为	基于前景理论的多准则群决策方法	环境风险评价	碳排放及交易、两型文化创意、技术服务等
		生态补偿决策	
	基于不确定语言的群决策方法	绿色消费模式选择	
		碳交易决策	
		两型服务创新决策等决策问题	
存在决策者偏好信息且这些信息又多具随机性	专家主观随机偏好信息集结和多准则决策方案排序的群决策方法	投资风险分析等决策问题	两型企业投资等领域
	贝叶斯理论和 Gibbs 抽样的偏好集结新方法		

2）决策问题智能处理技术

为使群决策支持平台能快速找到两型工程决策中各类复杂问题的决策方法，我们研发了基于本体的自然语言理解与问题特征分析相结合的复杂决策问题智能处理技术。该技术将本体方法引入到自然语言表述的决策问题的智能分析中，通过对决策问题及其求解的一般特征分析，提出以问题表层属性、隐含属性识别及子问题识别为核心的决策问题智能处理机制，定义出决策问题、求解模型知识的本体结构，构建了相应的本体知识库，使决策问题处理相关知识得以更有效地存储和利用；给出了基于本体的决策问题类型、求解方法和子问题智能识别的一般过程、处理流程、识别模型与匹配规则，使平台能够根据决策问题的自然语言表述来智能匹配合适的求解方法及求解条件，对决策问题进行智能分解与生成求解路径，并根据求解路径调用模型、算法、数据和知识等决策资源形成求解结果。这些技术使平台对中文自然语言表述的决策问题的处理有较为广泛的适应能力。决策问题智能处理技术如图 3-6 所示。

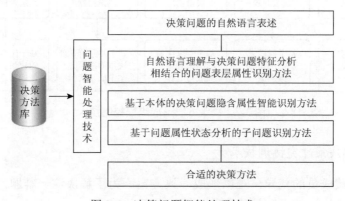

图 3-6   决策问题智能处理技术

3）平台中决策方案形成的流程控制技术

决策问题的解决是一个复杂的过程，问题求解流程难以控制。针对两型工程复杂决策问题，在上述决策方法的支持下，我们围绕决策方案协同有效形成，通过协同控制机制优化方案形成流程，为平台中的问题定义、决策任务分配、决策偏好集结、决策协调、决策方案评价与形成提供了一整套解决方案，解决了平台中决策问题求解协同控制、决策冲突测度与消解和决策方案形成流程控制等问题，大幅提高了决策方案实施的效率。控制技术流程如图 3-7 所示。

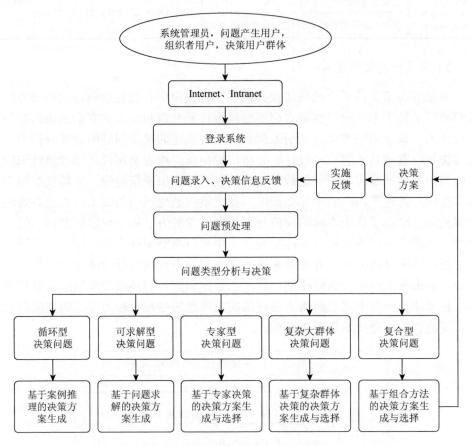

图 3-7　决策方案形成流程控制技术

4）群体决策冲突协调技术

由于决策成员的差异，难以形成一致方案。为了解决这一难题，我们研发了群体决策冲突协调技术，具体操作如图 3-8 所示。

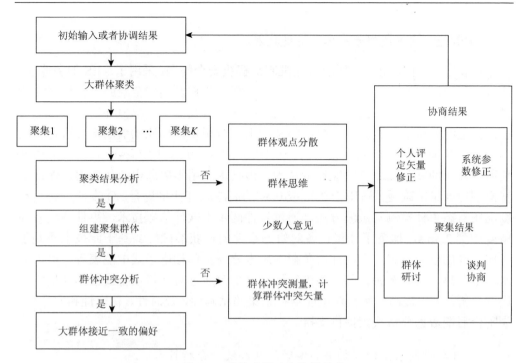

图 3-8　群体决策冲突协调技术

5）一种基于大规模智能监测技术和诊断预警技术的合同能源管理及合同环境管理模式

由于能源消耗与环境质量数据不能准确、实时监控分析，合同能源、合同环境管理就难以保证其服务质量。为解决这一难题，我们研究提出一种基于大规模智能监测技术和诊断预警技术的合同能源管理及合同环境管理模式。该模式在平台软件的支持下，应用智能监测技术、能耗与环境数据分析技术及多准则群决策方法，提供有效的电网、水管网经济运行与排污系统管理控制策略；分析评估各种用能与排污设备的特性、性能等级、运行状态等指标的变化，给出设备节能减排建议及技术经济方案；并结合多种环境参数，提供本地、远程控制手段以提高节能减排效果。

5. 能源、环境数据采集监控与分析预警技术

两型工程建设项目决策需要收集资源、能源、环境、社会经济发展等多方面的数据，同时需要对这些海量数据进行实时处理、深度分析，为决策方案的形成提供必要的数据分析基础。我们针对能源、资源与环境数据的采集监测和分析预警研发了以下系列创新型技术。

1）智能电网下高级量测体系关键技术

主要包括：①提出一种新的认证机制来解决安全问题，采用了 AES 加密算法，加入访问控制机制，针对上行传输中伪造、篡改和重发的安全威胁，保证了计量设备数据的安全性；②提出一种非整周期线性插值及非线性幅值补偿算法，该算法在傅里叶分析法、线性插值算法的基础上，对相角偏离原始值的部分进行相应的补偿，从而保证关口表有较高的分析精度（0.1～0.2s 级别）；③研发出冲击性负荷条件下的宽范围动态电能计量技术，该技术利用零磁通电流传感器，保证了宽范围内计量准确度，适用于 0.2s 或 0.5s 的高准确度计量场合；④发明一种高精度电压暂态事件检测与录波方法，通过软件同步于软件倍频技术，事件持续时间精度达到 2.5ms，保证了计量设备对暂态事件的捕获准确度。基于此技术研制了三相高准确度关口表、三相冲击负荷专用电能表及单相电子式电能表等，可以对水、电、热、气等多种耗能设备进行计量，平台通过对计量设备反馈的计量数据进行分析，大大提高了平台对电能数据采集的精确性、及时性、稳定性和安全性，为平台后期数据分析决策提供支持。

2）开放性的海量能耗数据的实时诊断和统计分析技术

具体包括：①分布式软件系统，该技术采用改进的加权轮转调度算法（TWRR），可实时处理并发海量能耗数据；②实时诊断和统计管理系统，解决了平台的数据分析系统对不同类型耗能对象的采集数据的监控、诊断和综合分析的问题，为解决节能改造方面的决策问题提供数据支撑。该技术采用 TWRR，能很好地解决大型企业多耗能设备并发处理问题，并通过一次能源换算、能耗费用换算，以此为基础在能耗微观分析中提出节能改造措施。

3）开放性的环境在线监测数据分析和预警技术

我们汇总污染源废水废气、河流断面水质水文、地下水水质、大气质量、噪声等相关联的环境数据，构建了立体结构数据模型，从源头至监测点进行生态式模拟分析；整合地理信息系统（geographic information system，GIS）技术，可迅速定位污染源头及预测可能发生的环境污染事件。建立了多种环境污染评价模型，包括水流环境立体模型、污染因子影响模型、地下水渗透及自净化模型等；优化了解析算法、聚类分析算法、关联分析算法等环境污染数据分析算法，确保分析的准确性。研发的平台水质监测预警子系统采用网络式监测点布局，统一监控分析的结构，方便用户和环境管理者一站式获取当前各区域水质情况的实时数据。协助管理者制订规划和计划，直观地表现环境趋势，实现对环境质量的有效预警。

上述技术集成于平台的数据采集监控系统与数据分析系统中，为平台对两型工程建设决策问题的分析和决策方案的形成提供了必要的数据基础，并应用于湘江流域重金属污染治理、企业节能减排工程设计与优化等领域。

3.2　两型工程设计

3.2.1　两型工程设计概述

1. 两型工程设计的概念

两型工程设计就是工程设计单位根据两型工程的要求，基于两型工程项目建设地的社会和自然环境情况，根据已经签订的合同，结合两型工程的要求，依照严格的技术规程规范，编制两型工程设计方案的过程。

2. 两型工程设计的原则

两型工程设计应遵循政策导向、资源节约、环境友好、技术先进、安全可靠、质量第一、经济合理的原则。

（1）符合与贯彻国家相关政策。与国家的经济建设方针保持高度一致，时刻不忘贯彻相关政策，主要集中在能源、技术、产业及环保等方面。

（2）充分考虑资源的合理利用。以国家的各项政策为依托，以经济建设方针为指向标，充分而合理地利用矿藏、水源、能源、农、林、牧、土地等资源。

（3）注意保护生态环境。严格控制工程项目建设可能对环境带来的损害，尽可能采用行之有效的措施，防止工业生产对环境造成污染。

（4）选用先进适用的技术。尽量采用符合我国国情的先进而成熟的技术，同时积极吸收国外的先进技术和经验，但要符合国内的管理水平和消化能力，采用新技术要经过试验和正式的技术鉴定。

（5）坚持质量第一、安全可靠的原则。工程建设投资大，一旦在运作中出现质量事故，会造成生产停顿或人身伤亡，损失巨大。要保持思想的先进性，谨记"百年大计，质量第一"的方针。具体来说，一方面，建设工程要首先保证其质量；另一方面，要结合我国的国情，从实际出发，确定有效而合理的设计标准。安全可靠，则是指保证两型工程建设完成后，能够长久有效且安全正常生产。

（6）坚持经济合理的原则。合理利用我国现有的资源和财力，努力实现两型工程的建设目标，实现利益最大化。此外，还要满足工期较短、投资额度较小的设计标准，并保证投资经济指标达到最理想的状态。最后，工程的经济效果决定了技术设计方案的取舍。在两型工程设计中，还要时刻不忘两型的基本内涵，因而要注意资源的节约，主要包括水、土地、能源和原材料。

3. 两型工程设计的作用

（1）两型工程设计是工程设计任务书的具体化。设计任务书是工程项目建设的大纲，为使设计任务书中规定的内容成为现实，必须进行工程设计，设计是完成两型工程项目建设的重要步骤。

（2）两型工程设计是工程建设准备工作的依据。由于工程设计对工程建设所需投资额、建筑材料、设备数量、规格型号、土地征用等都已确定，所以项目承办单位可根据已批准的初步设计文件去安排资金、有关建筑材料和设备、征用土地、拆迁安置及施工场地等建设前的准备工作。

（3）两型工程设计是制订年度投资计划的依据。两型工程的初步设计方案一经批准，承办单位就可依照初步设计的结果制订年度投资计划。

（4）两型工程设计是决定工程建成投产后能否发挥经济效益的重要保证。工程设计的总体布置合理与否，设备选型及工艺技术是不是先进适用、安全可靠，组织结构设置科学与否，都决定着工程的劳动生产率、产品成本的高低及产品质量的好坏。

4. 两型工程设计伦理要求

两型工程设计在伦理上有着一定的要求，主要体现在：两型工程设计应造福人类；两型工程设计要兼顾技术的合理性与手段的正当性。

1）两型工程设计应该造福人类

人类社会的发展和进步，与工程建设活动息息相关，离不开它们的推动，两型工程顺应时代的发展，其设计一定要造福人类。当今社会的信息化、网络化、工业化日益加剧，它们带来的技术进步和人们生活状态的改变，很好地证明了科学技术是第一生产力，以及科技对社会文明建设与发展做出了巨大的贡献。

然而，科学技术带给人类的并非都是福音。例如，虽然原子能可以被人类用于发电产生新的能源，但它同样也可以用来制造毁灭性武器，进而对人类的生命造成强大的威胁。近几十年来，随着社会的迅速发展，科学技术的威力也逐渐显现出来。同时，隐藏在技术进步背后的危害也日益被发现。技术的进步固然可喜可贺，可同时也能够造成人文危机。技术的运用没有当然的合理性，科学家和工程师也不是天生就能够评价科技的效果，并对道德和价值做出合理的选择与判断。因此，作为社会中的一员，我们理应对科技人员和工程设计者的工作做必要的道德引导及监督。

两型工程的本质目标是造福人类，至少要满足不对人类的生活产生负面影响。

两型工程设计的目标，就是在整个工程设计的过程中，将造福人类作为第一要务，紧紧围绕这一基本价值，并将其作为工程的长远目标去逐渐实现。

2）两型工程设计要兼顾技术合理性与手段正当性

工程是应用技术并建造技术人工物的过程。工程设计富有文化意蕴，不是单独的个人行为，而是一种社会性的目的性行动。

工程伦理学的手段选择，一定要显现出"善"的价值，以造福人类为首要目标，不能以破坏性为目的。然而，历史上，具有破坏性的工程不胜枚举。例如，星球大战计划、细菌武器的制造和化学武器的制造等工程，一方面，在工程的目的上体现出极大的破坏性；另一方面，在设计手段的选择上，并没有诠释出"善"的价值。对此类工程而言，对技术的肆意运用的后果却是为了毁灭人类。因而，在当今社会，我们应该强烈谴责和抵制破坏性的工程。

在伦理学中，目的与手段，相互制约，又息息相关，对立统一地存在着。目的决定手段，手段又必须服从目的。要实现目的就一定要通过相匹配的手段。目的与手段必须保持高度的一致性，这是工程设计中，人类对其伦理行为选择的根本要求。然而，要达到目的与手段保持一致，在两型工程设计的整个过程中，就必须将价值原则贯穿其中。在整个工程的实践过程中，工程设计的价值性目的，决定了工程设计所采取的手段，因而工程实践的结果会显示出工程设计的价值终极目标。

因此，两型工程设计以自然科学为基础，具有科学性、艺术性、社会性、实践性和综合性等特性，这些特性无一不要求对两型工程设计的伦理审视应当从实践性、社会性和社会应用视角下，对其选用的技术、手段、工艺等进行手段正当性的考察。

3.2.2　两型工程设计的程序

在两型工程过程管理中，工程设计起着至关重要的作用。按照工程推进的时间顺序，一般可将两型工程设计分成三个阶段，即方案设计阶段、初步设计阶段、施工图设计阶段。下面以两型建筑工程项目为例，介绍其设计各阶段的具体内容，如图 3-9 所示。

1. 方案设计阶段

该阶段的主要任务是结合两型工程项目业主方的要求，做好投标工作。主要包括以下四个方面：①根据客户对两型工程项目的要求，认真编写工程设计的任务书。在此过程中，工程设计人员应当结合自己的经验，积极发挥主观能动性。

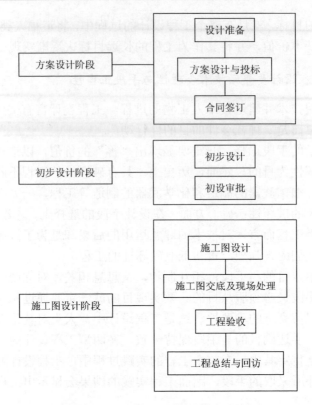

图 3-9　两型建筑工程项目设计程序

②组建方案的设计人员。方案设计是设计的整个流程里面非常重要的一个环节，只有方案设计得到了业主方的认可，才有下一步的工作。③认真编制投标文件。投标文件的格式一定要符合要求，一定不能和工程实际有太大偏差。④与业主方进行合同的洽谈与签订。这其中包括三个方面的内容：第一，合同分类；第二，确定与产品有关的要求；第三，合同的评审。

2. 初步设计阶段

进一步完善设计方案，使设计更加切实可行。主要包括以下四个方面：①编制工程初步设计的进度表；②业主方，与工程涉及的各专业人士的沟通；③设计评审；④初步设计文件的内容主要有建筑的平、立、剖面图，结构平面布置图，主要设备材料表，概算和各专业计算书。

3. 施工图设计阶段

对初步设计进一步深化，要达到施工单位照此施工、照此操作的目的。主要包括以下四个方面：①各个专业互相提进度表；②设计评审；③施工图设计文件的输出；④后期服务，如施工图技术交底、施工期间的局部修改设计及设计洽商、工程验收、工程回访等。

3.2.3　两型工程设计的内容

1. 产品生产工艺设计

产品生产工艺设计是两型工程设计的关键和核心，工程的生产技术水平是否先进及其生产是否安全可靠都由这一设计环节决定。工艺设计主要是指具体确定工程的产品方案、产品生产和工艺流程、设备选型和设备制造的方案。而工艺设计水平的高低，一方面会对投资的多少和工程建设的进度造成直接影响，更重要的是还决定着原材料的能源消耗、产品质量、产品成本和利润等各项技术经济指标。因此，生产工艺应尽可能选用生产效率高、技术先进适用、生产安全可靠、经济合理的工艺路线，设备选型应符合工艺流程的需要，并尽可能选用标准化、通用化、系列化的通用设备，同时还应该考虑原材料的性质和供应情况。

工艺设计一般包括下列三项内容。

（1）确定产品方案。例如，产品的名称、规格、型号、数量、质量，原材料、燃料、水、电、劳动力的需要量、来源等，生产能力，生产协作条件，经济效益。

（2）制定生产工艺流程。例如，生产工艺名称，主要生产设备及辅助生产设备的名称、数量、规格、型号、来源、技术先进程度；从工艺上确定车间等建筑物的面积、高度、跨度、车间内设备的布局；工时定额和劳动生产率；动力的需要量及解决的办法；原材料及成品的需要量及解决的办法；车间的通风、运输、通信、照明、环保、安全、消防、劳动卫生。

（3）全厂及各车间的组织管理系统设计。例如，劳动定员、岗位责任、管理系统、机构设置等。

2. 土木建筑设计

两型工程的土木建筑设计可分为总平面设计和单项工程设计。

1）总平面设计

总平面设计是指在确定的产区范围内，根据城市规划的需要，按照工程的规模、性质和生产工艺要求，并综合考虑建厂地区的自然、气候、地形、地质，以及厂内外运输、公共设施和厂际协作等具体条件，经济、合理地布置厂区内的建筑物和构筑物，处理好平面和竖向的关系，组织好厂内外交通运输等总平面布置的设计工作。

工程项目总平面布置要综合考虑多方面的因素。具体来说，要做好构筑物、建筑物、地上地下工程技术管线、交通路线、绿化及美化设施的配置工作，还要致力于创建符合工程生产特性的建筑整体。建筑物所处的位置、建筑场地的土地利用及工程官网的范围，都应在设计总平面方案时有所涉及。一个合理而正确的总平面设计方案，应当做到总体布置紧凑、工艺流程合理，还要努力节约用地，减少建筑工程量，节省投资，加快建设进度，为项目创造良好的生产组织经营条件和生产环境，创造完美的建筑艺术整体，还能使工程实施后较快地投入正常生产，发挥良好的投资效果，节省经营管理费用，这些都是工程两型化的基本要求。

2）单项工程设计

单项工程设计是指依照生产工艺设计所确定的工艺流程，生产设备的类型、型号、外形尺寸、数量、使用要求，合理确定建筑物的高度、跨度、宽度、面积、设计标准、结构形式，包括建筑物的平面立面布置，以及建筑物（群）的布局、结构形式。

单项工程的建筑设计分为建筑物的立面、平面设计和建筑结构设计两部分。建筑物的立面、平面设计主要是建筑物的层高、层数，每一层的平面布置、面积，建筑物的跨度、柱距，以及建筑物的造型、内外部的装饰等。结构设计主要包括建筑物的建筑材料、结构形式、结构构件的设计。

（1）建筑物的立面、平面设计。工业厂房的立面、平面设计包括厂房的层数选择、高度选择、平面布置与柱网布置、体积和面积等内容。

（2）建筑物的结构设计。根据适用、经济、美观的原则，依据生产工艺需要及厂房的大小和建设场地的具体条件，合理选用厂房的建筑结构形式，一般有钢结构、砖混结构、钢筋混凝土结构和预应力钢筋混凝土结构等形式。目前，工业厂房建筑结构形式已向"轻质、大跨、空间、薄壁"的方向发展，并以薄壳结构、悬索结构、折板结构等装配式结构及现浇混凝土筒体结构，逐渐替代以往广泛采用的梁板结构。结构的造型必须因地制宜选用，根据工程需要选用，要就地取材，充分利用当地的建材资源，降低运输费用，切实做到技术先进、经济合理、安全适用、施工方便。在满足生产使用要求的前提下，广泛采用新结构、新构件、新材料，充分利用地方材料和工业废料，节约"三材"，促进工程设计的标准化、构建预制工厂化、施工机械化，逐步提高建筑工业化水平。

3.3　两型工程实施控制

3.3.1　两型工程实施控制概述

广义的控制包含了从问题提出、问题论证、计划、监督再到控制和反馈等这一系列的相关工作，在本书中，我们将两型工程实施控制的概念定义为项目计划阶段后项目实施阶段的控制工作，即实施控制，并和决策、计划共同组成了两型工程的管理全过程。两型工程实施控制的总任务是要工程实施项目能够按照预定的计划开展，并且能够圆满实现该工程的总目标。

1. 两型工程实施控制的意义

在两型工程项目中，实施控制阶段是整个工程项目管理中最为关键的阶段，在整个项目中起着举足轻重的作用。

（1）两型工程往往具有规模大、投资大、技术要求高、实施过程复杂等特点，因而必须要对工程建设过程实施有效控制，使其按照预定的计划进行，工程建设过程中一旦失去控制，则必然会导致两型工程的失败。

（2）因为参与两型工程实施的单位数量多，专业化分工明确，因而要保证各实施单位能够在时间、空间和技术上协调。有效的实施控制可以保证实施过程不被中断或干扰，各单位各司其职，最终实现预期的目标。

（3）两型工程很大程度上受到自然环境的影响，如恶劣的气候条件导致工程拖延等，因此有效的实施控制可以保证两型工程在实施上更有灵活性，不被自然环境约束。

2. 两型工程实施控制的内容

两型工程的实施控制阶段由很多内容组成，主要包括进度（工期）控制、成本控制、质量控制、合同控制与风险控制等。其中，进度控制、成本控制和质量控制三个方面涵盖了两型工程实施控制最主要的工作，本章将对其进行重点分析。

两型工程实施控制的主要内容如表 3-2 所示。

表 3-2　两型工程实施控制的主要内容和控制目标

序号	控制内容	控制目标
1	进度控制	按预定进度计划实施工程，防止工程拖延
2	成本控制	保证按计划成本完成工程，防止成本超支，达到盈利目的
3	质量控制	保证按任务书规定的数量和质量完成工程，使工程顺利通过验收，交付使用

3.3.2　两型工程进度控制

1. 概念

两型工程进度控制指的是对工程项目建设过程中的工作内容、工作程序持续时间和前后衔接进行阶段性的计划编制，在规定工期时间内，根据事先制订的工作进度计划对整个工程的建设过程进行监督、检查、指导和纠正。

在两型工程建设过程中，进度控制是和成本控制、质量控制相互影响、相互依赖且相互制约的。进度控制是一个循环往复的过程，很好地体现了工程建设是一个动态的过程（图3-10）。进度控制的主要目的是在合理的界限范围内通过加快工程进度来降低工程成本（保证质量的前提下使费用最低）。然后当进度控制超过这一合理界限时，工程进度的加快反而会增加额外的投入成本。因此，在两型工程项目的建设过程中，必须要同时兼顾进度、成本和质量这三大目标。对任何一项目标的忽视都会引起两型工程的整体质量下降。因此，要实现成本目标和质量目标，完成工程承包合同内的工作内容，必须要对工程进度采取计划目标内的全面控制。

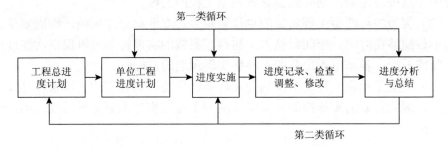

图 3-10　两型工程进度控制的循环过程

2. 两型工程进度的影响因素

影响两型工程进度的因素很多，可简要分为可控因素和不可控因素。可控因素主要包括人的因素、材料设备因素、技术因素和资金因素；不可控因素主要包括工程水文地质因素、气象因素、环境因素和社会环境因素。

按照责任的归属，可分为两大类。

第一类，工程延误。工程延误是指工期延长的原因是由承包商自身因素导致的，造成的一切损失都由承包商自己承担，工程延误费用除了承包商在取得监理工程师同意的情况下加快工程进度引起费用的增加外，还包括因工程延误支付给业主的损失赔偿金。

第二类，工期延期。工程延期是指工期延长的原因是由承包商以外的原因造成的，如监理工程师批准的工期延期。工期延期延长的时间属于合同工期的一部分。可以这样理解：工期延期现象出现后，工程的竣工时间等于标书规定的时间加上工程延期的时间。

3. 两型工程进度控制的内容

1）两型工程设计阶段的进度控制

第一，设计进度控制目标，其内容如下。

（1）设备准备目标，包括规划设计条件确定的时间目标和设计基础资料提供目标。

（2）时间目标，即方案设计、初步设计、技术设计、施工图设计交付时间。

（3）相关阶段设计审批目标。它与设计质量、审批部门工作效率及送审人员的工作态度等有关，特别是设计单位的配合要积极主动。审批手续完成，设计各阶段的目标才能实现。

第二，设计进度控制计划。根据进度目标，协助设计单位编制各阶段的设计工作进度计划，其内容如下。

（1）设计总进度计划。设计总进度计划是指从设计准备工作开始到施工图设计完成这一阶段的总设计时间，主要包括设计准备工作、方案设计、初步设计、技术设计及施工图设计等阶段的进度计划。考虑到各阶段审批设计的时间，精度以月或半月计。

（2）阶段性设计进度计划。阶段性设计进度计划包括：工程设计准备工作计划、单项工程初步设计（技术设计）工作进度计划、施工图设计工作进度控制计划。这些计划的任务是具体控制各阶段的设计进度，实现各设计阶段进度目标，保证设计总进度计划的实现。

（3）设计进度作业计划。设计进度作业计划的主要作用是使设计时间目标具体化，能够使设计人员直观地了解设计任务承包情况、实现对设计作业进度的控制。其编制依据主要有：施工图设计工作进度、单项工程建筑设计工日定额和参加工程设计人员数。

2）两型工程施工阶段的进度控制

施工阶段是形成工程实体的主要阶段，因此两型工程进度控制的重点是对施工阶段的进度进行控制。

第一，确定施工阶段进度控制的原则，其内容如下。

（1）为了能够更好地实现进度目标，按照尽早提供可动用单元的原则，应该集中力量分批建设，尽量从进度上对工期进行压缩，尽早出现投资效益。

（2）结合两型工程的特点，通过借鉴同类工程的相关经验来确定进度目标。尽量避免因主观原因形成的盲目进度目标，要确保施工速度适当，既不抢工，更不拖延。

（3）要在资金供应、材料物资到货、施工力量配备和进度需要之间寻找平衡点，确保能够达到进度目标的要求。

（4）要把外部协作条件的配合状况纳入考虑因素，主要包括工程建设中需要用的水、电、通信、道路等其他社会服务项目的实际情况，确保能够协调相关项目的进度目标。

（5）要想提高工程施工计划的预见性和主动性，就必须全面细致地对工程进展的有利和不利因素进行分析，确保进度目标合理恰当。

第二，施工阶段进度控制目标的分解。根据工程进度总目标，可以从以下不同角度进行层层分解。

（1）按工程组成分解。将进度总目标细化，作为进一步分解的基础。单项工程的进度目标在工程总进度计划和工程建设年度计划中都有体现。它也是确定设计进度、进行施工招标的依据，并列入设计、施工承包合同条款。

（2）按承包单位分解。根据承包单位可以将每个单项工程进度分解为总包目标和分包单位进度目标，通过分包合同将分包责任分配好，按照各专业工程交叉施工方案和前后衔接情况将不同施工单位工作面的交接条件和时间进一步明确。

（3）按计划期分解。一般按年度、季度和月度进行进度目标分解，必要时可进一步细分为周，用计划期内应完成的实物工程量、货币工作量及形象进度表示，更有利于明确对各承包商的进度要求。

第三，施工阶段进度控制的内容。施工阶段进度控制的内容包括事前进度控制、事中进度控制、事后进度控制。

一是事前进度控制，指的是在工程正式施工前采取的进度控制，主要包括以下内容。

（1）编制施工阶段进度控制工作细则。它是实施进度控制的一个指导性文件，是根据具体的施工项目进行编制的。

（2）编制或审核施工进度计划。总进度计划的开竣工日期必须与工程总进度计划的时间要求相一致，为此要审核承包商编制的总进度计划。

（3）审核单位工程进度计划。一般情况下，在编制单位施工进度计划时，要确保施工过程的安排具有相当程度的灵活性，让施工单位内部各方面的关系能够得到协调；当然，满足关键控制日期的要求除外。

（4）进度计划系统的综合。业主、监理工程师在对施工单位提交的施工进度计划进行审核后，通常要将若干个相互联系的、处于同一层次或不同层次的施工进度计划进行汇总，形成一个多阶群体的施工总进度计划，以利于进度总体控制。

（5）编制年度、季度、月度工程进度计划。进度控制人员应以施工总进度计划为基础编制年度进度计划，安排年度工程投资额；单项工程的项目、形象进度和所需各种资源，要做好综合平衡，相互衔接。年度计划可作为建设单位拨付工程款和备用金的依据。此外，还需编制季度和月度进度计划，作为施工单位近期执行的指令性计划，以保证施工总进度计划的实施；最后适时发布开工令。

二是事中进度控制，指工程施工过程中进行的进度控制，这是施工进度计划能否付诸实现的关键过程。进度控制人员一旦发现实际进度与目标偏离，必须及时采取措施以纠正这种偏差。事中进度控制的具体内容如下。

（1）建立现场办公室，以保证施工进度的顺利实施。

（2）协助施工单位实施进度计划，随时注意施工进度计划的关键控制点，了解进度实施的动态。

（3）及时检查和审核施工单位提交的进度统计分析资料和进度控制报表。

（4）严格进行检查。为了了解施工进度实际状况，避免承包单位谎报工作量的情况，需进行必要的现场跟踪检查，以检查现场工作量的实际完成情况，为进度分析提供可靠的数据资料。

（5）做好工程施工进度记录。

（6）对收集的进度数据进行整理和统计，并将计划与实际进行比较，从中发现是否有进度偏差。

（7）分析进度偏差将带来的影响并进行工程进度预测，从而提出可行的修改措施。

（8）重新调整进度计划并付诸实施。

（9）定期向建设单位汇报工程实际进展状况，按期提供必要的进度报告。

（10）组织定期不定期的现场会议，及时分析、通报工程施工进度状况，并协调施工单位之间的生产活动。

（11）核实已完工程量，签发应付工程进度款。

三是事后进度控制，指完成整个施工任务后进行的进度控制工作。具体内容如下。

（1）及时组织验收工作。

（2）处理工程索赔。

（3）整理工程进度资料。施工过程中产生的工程进度资料要认真整理，妥善保存。一方面，工程进度资料能够为业主提供有用的信息；另一方面，当发生工程索赔事件时，工程进度资料是必不可少的一项材料。

（4）工程进度资料的归类、编目和存档。施工结束后，工程进度资料将为今后类似项目施工阶段进度控制起到参考作用，因而，应将其编目和存档。

（5）根据实际的施工进度，应该及时修改、调整验收阶段进度计划和监理工作计划，确保下一阶段工作的顺利进行。

4. 两型工程进度控制的措施

1）两型工程进度控制的组织措施

在两型工程中，组织决定着工程进度控制目标能否顺利实现，因此，应该加大力度建立健全组织结构体系，明确并积极执行工程项目各部分的进度控制工作，努力实现工程进度控制的目标。例如，工程项目进度控制的系统包括很多单元，在审批编制和计划调整时，需要提前与各个单元保持良好沟通，并且做好协调工作。

2）两型工程进度控制的管理措施

在两型工程建设中，需要采取很多管理措施对工程的进度进行控制。主要表现为对人员的思想、风险、合同及技术方法的管理。首先，要理顺组织，同时采取科学严谨的管理手段。对工程进度的控制，要采用多种方案，比较科学控制的方法，统筹规划、严谨分析、科学制订工程进度计划；对进度节点及关键工作的进度控制要重点把握，并有效利用非关键工作中的时差，使工程进度控制工作合理有序进行；对于合同的风险管理，重点分析可能影响工程进度的风险因素，采用风险防控措施，规避和管理风险；在工程管理中，引进先进的管理方法和高科技技术，提高工作效率，推进工程进度。

3）两型工程进度控制的经济措施

经济保障是实现两型工程进度控制的前提，资金供应不足及对工作人员奖励不够都会对工程的进度造成直接影响。因此，为了达到工程进度控制的目标，必须制订有效而合理的资金需求计划，按照工程进度计划的要求，同时计算出工程实施中的每个工作节点所需资金，并将其纳入需求计划，以此为依据开展两型工程的融资工作。同时，对于提前完成工程进度的人员，给予一定的奖励，促使工程人员一直保持积极的工作热情，快速推进工程项目建设的进度。

4）两型工程进度控制的技术措施

工程设计时所采取的技术、理念及最终采用的设计方案都会对两型工程的进度产生很大的影响。在选择工程项目方案时，必须结合工程的实际情况，参考工程设计的技术条件，分析工程进度。如果不用增加投资，且不会对工程质量产生影响，则可以变更工程设计方案，从而减少设计技术因素对工程进度的影响。在讨论工程设计方案时，不仅要考虑工程技术的先进性和经济性，更重要的是设计技术对工程进度的影响也不容忽视。一旦工程进度停滞不前，应该立即认真分析工程施工的技术因素。若使用新的施工技术，或者是先进的施工机械，能够加快整个工程的进度，则应立即引用。

3.3.3　两型工程成本控制

1. 概念

　　两型工程成本控制是对两型工程的制造成本进行控制，是对在工程施工过程中所发生的全部生产费用的控制。这些费用主要包括所消耗的原材料、构配件、辅助材料等费用，周转材料的租赁费或摊销费等，施工机械租赁费或使用费等，发放给生产工人的工资、奖金、工资性质的津贴等，以及进行施工组织与管理所发生的全部费用支出。

　　两型工程成本控制包括事前控制、事中控制和事后控制。事前控制是指对可能影响两型工程成本变化的因素的控制；事中控制是指贯穿两型工程整个实施过程的成本控制；事后控制是指两型工程实际成本发生以后的控制。

　　事前、事中、事后控制三者，紧密联系，相互影响。事前控制可以对事中控制和事后控制产生直接影响。良好的事前控制，有利于事中控制和事后控制的顺利开展，可以减少其中不必要的麻烦，并为其提供经验教训；事中控制也会影响事前控制和事后控制，主要体现在事中控制的情况不断地反馈到事前控制和事后控制中，为事前控制的决策和事后控制的预防提供依据；同理，事后控制会作用于事前控制和事中控制，也会将控制的信息及时反馈到事前、事中控制中。通过对工程成本实施事前、事中、事后的全方位监控，可有效掌握工程的成本变动情况，并为进一步的成本控制提供依据，使其更加合理、全面。

　　两型工程成本控制的基本原理大致如下：通过对比施工过程中的实际成本与目标成本，发现两型工程的成本偏差，并分析产生偏差的原因，制定有针对性的纠偏对策，从而将两型工程的成本控制在目标成本范围之内。

2. 两型工程成本控制的影响因素

　　影响两型工程成本的因素很多，主要可分为直接影响因素和间接影响因素。

　　1）两型工程成本控制的直接影响因素

　　（1）人的因素。人工费是指工程施工过程中施工人员的各项开支，包括工资、奖金、各种福利及劳动保护费等。人工费由人工单价和人工数量两个因素的乘积构成。人工数量可根据工人的劳动效率，参考国内相关数据等确定，而人工单价则受到人工需求和来源情况影响，由市场供求决定。

　　人是两型工程建设的主体，为了有效地控制工程成本，必须加强人这一因素的控制。这里人的因素主要是指所有参加工程施工的工作人员，如工程技术人员、施工人员等，他们共同构成影响工程成本的人的因素。此外，可以通过增强团队精神来提升管理效益，不仅会保证项目的顺利实施，甚至可以降低项目总费用。

　　（2）材料因素。材料费由材料的单价和数量的乘积决定，两型工程施工过程中材料的数量变化和材料的价格变化直接影响材料费用。

　　在工程的施工过程中，原材料、辅助性材料及外购部件等工程材料，构成了工程的实体，在工程的建设中起了关键性的作用。例如，建筑项目中的沙石、水泥、脚手架，制剂开发项目的各种原材料、试剂等，软件开发项目的打印机、计算机、打印纸、存储设备等。

　　良好的工程材料是工程顺利施工的物质基础，高质量的材料是保证工程质量的基本条件，只有材料的质量符合了工程施工的要求，工程的质量才有可能满足工程建设的标准。

　　（3）机械设备因素。机械费是指在两型工程施工过程中，使用企业自身的施工设备发生的设备使用费，租用施工设备产生的租赁费用，以及施工设备进出场费和安装拆卸费。

　　由于施工设备都是大型机械，其相应的各种费用也很高，所以施工机具设备占工程项目成本很大的比例，具体如何计入报价应当根据标的文件的要求而确定。一般来说，施工机具使用费主要包括安装拆卸费、购买价格、折旧费、运杂费、维修保养费等。

　　机械费用也是影响两型工程成本的重要因素，而施工机械的完好率及其工作效率决定着机械费用的高低。确保施工机械完好率就要使用科学的操作规范、重视日常保养，这些都能预防和降低施工机械的非正常损坏；施工人员的技术水平低，或者施工机械本身都可能导致工作效率低，这不但会造成油耗的增加，而且为了弥补误工，需要加大施工人员和施工机械的投入量，无形中导致成本的增加。

　　（4）其他因素。措施费是指在两型工程施工前和施工过程中，为完成工程施工的非工程实体项目产生的费用，主要有施工技术措施费和施工组织措施费两种，包括施工时发生的环保费、文明和安全施工费、二次搬运费、夜间施工费、脚手架费、设备保护费、大型设备安装拆卸费等。此外，自然气候、设计变更率、风险因素等也是影响两型工程成本的重要因素。

　　2）两型工程成本控制的间接影响因素

　　（1）两型工程项目范围。两型工程的所有工作内容由工程项目范围决定，而这些工作会消耗一定的资源，因此，工程项目范围界定了两型工程成本发生的领域。

（2）两型工程项目质量。工程项目质量与其成本存在着辩证统一的关系。如果对工程的质量要求比较高，则在两型工程建设过程中则需要配备高技术的人员，采用优质的材料，当然还会花费更长的时间，这无形中增加了工程成本。通常情况下，质量水平越低，两型工程成本就越低，但是低质量水平的产品，往往难以正常使用，也容易发生故障，甚至有的还要重新建造，反而增加了工程的总成本。

（3）两型工程项目工期。项目工期与两型工程成本两者间紧密相连，辩证统一。项目工期越长，不可预见的因素越多，随之风险越大，而且支付给施工人员的工资越多，从而使得工程的成本越高。但是如果为了缩短工期，而增加额外的加班费和协调费用，甚至导致工程项目无法完成，此时反而会增加总成本。

（4）两型工程施工方案。施工方案是根据两型工程项目来制定的，而工程项目需要根据施工方案来实施，两者相互依赖、相互制约。具体来说，在施工过程中，使用能够反映施工技术水平的施工方法，可以加快施工的整体进度；此外，合理组合施工机械能够充分发挥机械的使用效率，减少不必要的浪费。

（5）两型工程施工进度。施工进度与两型工程成本联系紧密，相互制约。通常，在保证目标工期和工程质量的前提下，应尽量降低工程成本；在工程目标成本控制下，应尽量缩短施工工期。

（6）两型工程施工质量。施工质量与两型工程成本之间相互联系、互相制约，即工程施工的质量标准过高或过低，都可能会导致工程成本的增加。因此，工程管理人员应当按照施工方案的要求，进行施工，在降低工程成本的同时，确保质量标准。

（7）两型工程施工安全。施工安全也是影响两型工程成本的一个因素。施工安全性越高，发生安全事故的频率就越小，相应的花费在此方面的支出费用就越少，施工受到事故的影响也就越小。因此，工程管理人员应当切实抓好施工安全工作，降低因施工意外造成的赔偿成本。

3. 两型工程成本控制方法

1）偏差控制法

偏差控制法是工程成本控制中的一种。在制订出计划成本的基础上，先采用成本分析方法找出计划成本与实际成本的偏差，然后分析产生偏差的原因和变化发展趋势，最后采取措施来减少或者消除偏差，进而实现目标成本。

施工过程中进行成本控制的偏差有三种：一是实际偏差，即项目的预算成本与实际成本之间的差异；二是目标偏差，即项目的计划成本（目标成本）与预算成本之间的差异；三是目标偏差，即项目的实际成本与计划成本之间的差异。

尽量减少目标偏差是工程成本控制的目的，控制效果的好坏取决于目标偏差。实际偏差加上计划偏差便是目标偏差，计划偏差一经制定便不会再变化，因此只有通过减少施工过程中发生的实际偏差，才能达到减小目标偏差的目的。

2）工程成本分析法

工程成本分析法，即在成本控制中，对已发生的工程项目成本进行具体分析，找到成本节约或超支的原因，从而达到改进管理工作、提高经济效益的目的。

工程成本分析包括综合分析和具体分析，其中综合成本分析法主要包括分部分项工程成本分析和月（季）度成本分析。

（1）分部分项工程成本分析，将整个工程项目按照施工对象和核算方法，分成若干部分，对每一部分进行成本核算，与每一部分的计划成本作比较，分析偏差，鼓励正偏差，纠正负偏差。

（2）月（季）度成本分析，属于总结性的成本分析，通过该分析，可使管理者了解项目实际成本的发展方向，预测下一阶段成本发展的趋势，并根据目标成本为实际成本的控制寻找方向，实现对工程项目成本的事前控制。

3）进度-成本同步控制法

通常来说，控制分部分项工程的施工成本的方法主要是成本与进度同步跟踪。

长期以来，一般认为计划是为了安排工程的施工进度和组织流水作业，与工程成本控制的关系不大。事实上，成本控制与计划管理、成本与进度之间有着必然的同步关系，也就是说，工程项目施工到哪个阶段，理应发生相应的成本费用。如果成本与进度不匹配，就将其作为"不正常"现象进行探索分析，并找出发生的原因，再加以纠正。

4）挣得值法

20世纪中期，合约人在工程项目周期内对成本的控制能力受到美国政府合同机构的质疑，这种不信任促使国防部于1967年制定了35项成本/进度控制标准，为所有来自美国政府的新项目界定了的一个标尺，通过这种方式，政府实现对成本风险的控制。挣得值法出现后，在短短30年内，便得到了很多国家政府机构的认可，并将其应用到不同背景下的项目成本控制过程中。

挣得值法是一种从整体上衡量工程项目进度及成本实施情况的方法，通过测量已完成工作的计划成本、已完成工作的实际成本和计划工作的计划成本三个指标，来分析成本、进度与其目标期望之间的差异，据此判断工程项目实际执行的效果。

3.3.4　两型工程质量控制

1. 概念

　　保障两型工程质量达到相关合同和相关标准的整套措施、办法和手段称为保障两型工程质量控制。依照其主要实施者来对其分类，可以分为自控主体和监控主体。直接参与相关质量职能的称为自控主体，如施工的相关机构、负责勘探测查的相关机构；监督和控制他人质量能力和工程实施情况的相关主体称为监控主体，如政府和相关的监控机构等。

2. 两型工程质量控制的原则

　　要做好质量监控的相关工作，我们必须要遵守以下几个原则。

　　1）质量第一原则

　　工程建设与市场经济的健康发展及人民社会生活水平的提高关系密切。其质量的好坏不但会对工程的经济性和适用性有重要影响，而且会对整个国家的繁荣和富强、广大人民群众的生命财产安全甚至是我们下一代的健康成长产生重要影响。所以，必须要有"质量第一"的思想观念。我们首先要明确质量在工程建设中的重要地位，把其放在放在首要位置，在考虑工程进度和成本之前，首先考虑的是工程质量。在实施两型工程质量控制的过程中，始终保证质量第一为首要原则。

　　2）预防为主原则

　　工程质量的控制具有以下几方面的特性：动态性、可预防性和可控性。在实施两型工程质量控制的过程中，我们应该在坚持国家相关规范和标准的前提下，对潜在的质量问题进行全面分析，对质量的相关影响因素进行事前和事中控制。假如，在事情发生之后再进行相关控制，就会造成不可挽回的损失。所以，我们要坚持预防为主的原则，在事前和事中对工程质量实施相应的控制工作。

　　3）人为核心的原则

　　工程实施的主体当然是人。人的思想、行为及技能水平等方方面面的情况都会对质量产生相关的影响，其在工程建设中扮演着许多重要角色，如设计者、管理者、决策者等。在建设两型社会的过程中，我们要明确的是，质量控制的重点和核心是人。我们要采取相应的措施充分发挥个人的积极性和能动性，不断提高其相关的技能水平，加强其质量第一的原则意识，对每个行为主体的工作质量进行严格控制，以保障对工程总体质量的控制工作顺利进行。

4）质量标准原则

质量标准是人们得以有效把握产品达标与否及进行测评工作的相关依据。我们检测工程质量的工作要遵循相关的标准和规范，要与其做严格的对照。对那些不符合相关质量标准的产品，一律返工、重新生产，直到达标为止。在实施两型工程质量控制的过程中，为了保障目标的明确性我们必须要坚持质量标准原则。

5）为用户服务原则

工程实施的主要目的是用户需求，在其各种需求中，质量需求尤为重要。在实施整个两型工程质量控制的过程中，我们的出发点是，始终要坚持为用户服务的原则。与此同时，在工程内部要坚持"下道工序就是用户"的重要观念。

6）职业道德规范

在实施两型工程质量控制的过程中，每个参与者都要严格遵守职业道德规范。在该领域主要是指，科学、公正、守法。监督工作的主要实施者是工程监理，其必须要做到实事求是、坚持原则、客观公正地对相关质量问题进行处理。

3. 两型工程质量控制的过程

质量的控制贯穿于整个两型工程建设的过程中。具体体现在三个阶段的质量控制：准备阶段、实施阶段和竣工验收阶段。

在工程实施开始之前，对质量的各个影响因素及所有准备工作进行的质量控制称为施工准备阶段质量控制。施工准备工作是整个工程顺利运行的必要准备工作，对其质量的保障非常重要且必不可少。该工作进行不能只是体现在工程开始之前，更应该是在工程的各阶段。它最基本的任务，那就是为工程实施创造必要的条件，保障工程的顺利实施及整个工程的质量符合相关标准和规范。

在工程实施开始的过程中，对各相关生产要素和相关技术活动的实施质量进行严格质量控制称为施工阶段的质量控制。例如，工程实施人员在工作中的自我控制及相关管理人员的监督和控制行为等。此阶段在整个工程中扮演着承上启下的重要角色。施工活动，既要满足工程图纸和相关标准将其在工程中实施出来，还要满足工程验收的要求。所以，施工阶段是工程质量的决定性控制环节，必须做好该阶段的质量控制。

在工程实施完成后，对工程进行完成情况的质量进行评定、试验运行及其最终质量是否满足了相关标准和规范的要求、是否达到了工程的目标等实施的相关工作成为竣工验收阶段质量控制。竣工验收阶段的质量控制保障了工程的最终质量，是整个工程质量控制必不可少的一个重要环节。

4. 两型工程质量影响因素的控制

在两型工程建设的各个阶段，两型工程质量的影响因素主要有"人、机、法、环"四大方面。因此，为了确保工程的质量，需要严格控制这四个方面因素。

1）对"人"的因素的控制

因为工程质量的控制者是人，所以控制质量的关键在于调动人的积极性、避免人的失误等。

（1）领导者的素质。提高工作质量和工程质量的关键是领导者的素质，因此，在选择承包商时一定要对领导者的素质进行考核和认证。

人的综合素质表现在理论水平和技术水平，其对工程项目的质量有直接影响，只有高素质人员才能应对技术复杂、操作难度大、要求精度高、工艺新的工程，否则工程质量很难保证。

（2）人的生理缺陷。需要严格控制人的生理缺陷，来满足工程施工的特点和环境，这样才能避免安全事故发生，影响工程质量。例如，有高血压、心脏病的人不能从事高空作业和水下作业；反应迟钝、应变能力差的人不能操作快速运行、动作复杂的机械设备等。

（3）人的心理行为。人的心理行为被很多因素影响，其中疑虑、抑郁、畏惧等心理因素使人变得愤怒和怨恨，转移了人的注意力，容易引发安全事故。因此，在选择企业时，考察企业员工的凝聚力和情绪是非常重要的。

（4）人的错误行为。在工作场地或者工作中吸烟、打赌、误判断等都是人的错误行为，很多工程事故都是因为人的错误行为引起的，因此，吸烟、嬉戏等行为应该在有危险的工作场所被禁止。

（5）人的违纪违章。人的粗心大意、注意力不集中等不良行为都是人的违纪违章，这会损害工程质量，引起工程质量事故，因此，在用人时要严格控制思想素质、业务素质和身体素质等。

2）对施工机械设备的控制

工程建设中不可缺少的设施便是施工机械设备，它影响着施工进度和施工质量，因此，在施工阶段必须对施工机械的性能、选型和使用操作进行控制。

（1）机械设备的选型。在选择施工机械时应该从多方面考虑，如技术先进性、经济合理性、生产使用性、操作和维修方便性等。

（2）机械设备的主要性能参数。机械设备的性能参数是选择机械设备的主要依据，为了满足施工的需要，在参数选择上可适当留有余地，但不能选择超出需要很多的机械设备，否则容易造成经济上的不合理。机械设备的性能参数很多，要综合各参数，确定合适的施工机械设备，在这方面，要配合承包商，结合机械施工方案，择优选择机械设备，要严格把关，对不符合要求和有安全隐患的机械，不准进场。

（3）机械设备的使用、操作要求。为了保证工程项目施工质量必须合理使用机械设备。以"人机固定"为原则，实行定机、定人、定岗制度，操作人员要严格执行各项操作规章制度，防止出现安全质量事故。

3）对方法的控制

对方法的控制主要是指对施工方案的控制，也包括对整个工程项目建设期内所采用的技术方案、工艺流程、组织措施、检测手段、施工组织设计等的控制。对一个工程项目而言，施工方案恰当与否，直接关系到工程项目的质量，关系到工程项目的成败，所以应重视对方法的控制。这里说的方法控制，在工程施工的不同阶段，其侧重点也不相同，但都是围绕确保工程项目质量这个"纲"的。

4）对环境因素的控制

很多环境因素会对工程质量产生影响，如工程技术环境、工程管理环境、劳动环境等对工程质量都有着复杂多变的影响。因此，严格控制施工过程中的环境因素至关重要。

3.4　两型工程评价

两型工程评价指的是在工程结束或运行一段时间后，通过对投资活动的检验和总结，确定是否达成投资预期的目标，设计和规划是否合理，主要效益指标是否达到，通过分析、评价、总结失败的原因，以及及时、高效的信息反馈机制，为未来提高两型工程决策和完善投资管理水平提出建议，从而达到提高投资效益的目的。

3.4.1　两型工程评价的原则

两型工程评价有其内在的规律和特点。

（1）现实性。两型工程评价体系分析研究的是一个工程的实际情况，是在其投入生产之后的一定时期内，根据工程的实际运作情况对工程的经济效益和管理决策工作进行评价。

（2）公正性。两型工程评价体系必须遵循公平公正的原则，评价人员必须秉承实事求是的态度，在发现问题及解决问题的时候避免出现有失公允的现象，客观、公正地做出评价。

（3）全面性。因为两型工程评价体系不仅横向涉及工程的各个方面，还纵向涉及工程生命周期的各个阶段，所以说该体系是对整个工程实践的总结性评价，应该具备系统、全面的特点。

（4）反馈性。两型工程评价体系是为新项目作准备的，同时也为政府安排投资计划、制定法规政策提供依据，所以项目评价的结果需要反馈到项目各方、政府投资和建设相关部门。

3.4.2　两型工程评价体系的主要内容

根据两型工程项目评价的定义，评价体系就是把两型工程实施的结果与当初的决策目标进行比较，对项目执行过程进行测度，着重评价其财务效益、经济效益，系统总结成功经验和失败教训，以便迅速、有效地反馈到新的决策活动中去。两型工程评价体系包含了两型工程目标评价、两型工程实施过程评价、两型工程效益评价、两型工程影响评价、两型工程持续性评价等单项评价及综合评价。

1. 两型工程目标评价

两型工程负责人要遵循国家和区域经济发展规划及产业政策等宏观调控政策与规制，结合该项目的投资方向、生产成本和效益等实际状况分析评价项目立项时制定的目标是否合理，并评价该目标的实现程度。应分别从两型工程建设目标、技术能力目标、直接效益目标、外部间接影响目标等方面，逐步对两型工程目标的实现程度进行分析评价。

2. 两型工程实施过程评价

两型工程评价早已从对单一的内容评价发展成为对工程全过程的综合评价，所以对两型工程进行实施过程评价是具有必要性的。根据工程生命周期理论，两型工程的全过程可以大致分为三个阶段：两型工程策划阶段、两型工程实施阶段和两型工程运营阶段。两型工程的过程评价可具体分为两型工程前期工作评价、两型工程准备阶段评价、两型工程实施阶段评价和两型工程运营阶段评价。两型工程的过程评价应将两型工程实际执行的情况与可行性研究报告、项目评估报告及其他文件文件进行比较，找出项目进展实况与预测情况的差别，分析偏差产生的主客观原因。过程评价一般要从以下几个方面分析，如图 3-11 所示。

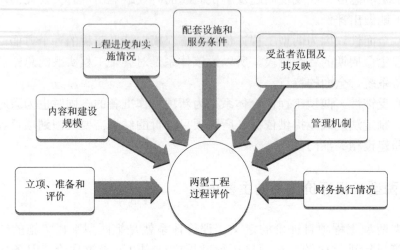

图 3-11　过程评价图

3. 两型工程效益评价

两型工程的效益评价是指对工程竣工并投入生产之后的经济效益所进行的评价。以项目竣工并投入生产后的实际经济效益指标为标准，将实际指标和预测指标进行比较，评价预测是否精准，工程投资是否有价值。根据工程生命周期内各项经济指标数据，计算主要效益指标，并与工程初期预测的相关指标进行对比，定量分析两型工程目标实现程度和产生偏差的原因，总结成功经验和失败教训，提出改进的建议和措施，以提高两型工程效益和投资决策水平。两型工程效益评价指标主要包括净现值、内部收益率及贷款偿还期等反映项目盈利和清偿能力的指标。

4. 两型工程影响评价

两型工程影响评价是指站在宏观的角度分析两型工程对经济、环境、技术和社会产生的影响。

（1）两型工程经济影响评价，是指分析项目对所属行业、所在地区及国家所产生的经济方面的影响。经济影响评价要区别于效益评价中的经济分析，避免重复计算。由于经济影响评价的部分因素难以量化（如科技进步带来的更先进的工艺和更高效率的劳动手段），所以通常只能做定性分析。

（2）两型工程环境影响评价通常涵盖地区环境质量、污染控制、区域生态平衡、自然资源利用和保护及环境管理等方面，一般是对照项目前的环境影响评价，重新核算项目环境影响的实际结果，评价两型工程环境管理的决策、参数的可靠性和实际效果。实施环境影响评价应遵守国家《环境保护法》的规定，在审核环境影响和评价环境影响现状的同时，对未来潜在的影响进行预测。

（3）两型工程科技进步影响评价旨在衡量工程所选用的技术先进性和实用性；衡量工程对技术开发、技术创新、技术改造的作用，技术改进的合理性及消化吸收程度；衡量工程对高新技术产业化、商业化和增强我国国际竞争力的作用，以及对推动国家、地区、行业技术进步的作用；衡量工程对本部门、本行业、本地区技术进步的作用。

（4）两型工程社会影响评价是工程对社会有形和无形效益的一种分析评价，重点评价项目对所在地区和社区的影响，评价内容一般包括居民生活条件和生活质量、就业、地区收入分配、妇女受教育程度、就业状况及持续性等方面。

5. 两型工程持续性评价

对两型工程的建设而言，持续性分析有两层含义：一是两型工程对自身持续发展的影响；二是两型工程对国家或者地区持续发展的影响。两型工程持续性评价是指工程竣工投产后，对工程的既定目标是否如期完成，是否产生理想的效益，业主是否愿意依靠自己的能力继续实现既定目标，两型工程是否具有可重复性等方面做出评价。两型工程可持续性评价包括以下几方面：环境功能的持续性、经济财务增长的持续性、技术发展的持续性、社会文化的持续性，以及管理、组织的持续性等。如果项目具有可持续性，则可以在原指标体系的基础上进行预测，否则就要对影响项目可持续性的因素进行分析和评价，找出关键性的影响因素，对项目可持续性提出合理化建议。

3.4.3 两型工程评价的程序与方法

国内两型工程评价一般是在业主自评的基础上，由行业或省级主管部门对自评报告进行初步审查，提出意见，最后由相对独立且具有相应资质的评价机构组织有关专家对工程进行评价。这些评价机构通过搜集资料、现场勘察和分析讨论，最终提出合理的评价报告。

1. 两型工程评价的程序

两型工程评价的程序一般包括选择评价工程、制订评价计划、确定评价范围和选择执行工程评价的咨询单位和专家等。如图 3-12 所示。

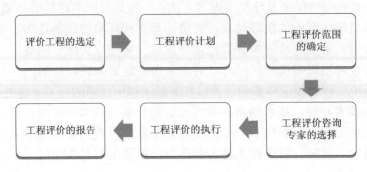

图 3-12　工程评价程序

（1）评价工程的选定。选择评价工程要遵循资源节约型和环境友好型的基本原则，注重其对自然环境和资源的影响。

（2）工程评价计划。两型工程评价计划旨在确定评价所要研究的问题，区分问题的轻重缓急或主次关系，同时确定工程评价所使用的最合适的方法和评价标准，以便工程负责人和施工者在工程实施过程中应对变化和搜集资料。

（3）工程评价范围的确定。两型工程评价范围是非常广泛的，而委托者关注点可能有侧重，因此在进行工程评价时，为了能在一定时间内有效解决委托者所关注的问题，应将评价的内容控制在一定范围内。

（4）工程评价咨询专家的选择。在两型工程独立评价阶段，评价要由一个独立的评价咨询机构执行。这个评价机构可从评价工程的特点、要求出发，从机构"内部"或"外部"选择或聘请熟悉被评工程专业的专家组成评价专家组完成对项目的评价。

（5）工程评价的执行。工程项目不同，评价的类型也有所不同，但是执行阶段的基本工作就是搜集资料信息和现场调查。工程评价的基本资料应该包括工程自身的资料、工程所在区域的资料、评价方法的有关规定和指导原则等。现场调查任务是为了了解工程的实际情况、目标实践度等问题。

（6）工程评价的报告。最终提交的报告是对评价结果的总结，是反馈经验教训的重要文件。报告要求用语清晰、准确，主要内容要涵盖摘要、工程概况、评价内容、主要变化和问题，以及原因分析、经验教训、结论和建议等方面。

2. 两型工程评价的方法

两型工程评价有四种常用的方法：前后对比法、有无对比法、层次分析法、逻辑框架法。

（1）前后对比法是将预测的效益和项目完工后的实际效益相比较，找出差异和变更的根本原因。这种对比方式通常用于揭示项目的计划、决策和实施的质量，是两型工程过程评价应遵循的原则。

（2）有无对比法是指将项目投产后实际的情况与假设没有投产该项目可能发生的情况进行对比，以测度项目的真实效益、作用和意义。对比的关键是区分工程内部作用和工程外部作用。这种对比方式通常用于两型工程的效益评价和影响评价。

（3）层次分析法是属于运筹学范畴的理论，将与决策有关的因素分解成目标、准则、实施等层次，在此基础之上进行定性和定量分析。

（4）逻辑框架法是指用一张简单的框图来清晰地分析复杂项目的内涵和关系，是一种综合、系统地研究和分析问题的思维框架。用到了 4 乘 4 的矩阵，将几个相关的动态因素结合起来，通过分析其中关系，来评价一个项目。

3.4.4　案例：九华园区两型建设工程评价

1. 九华园区概况

湘潭九华经济技术开发区于 2003 年 11 月在湘潭成立，是长株潭城市群中国家两型社会建设综合配套改革试验区的五大示范区之一，也是省政府批准设立的台商投资区，2011 年升级为国家级经济技术开发区，2013 年成功获批国家级湘潭综合保税区。九华经济技术开发区历经多年飞速发展，从无到有，从小到大，已成为湖南最具活力与潜力的两型工程工业园区，园区经济增长速度在全省园区中始终排在前列，2011 年园区经济规模、经济总量已经跻身全省第四位。2013 年，全区实现"技工贸"总收入[①]1053.2 亿元，昂首跨入"千亿园区"行列。

2. 九华园区两型建设工程评价方法选择

本书采用超效率数据包络分析（data envelopment analysis，DEA）方法进行评价。DEA 方法由 Chames、Cooper、Rhode 于 1978 年提出，旨在评价"多投入多产出"模式下决策单元间的相对有效性。它解决了 CCR 模型难以同时对多个决策单元做出进一步的评价和比较的问题，使有效决策单元能够进行比较和排序。超效率 DEA 模型的数学形式如下：

$$\begin{cases} \min\left[\theta - \varepsilon\left(\sum_{i=1}^{m} s_i^- + \sum_{r=1}^{s} s_r^+\right)\right] \\ \text{s.t.} \sum_{\substack{j=1 \\ j\neq k}}^{n} X_{ij}\lambda_j + s_i^- \leqslant \theta X_0 \end{cases}$$

---

① "技工贸"总收入是指科研单位在科技生产经营、技术转让等活动中获得的收入。

$$\begin{cases} \sum_{\substack{j=1 \\ j\neq k}}^{n} Y_j \lambda_j - s_r^+ = Y_0 \\ \lambda_j \geqslant 0,\ j=1,2,\cdots,n, s_r^+ \geqslant 0, s_i^- \geqslant 0 \end{cases}$$

超效率 DEA 模型的评价思想如下：在对某决策单元进行效率评价前先将其排除在外。检测时，对于无效的决策单元而言，其生产前沿面不变，因此其最终结果与用传统 DEA 模型测量出来的相一致；对于有效决策单元的效率值测算，可以首先假定在其效率值确定的情况下按比例增加投入，那么超效率值便等于投入增加的比例。因为其生产前沿面后移，所以测出的效率值要比利用传统 DEA 模型测定的效率值大。

3. 九华园区两型建设工程评价指标体系构建与评价

在选择评价指标之前，首先要确立指标设置的基本基本原则，这些原则基本可概括为科学性、系统性、代表性和可操作性等。进一步地，针对 DEA 的特点，指标数量不宜过多，这是由该模型本身的结构和特征决定的。该模型是对多投入-多产出的对象系统综合运行效率进行评价，其模型的功能和生态效率评价的要求非常吻合。在确立指标设置的基本原则之后还需要树立指标构建的概念框架，以便在该概念框架之下开展具体的指标设计工作。概念框架即以提升园区的生态效率为目标导向，从"资源节约-环境保护-经济持续-科技引领-人文发展" 5 个角度确立的概念框架。依据此框架进一步设置出投入-产出的两型工程评价指标。

投入类指标涉及工业投资、基础设施投资、环境保护投资、科技研究投资这几类。特别地，我们把一些对环境和资源消耗造成压力的指标也当成投入指标来看待，用这些指标来反映资源节约和环境友好方面的表现，它们包括单位工业增加值能耗、单位生产总值二氧化硫排放量、单位生产总值化学需氧量排放量。产出类指标涉及工业总产值、工业增加值、财税收入、高新技术产值、专利数、社会保障覆盖率。之所以涉及这些指标，是因为在产出方面：一是要体现园区经济发展的水准，故选择工业总产值和工业增加值；二是要体现创新引领的内涵，故选取高新技术产值和专利数量；三是要体现人文和社会发展，故选择了社会保障覆盖率、园区就业总人数指标。进一步地，在衡量园区发展的社会效益方面，财税收入能够起到集中体现的作用。最终确定的九华园区两型工程评价体系指标，如图 3-13 所示。

根据上述指标，收集 2007～2012 年度九华示范区管理委员会制作的《九华统计年报表》中的数据，并且借鉴范一（2012）对湖南湘潭九华经济技术开发区的发展模式研究过程中所采用的一些原始数据，如表 3-3 所示。

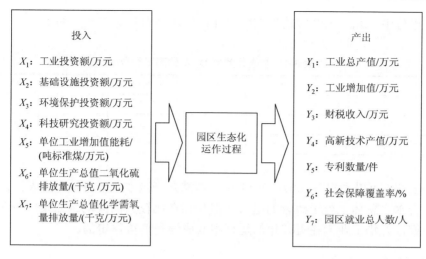

图 3-13　九华园区投入-产出的两型工程评价体系指标

表 3-3　湘潭九华园区 2007～2012 年生态效率指标原始数据

年份	2007	2008	2009	2010	2011	2012
X_1 工业投资额/万元	53 891	69 988	100 799	292 094	370 904	496 739
X_2 基础设施投资额/万元	39 535	47 623	55 000	72 000	268 113	371 452
X_3 环境保护投资额/万元	1 557	2 075	3 449	6 283	19 967	37 522
X_4 科技研究投资额/万元	1 755	2 394	4 012	7 280	22 130	48 957
X_5 单位工业增加值能耗/（吨标准煤/万元）	0.33	0.21	0.13	0.05	0.07	0.08
X_6 单位生产总值二氧化硫排放量/（千克/万元）	1.17	1.15	1.13	1.11	1.09	1.07
X_7 单位生产总值化学需氧量排放量/（千克/万元）	1.34	1.23	1.07	0.97	0.80	0.62
Y_1 工业总产值/万元	19 988	131 421	311 860	814 119	1 613 024	2 715 559
Y_2 工业增加值/万元	19 988	41 427	110 197	260 518	446 471	820 893
Y_3 高新技术产值/万元	18 354	127 417	232 856	486 565	784 981	1 333 557
Y_4 专利数量/件	3	9	18	39	90	144
Y_5 财税收入/万元	5 800	12 020	25 545	50 023	70 085	132 026
Y_6 社会保障覆盖率/%	51.83	52.51	53.79	54.71	56.90	59.88
Y_7 园区就业总人数/人	1 425	2 613	3 768	9 190	13 717	21 462

基于超效率 DEA 模型对 6 个年份的生态效率值进行测算。从表 3-4 可以看出,

在各个年份中，九华工业园的生态效率评价值还是存在显著差异的。

表 3-4　基于超效率 DEA 的测算结果

年份	2007	2008	2009	2010	2011	2012
相对效率	1.3464	1.2103	1.3627	2.2134	1.1920	2.4307
名次	4	5	3	3	6	1
DEA 有效性	有效	有效	有效	有效	有效	有效

从表 3-4 可以看出，2007～2012 年，湘潭九华国家级经济技术开发区的生态效率综合水平总体上处于改善的趋势，但是存在比较大的波动。如果用辩证的眼光来考察，九华工业园在近几年的运行中其成绩是值得肯定的。

4. 评价结论与启示

九华工业园 2003 年成立，当初建设的初衷主要是为了促进地方经济增长，同时安排当地劳动力就业。湘潭虽然重工业基础较好，机械制造、矿冶、钢铁行业都有大型企业存在，然而在长株潭城市群中经济还是相对欠发达。九华工业园成立之初并未充分意识到生态化运行的必要性。随着经济社会大环境的变化（资源消耗剧增、环境污染问题突出），资源节约与环境成本降低的话题日益受到关注。2007 年，长株潭城市群被国务院正式批准为两型社会建设综合配套改革试验区，而九华开发区又被列为该试验区的重点示范区。在这种背景下，九华工业园的发展大踏步地融入了长株潭两型社会建设的进程，并且同期成为两型社会建设中的排头兵。在园区的深入规划、项目（企业）的引进方面都秉承了两型化、生态化的理念和思想，一是将高新技术产业的发展作为园区产业发展的主方向，如园区内已经形成了先进装备制造业和电子信息产业、汽车及其零部件产业集群。这些行业都不是耗能大户，因此从源头上就做到了对能源资源的节约。尤其是近年来园区引进了一批清洁能源项目，如屋顶光伏发电清洁能源项目等，这些项目的引进对于园区生态效率的改善起到了重要作用。二是逐步按照生态工业园区的建设要求通过市场自发和政府参与相结合的方式构建企业间的生态产业链，以促成园区运行中所产生的废弃物和副产品的循环利用从而减少最终排向自然环境中的数量和规模。通过园区管理委员会、园内企业等各方主体的共同努力，园区在考察期内生态效率的表现总体上呈现出不错的状态。

然而，我们也应该清醒地认识到不能将测算数据作为唯一的评判标准，还应该结合园区诸多实际情况来考察园区的发展。从目前的属性考察，九华园区属于经济技术开发区而不是国家认定的生态工业园区，建立园区之时的“GDP崇拜”冲动依然没有从观念深处彻底转变。这些意识问题加上园区发展所处的特定阶段决定了园区在生态效率的改善方面仍然还有较大空间，并不意味着利用数理模型测算出来决策单元"有效"则代表可以高枕无忧。事实上园区在生态化转型升级中仍然存在一些影响生态效率改善的因素，如园内企业之间的合作不够深入、完善的工业共生网络尚未形成，如此种种都会对园区生态效率产生负面影响，这也从 2011 年的超效率评价值出现较大波动中体现出来。园区内企业、管理委员会、地方政府及园内各中介组织应当协同配合，全力推动九华业园区的生态化改造及转型升级进程，促使其为长株潭两型社会的建设做出新的、更大的贡献。

第 4 章　两型工程融资管理

4.1　两型工程融资管理概述

4.1.1　两型工程融资管理基本概念

两型工程融资管理主要是结合众多的两型工程融资实例，概括这些实例的共同点，抽出最主要的普遍性特征而形成的。两型工程融资概念是由项目融资衍生出来，由于不同学者对于项目融资有不同的理解，到目前为止对于项目融资的概念都没有统一的界定，所以有必要对两型工程融资这一概念进行一定的界定和区别。首先，了解一下项目融资的一些定义。

Clifford Chance 公司在 1997 年出版了一本名为《项目融资》的书，其中从广义的角度对项目融资的定义进行了界定，即项目融资主要是取决于项目自身的收益，并非由项目发起人个人的威望和持有资产所决定，所以投资人在项目中的收益跟这个项目本身是否可行、项目所处的不利外部环境因素有很大联系。该定义明确了项目融资的两个方面：一个方面是投资人的回报率的实现主要取决于项目自身的收益情况；另一方面融资与项目发起人的个人资历等并没有太大的关系。

另外，在《美国财会标准手册》（1981 年）中分析了项目融资的两个主要特征：一是以项目资产作抵押，以项目收益付息；二是项目实体本身的信用不重要。在实践中，项目实体常常是为实施项目而专门成立的公司，没有任何历史信用记录，因而，其信用能力不作为重要因素来考虑。

在国家出台的《境外进行项目融资管理暂行办法》（计划资〔1997〕612 号）的第一条中将项目融资定义为这样一种融资方式，即通过国内的拟建项目吸引国外的资金，最终通过项目自己的期望收益和固定资产来偿还国外资金投资回报。

P.K.Nevitt 和 F.Fabozzi 这两位学者在 1995 年出版了《项目融资》这一著作，该著作也提出了相应的定义，将项目融资概括成如下一种交易方式：投资方在对项目的资金和收益进行充分了解之后，通过项目发起人提供资金来获得一定的收益，而且将这个项目所持有的固定资产作为投资的抵押物，在这样一种情况下投资方会进行投资。

项目融资还被定义为这样一种方式，即通过项目本身的资金、期望回报率等手段获得无追索权或者少部分追索权的融资性行为。而投资方的追索权主要是被投资方无法在规定期限内给予相应的报酬时，投资方有对投资方的除项目资产以外的资产进行抵押的权利。在理论层面，投资方对项目发起人有三种主要的追索权，如完全追索、有限追索和无追索。在无追索权的融资情形下，贷款的清偿完全局限在抵押资产之上，如果该资产不足以清偿全部贷款，债权人无权向债务人进行追偿。在有限追索情形下，除抵押资产外，债权人还要求债务人之外的第三方提供担保，如果该抵押资产不足以偿清债务，债权人有权向担保人进行追偿，但不超过担保范围。

　　通过上面的关于项目融资的五大定义，并结合两型工程自身的特征，可以将两型工程融资概括成如下内容：为实现资源节约、环境友好目标，采用直接或间接融资方式，支持两型工程建设的一种资金活动。两型工程融资项目不同于一般的项目，有一些经济性没那么强项目的资金需求主要依靠政府进行财政支持。两型工程着眼于生态系统持续发展能力的整合，经济效益不是主要目标，因此偿还贷款能力不强，资金来源主要依靠政府财政投资；而那些跟一般项目一样，既有经济效益，又有生态环境效益的两型工程项目，项目资金除了政府的财政支持外，还可以依靠其他的融资手段，偿还投资的资金除了两型工程自身运营中产生的现金流外，还应该充分利用社会上的现金到两型工程的建设上。

4.1.2　两型工程融资管理的特点

　　两型工程融资项目不同于其他的融资项目，有其自身的特殊性，同时两型工程的融资同样具备一般项目融资的性质。整体来说，两型工程融资管理具有以下四个特点。

1. 工程建设项目宏大，需要大量的资金

　　两型工程建设一般是重大的民生工程或环境工程，需要解决整个社会系统的固有顽疾，规模大，建设周期长，需要的资金量高。比如，关于整治我国大中型城市的环境方面，大中型城市一般都人口规模大，相反土地资源就显得格外的稀缺，因此，在这类城市的环境改造方面就需要投入大量资金。另外，如北京的沙尘暴整治方面、我国各大城市的河道治理方面等，这些方面的整治与建设都是规模宏大，同时还需要大量的资金投入。

2. 融资方式多样化

　　在两型工程的建设过程中，由于较大的规模及高额的资金投入，所以这方面的投入来源不会局限在一种方式中，而是需要多种方式来解决资金的投入问题。

3. 建设周期和见效期长

　　两型工程建设并不是一两年就可以解决的问题，两型工程建设是一项宏大的

建设项目，这种项目往往需要投入 5 年甚至 5 年以上的时间，只有这样长时间的投入才能达到相应的建设效果。比如，北京的沙尘暴整治工作，虽然已经整治了将近 10 年，但是从目前的情况来看，效果并不明显。像这样长期的建设项目，资金是需要着重考虑的问题。而这一要素决定了三点：首先，融入的债务资本要在长期的基础上维持这种资金来源；其次，融资成本应当降到最低；最后，要尽可能将建设期内的还贷压力降到最低。

4. 生态与社会效益显著

两型工程建设项目建成后能产生良好的社会效益。两型工程建设具有环保建设和资源节约的特点，两型工程建成后能改善环境质量、促进资源的节约与循环利用，具有广泛的生态效益与社会效应，因此，设计融资方式与融资方案时应当充分利用这一方面的特点。

4.1.3　我国两型工程融资存在的问题

一般的融资项目都会面临相应的问题，两型工程项目在融资管理上同样会存在相应的问题与难点，主要有如下几点。

1. 融资市场导向与两型工程建设目标不一致

市场经济中的市场主体都是相当灵活的，正由于市场主体的这种灵活性，所以市场主体相互之间都是要相互竞争的。但是，两型工程建设中的产品中都具备非竞争性、整体有用性及共享性等特点，如城市环境整治、城市的绿地建设等方面，而这些特点都不符合市场经济的基本特点。作为资源配置的基本方式的市场经济具有局限性、可移动性及短期性，这与两型工程建设的长期性和不可移动性是相违背的。这两者之间有显著的差别，也因此限制了市场经济的作用。在市场经济中是以货币来作为价值的一种体现，而在两型工程的建设过程中，成本收益一方面体现为货币，但是大部分都是不以货币来体现的。市场经济中的主体经营过程中都是为了追求利益的最大化，但是两型工程建设中主要是为了达到广泛的社会效应，一般的两型工程都不是以经济效益为主要目的的。因此，在两型工程建设过程中，金融企业的支持力度较低。

2. 融资主体以政府为主导，筹集资金能力较弱

最近几年，我国经济体制改革不断深化，资本市场也逐渐完善，因此，在传统融资渠道基础上逐渐出现一系列的融资手段，如发行国债、股权融资、金融机构贷款、利用外资、BOT 项目融资、资产证券化融资、环境保护基金融资、

发行环保彩票融资等。但是，依据目前的情况来分析，就融资渠道而言，我国两型工程建设的渠道是比较窄的，主要是通过政府财政投入、国债资金等方式进行融资。就我国环境污染的整治而言，我国目前 60%的环境污染治理资金来自政府，35%的环保投资资金来源于排污单位，政府和排污企业以外的经济主体如金融机构等没有充分发挥作用，这将对我国环保企业的发展产生极大的影响。因此，必要情况下要采取一系列的发展环保产业的手段，如拓宽融资渠道、创新融资方式等。

对于非营利性两型工程项目，政府仍可作为两型工程投资的主体，但除了传统的融资渠道之外，国家应充分利用一切可以利用的手段以促进我国两型工程建设的发展，发行国债便是一种渠道。国债资金是我国两型工程建设可以充分利用的一种融资方式。首先，相较于发达国家来说，国债资金依然有相当充分的发行空间；其次，最近几年我国的综合国力得到显著提升，越来越多的城镇居民选取了国债投资这种投资方式。除了发行国债之外，充分利用政策性贷款也是两型工程资金的重要渠道。国家应该从政策性贷款方面为我国环保产业的发展提供越来越多的优惠性政策，如财政补贴、无息贷款等。对于营利性两型工程而言，国家应逐步转变职能、放开管制，让企业成为该类工程的市场主体，以市场化方式来引导市场主体，如污水处理厂、垃圾焚烧发电厂的投资建设。

3. 资金利用结构不合理

目前，我国两型工程投资主要集中在城市环境基础设施建设、工业污染源治理及基础建设"三同时"等环保项目方面，而在跨区域环境综合整治、生态环境保护和改善方面投资甚少。以环保投资为例，据统计，到 2011 年年底，我国城市环境基础设施投资高达 4557.2 亿元，占环保总投入的 64.1%；建设项目"三同时"环保投资达 2112.4 亿元，占环保总投入的 29.7%，两者合计占环境污染治理投资的 93.8%，这充分反映了我国两型工程投资结构不合理，只有对现行投资结构进行适当调整才能全面提高我国的环境质量。此外，相对于城市两型投资而言，农村两型工程建设投资和生态环境保护投资相对较少，且城市两型建设投资也存在东、中、西分布不合理的现象。

4. 两型工程投资效益评价不合理

两型工程建设的投资效益是指两型工程建设的资金投入过程中所产生的效益，两型工程建设的投资效益主要体现在社会效益、环境效益及经济效益三个方面。在实现两型工程的投资效益过程中，可以在实现最大程度的社会效益的前提下，节约资源，以提供尽可能多的资金，从而更好地实现我国经济效益的提升。另外，实现预期的经济效益也有助于实现社会效益与环境效益。

　　但是，我国两型工程建设的投资效益较低，投资效益较低也意味着浪费了大部分的资金，这种情况就使得本来就不容乐观的资金状况更加恶化。

　　目前的两型工程建设并不是以市场运作为基础的，如城市环保基础设置、工业污染的防治设施等，这些工程在建成后运行都存在问题。这些问题一方面是由于技术和设施方面存在问题，另一方面是由于管理方面存在问题。在污染治理方面，企业放空自己这方面的职能，而把污染治理的成本转嫁给社会，从而极大地浪费了环保投资的成本，这极大地限制了环保工作的进行及经济的发展。

　　我国目前的两型工程融资绩效评价主要是依据传统的经济效益评价指标而进行评估。而这类评估指标大部分都是直接从一般投资的财务评价指标体系中套用过来的，这种指标只能体现现行的经济效益，对于环境效益和社会效益的作用并不明显。财务评价主要是对某种项目的财务可行性及合理性进行评估，而这种评估方式主要是从财务报表、贷款清偿能力、外汇平衡、计算评价指标等方面来进行的。另外，财务评价必须以国家的现行价格及财税制度为基础来展开。这种评价方法对于评价两型工程项目并不适用。实际上，两型工程建设项目主要以为社会谋取福利作为目标，属于一种公益投资项目，并不同于其他项目是为了追求环境效益及经济效益为目标。所以，从这个方面来说，目前的这种评价体系会造成经济效益下降、环境效益差等问题。通过项目实施情况、投资情况及相关质量状况这几个方面的综合情况可以对两型工程进行评价，但是，对两型工程项目实施之后所应产生的效应则只能根据其实际生产能力与设计生产能力进行定量比较，由此，设定生产效能指数成为评价项目发挥两型工程效益好坏的依据。

5. 融资成本较高

　　相较于传统的融资方式，融资成本较高及融资时间过长是两型工程融资过程中的主要问题。

　　在两型工程的融资过程中，融资结构复杂，牵涉面太过于广泛，因此，融资前需要做一系列的工作，如风险规划、税收结构等。两型工程的筹资过程相较于一般的公司更为复杂，单单是筹资文件都比一般公司要多，这也就是两型工程融资时间较长的原因之一。两型工程建设项目的融资成本主要是前期费用及利息两个部分，融资过程也较为复杂，这就导致两型工程项目的融资成本升高。

4.1.4　我国两型工程融资面临的新机遇

　　我国两型工程在融资上面临的新机遇有以下两个。

1. 绿色金融助力下的两型工程建设

随着环境的恶化与生态压力的增加，国家与社会日益重视两型工程的建设问题，两型工程投资越来越得到更多金融机构的青睐，两型工程中的生态农业、循环经济、生态环境保护建设、生产环保设施研发、绿色制造和新能源开发利用等项目可以获得金融机构提供的金融支持，如保险、倾斜信贷等。相反，为了支持并引导两型工程项目，金融机构对污染工程项目采取了金融限制的政策和制度。国家环境保护总局（今为环境保护部）与金融业在 2007 年联手推出了"绿色保险""绿色证券""绿色信贷"三项环保政策，这三项环保政策将环保领域推向金融业，为"绿色金融"制度奠定了初步的基础。很多商业银行开始将贷款重点转向环境治理工程和低碳经济。商业银行允许将污染物排放指标当成抵押物来申请贷款是因为环境总容量有限，导致污染物排放指标拥有价值，且能够通过转让来产生收益。特别是对于一些没有抵押担保品的环保企业在申请银行贷款出现困难时，可以用污染物排放许可证充当抵押品对环保工程建设融资。例如，兴业银行在 2006 年首先在国内针对不同工程类型和客户群体研发出 7 种融资模式，提出了节能减排融资业务。到 2009 年 11 月为止，兴业银行总共为节能减排工程贷款 187 笔，总资金数达到 137.37 亿元，平均标准煤使用减少约 851.78 万吨/年，综合使用固体废弃物 47.25 万吨/年，化学需氧量减排 42.82 万吨/年，二氧化碳减排 2685.34 吨/年。

就当前的情况来看，在世界低碳产业链上我国已经成为最大的供给方，我国的碳减排量大概占据了全球市场的 1/3。目前，已经有多个碳排放交易试点建成并投入使用，如碳证券、碳掉期交易、碳基金、碳期货等。

2. 民间投资拓宽融资渠道

2010 年《国务院办公厅关于鼓励和引导民间投资健康发展重点工作分工的通知》明确了 40 项工作任务，其中包括金融服务、国防科技工业、基础产业和基础设施、商贸流通、市政公用事业和政策性住房建设、重组联合、社会事业。

我国政府积极进行了各项创新，对投资模式也进行了相应创新，建立并完善了以公共投资推动民间投资的新机制。构建并采取了公共部门与私人企业的合作模式，如特许经营、招标民间资本直接参与、建设—转让—经营、建设—经营—转让、建设—拥有—经营—转让等模式。导致以前政府提供的两型工程建设如污水处理、基础设施等开始逐步得到民间投资多元化资金的参与，获得了良好效果。例如，总投资约 118 亿元的杭州湾跨海峡大桥吸收了占总投资 30% 左右的民营资本。又如，北京地铁四号线除了政府提供的专项资金，其余全部通过项目融资方式筹集。

4.2　两型工程融资结构设计

4.2.1　两型工程融资结构设计的原则

1. 项目风险分担原则

在项目融资过程中，融资模式设计过程中投资方不需要对该项目承担全部的风险，其关键是项目风险的有效划分，在贷款方、投资者和其他与项目相关的第三方之间。两型工程建设也相应如此，如所有的建设期和试生产期的风险可能由两型工程投资者承受，但建成投产之后，投资者所承受的责任风险会在具有特殊性的明确范围内，如投资者承担的两型工程的市场风险是通过对两型工程全部产品进行购买的方式，而贷款银行也承担两型工程中一定的经营风险。

2. 成本降低原则

在两型工程的融资设计与实施的过程中应该考虑的一个重要方面就是如何降低成本的问题，这里主要是运用一些经济手段。例如，在两型工程的投资和融资成本方面，投资者应当通过减免税务来降低成本。

3. 近期融资与远期融资相结合的原则

大型两型工程所进行的融资基本上都是 7～10 年的中长期贷款，也会根据投资者的融资战略产生一种短期战略或者长期贷款甚至最长的贷款有 20 年左右。大型两型工程会在融资因素基本不变时选择对两型工程融资的结构进行长期维持。若这些因素对投资者利益倾斜较大，工程决策者就会对融资结构进行重新安排，如在降低融资成本过程中可以通过采取缓解甚至完全消除银行对投资者的限制这种方式来进行。因此，重新融资问题在两型工程融资中是时有发生的。

4. 融资结构最优化原则

融通资金的各个因素构成了融资结构，这种组成因素主要包括资金来源、融资方式、利率等。进行融资结构优化的关键是：在融资过程中将筹资效率及资金成本作为标准。以筹资人的实际资金需要作为出发点，注意国内筹资与国际筹资和内部筹资与外部筹资的有机结合，直接融资与间接融资和长期筹资与短期筹资的有机结合，从而达到筹资的效率与效益的提高和筹资成本的降低与筹资风险的减少。

此原则具体包括以下三个方面。

（1）融资方式种类结构优化。融资有各种优点和不足，融资也有不同的方式，所以筹资人必须选取适当的方式，如使用股权融资与债务融资组合的方式等，从而保证资金来源多元化及资金结构最优化。

（2）融资成本的优化。筹资人想要在资本市场上获得资金，需要对不同类型的金融市场从性质和业务活动两方面进行熟悉。因此，可以在同一市场中与不同融资机构沟通来提高自己的选择空间，并落实择优的原则来降低融资成本。

（3）融资期限结构优化。为了最大化地降低融资成本及还款风险，筹资人应当采取长短期融资方式相结合的方法。

5. 其他原则

1）有限追索原则

有限追索指的是当债务人没有能力偿还银行贷款的情况下，银行方面只能就项目中的资产和现金流量对债务人采取追索。其中追索的程度和形式，是通过此两型工程融资结构的设计还有贷款银行对此两型工程的风险评价来决定的，具体来说，取决于市场安排和项目投资者的组成、两型工程所处行业的风险系数、市场销售能力等多方面因素。

可以考虑以下方面来对两型工程投资者的追索责任进行限制：第一，按照正常情况来看，在追索过程中两型工程的资金量是否能够偿还融资的相关债务；第二，在两型工程融资过程，是否可以获得除投资者之外的其他坚强后盾的支持；第三，在融资结构的设计过程中要充分考虑相应的技术性操作。

2）完全融资原则

在两型工程的融资过程中，相较于传统的公司融资来说股本资金的注入方式要灵活很多。投资者可以考虑通过担保存款、信用证担保等非传统形式来完成股本资金的注入，逐步替代传统资金注入方式，投资者因此可以达到两型工程百分之百融资。

3）表外融资原则

两型工程融资过程中进行的表外融资的性质是非公司负债型融资。因此，一些投资者采取两型工程融资方式的其中一个重要原因就是为了获得公司资产负债表外融资。在一定程度上，通过对两型工程的投资结构进行设计，可以实现避免进行投资者公司内的资产负债表和所投资工程内的资产负债合并，但这种安排通常只对于合资工程共同融资中的投资者之一有效，而且在投资者单独安排融资的情况下，其复杂性会导致一些管理上的混淆。为了解决这一问题，必须对两型工程融资模式进行合理设计。

4.2.2　两型工程融资方式

1. 两型工程直接融资

1）两型工程债券融资

数 10 年前，美国就已经通过发行债券这种方式来筹集资金进而发展城市的环境设施建设。在美国，包括供水、污水等相关的设施建设等水资源管理公共事业领域每一年都要投入将近 2300 亿美元来进行建设，而这些资金中市政债券金额超过 4/5，还有不到 1/5 为政府财政投资。美国社会资金不仅用于市政债券，而且将这部分的社会资金投入到城市环境基础设施中，这部分项目可获得的利润较为稳定可靠。另外，政府节省的这部分财政资金可以投入到其他城市公益项目中，尽管这部分项目收益都较低。

2）两型工程投资基金

两型工程投资基金是一种筹集资金方式，这种方式主要是围绕环境保护为主，如环境保护团体、污染源治理专项基金、政府环境保护基金、环境保护基金会和非政府组织等，有着丰富的环境保护资金融资载体。

3）环保彩票

经过近 30 年的发展，我国彩票产业已拥有严密、完善的发行程序及销售网络，建立了较为严格的彩票资金筹集制度，尤其是在我国体育及福利事业领域积累了丰富的经验。但截至目前，我国环保彩票发展领域仍是一片空白，而国外环保彩票领域的发展已日趋成熟。因此，我国可以充分借鉴国外这种发展经验，在国内规模较大的彩票市场中来筹集充足的环保资金，这可以促进多元化的融资格局的形成，从而促进我国环保事业的发展。

2. 绿色信贷融资

绿色信贷政策是一系列环保政策的统称，这种贷款政策的主体是银行，贷款是为了更好地促进节能减排项目的发展。两型工程建设资金大部分来源于绿色信贷政策，绿色信贷具有以下四个基本特征。

首先，从政策制定方面来看，为了促进环保和经济同步发展，制定政策时应当首要考虑企业成本。目前来看，我国人均收入还比较低，因此不能单方面发展环境或者在忽略环境的基础上单方面发展经济，环境保护和经济发展要同步进行。

其次，从政策作用方面来看，绿色信贷一方面可以对有可能对环境产生污染的相关企业及项目发出相应的预警信号，另外还可以对已经产生污染的企业及项目进行惩治，同时，还可以在一定的法律保障下通过环保审查达到预防的作用。

再次，从政策执行方面来看，绿色信贷更加侧重在政府的引领及相关管理方面，这种信贷方式是一种政府行为，相关的配套设施都是通过法律形式进行规范的。

最后，从政策实施方面来看，绿色信贷政策虽然是由银行发起，但是这种信贷方式还需要得到如环境保护局等相关政府部门的支持。绿色信贷能够成功实施的关键就在于政府及银行之间能够达成一致的发展目标。

3. 两型工程项目融资

1）BOT 融资方式

BOT（build-operate-transfer），即建设-经营-移交。BOT 项目融资，在我国又称为特许经营融资模式，是指中央政府或地方政府通过与企业签订特许协议，将项目委托给企业进行管理，该企业作为项目的投资者和经营者安排融资，承担风险，开发建设项目，并在有限的时间内经营项目获取商业利润，特许期限满后企业将项目相关的设施与经营权无偿移交给政府的一种融资方式。BOT 融资模式的核心是特许权协议，该协议规定了政府与企业的权利与义务，是保证二者积极参加项目建设的关键，而 BOT 模式可持续发展的基础是资本的投入必须得到利润的回报。

BOT 融资模式的结构特点如下。

BOT 融资方式具有"有限追索权"的特征，通过项目运营带来的现金流量进行还款，债权人不考虑项目发起人与项目公司的资信和相关的有形资产，债权人的贷款与否只受项目本身的可行性及盈利情况的影响。项目公司承担项目的风险，项目发起人只承担一定数额的贷款担保或从属性贷款责任。在融资过程中，项目公司将特许权协议权益转让给债权人作抵押，同时为了减少项目贷款的风险，项目公司通过成立相关机构控制项目的现金流量，并且要求下游的工程承包和设备供应公司提供一个"启钥契约"（turnkey contract），以保证项目建设阶段的风险可控。项目公司负责项目的运行、保养和维修，并且获得稳定的现金流用以支付贷款本息及债权人的投资利润。最后，在 BOT 模式期满时，项目公司需保证转交给项目发起人的项目能够良好运转。两型工程 BOT 融资模式结构如图 4-1 所示。

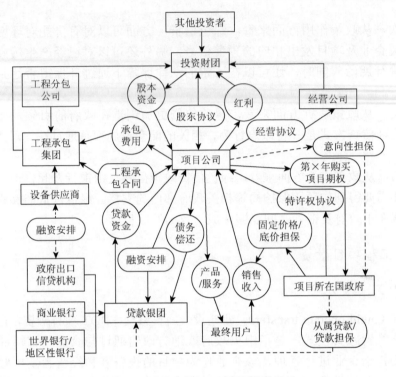

图 4-1　两型工程 BOT 融资模式结构

2）PPP 融资方式

PPP（public-private-partnership），即公共部门与私人企业合作模式。在这种模式下，政府与企业或组织（盈利性质和非盈利性质）以某个指定的项目为基础产生合作，以期实现多赢的局面，从而使总体利润与社会效益达到最大值，并且实现帕累托最优。因此，从概念上来讲，PPP 蕴涵了项目融资的完整内容。

PPP 融资模式以项目为承载，是一种新型的项目融资模式。在这种模式下，主要以资产水平、项目预期收益和政府相关政策支持为基础进行融资活动安排。此外，在 PPP 融资模式中，公司自身资产与政府的支持承诺是贷款的基础保障，而项目最终收益与政府支持所形成的额外收益则是项目公司偿贷安排中的资金基础。

我国在两型工程建设中暴露的最基本而重要的问题是资金有限。从效益上来说，两型工程建设的社会效益大于经济效益。在建设过程中，初期资本投入规模庞大，仅仅依靠项目运营的直接收益无法满足基本投资回报要求。因此，从某种意义上来讲，PPP 融资模式是我国公共基础设施建设的必要要求，即通过在建设过程中引入市场竞争，实现多元主体投资，进而拓展融资形式与渠道。

PPP 融资模式的结构特点如下。

（1）PPP 是一种组织形式比较复杂的融资模式，包含多种盈利性质与非盈利性质的形成主体，如盈利性企业、慈善机构及政府等。而合作方多元化的特点，一定程度上导致了利益追求与责任要求的差异与分歧。在由不同合作主体形成的差异化合作中，只有政府部门与盈利性企业之间的合作才能减少双方的分歧，进而在找出共同点并保留不同意见的前提下，达到实现目标的效果。

（2）PPP 模式的基本结构为，政府通过政府采购形式与目标企业进行特许合同签约（目标企业泛指由中标建筑企业、服务提供商与项目第三方投资主体共同形成的股份有限公司），并由目标企业完成筹资、建设与运营及维护工作。在这种模式中，政府与贷款机构达成协议，并承诺遵从与目标企业之间的特许合同，承担一定的相关费用。在这个协议的支持与保障下，目标企业能够顺利从金融机构获取贷款，进而满足项目的资金需求。根据协议形式与内容的差异，可以将 PPP 分为多种形式。其中比较极端的一种形式为：私人主体提供近乎全部资金，并且承担相应风险，这些风险主要包括成本风险、延期风险、收益风险（实际项目收益低于预期的风险和实际运营成本高于预期的风险）等。而另外一种极端形式为：私人主体仅仅完成多重因素限定下的建设项目设计，同时只针对某种锚定收益实施运营、管理。而比较普遍的形式为：私人主体进行建设项目设计的同时承担相关风险，如建设风险与延期风险等，其中，由政府部门的支持承诺转化而来的收益在一定程度上能够较好地弥补项目建设过程中的竞价成本与运营成本。两型工程 PPP 模型组织结构如图 4-2 所示。

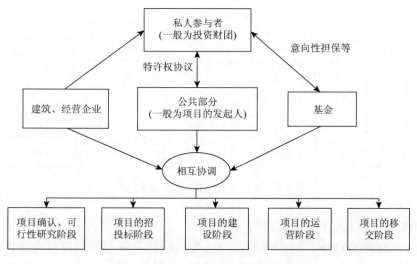

图 4-2　两型工程 PPP 模式组织结构图

（3）PPP 模式不同于传统的承包做法。传统的承包做法中，往往由私人部门来独立完成以往由公共部门来进行的运营项目，在私人主体不提供相关资本的同时，也不会形成任何形式的责任与控制权转移。此外，PPP 也不同于完全的私有化。在私有化状态下，除了受到必要的强制性规制约束，政府并不扮演其他角色，或者可以说应该使政府的相对重要性极小化。而在 PPP 模式中，政府却扮演着极为重要的角色。

3）ABS 融资方式

资产证券化（asset backed securitization，ABS）作为一种新兴的金融工具，由于它具有比传统融资方式更为经济的特点，近年来发展迅速，被证券化的金融资产种类越来越多，证券化交易的组织结构也越来越复杂。实际运作中通常包括以下几个要素：发起人（originators）、特设信托机构（special purpose vehicle，SPV）或称发行人、投资者（investors）、投资银行（invest banks）、资信评级机构（rating agency）、信用增级机构、管理机构、受托管理机构、律师、注册会计师等。各要素在证券化系统中扮演着不同的角色，各司其职，起着相互联系、相互牵制的作用。在两型工程资产证券化融资的实际操作过程中以两型工程所拥有的资产为基础，以两型工程资产可以带来的预期收益为保证，通过在资本市场发行债券来募集资金。两型工程 ABS 融资结构如图 4-3 所示。

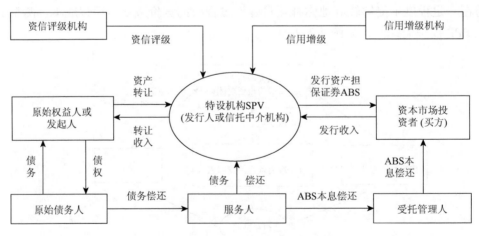

图 4-3　两型工程 ABS 融资基本结构

ABS 融资模式的结构特点如下。

（1）降低融资成本。对于利用资产证券化进行筹资的原始权益人来说，ABS 可以达到如下效果：首先，它为资产的原始权益人提供了一种有效改善和管理其资产负债表的手段。通过将证券化资产真实地出售出去，资产的原始权益人可以将这部分资产从资产负债表上移出，换回的是流动性强、风险权重小的现金或信用级别较高的证券化产品。而且，由于原始权益人并非 ABS 的原始发行人，证券化产品将不被视为它的负债，俗称"表外融资"。而股票和债券等融资方式实际上都是"表内融资"，融资者需要考虑负债率等问题。如果债务融资过多，企业会有沉重的债务负担，甚至会因为资不抵债而破产。其次，与直接向证券市场发行债券或股票的融资方式相比，资产证券化融资方式可以减少酬金、差价等中间费用，并且信用增级的担保费用也较低，从而大幅度地降低了融资成本。

（2）分散投资风险。证券化通常是将多个原始权益人所需融资的资产集中成一个资产池进行证券化，资产的多样性而使得风险更小，成本进一步降低。用于证券化的资产具备下述特征：①具有可预测的未来现金流量；②资产或债权均质化，包括标准化的契约，易于把握还款条件与还款期限的资产；③资产达到一定的信用质量标准，即资产的呆账风险低或有高质量的担保品做抵押，呆账损失可以合理地估算；④资产规模大，整个资产组合中的资产应尽可能地具有分散的特性；⑤稳定的本利分期偿付。

（3）提高资本比率。独特的不显示在资产负债表上的融资方法，资产负债表中的资产经组合后成为市场化投资产品。由于在不改变资本的情况下降低了资产的库存，原始权益人资产负债率得到改善，提高了资本比率与资产质量，有关的资产成为所发行证券的让渡担保抵押品，但原始权益人仍继续为该筹资资产服务。

4）合同能源管理项目融资

合同能源管理项目融资是指贷款人将合同能源管理项目实施在未来所取得的节能收益作为收益来源和还款保证的融资活动。

目前，我国运用比较广泛的合同能源管理运作模式主要包括三种类型：节能效益分享型、节能量保证支付型、能源费用托管型。三种运营模式当中，节能效益分享型运用范围最为广泛。

（1）节能效益分享模式。节能效益分享模式是指节能服务公司与用能单位在签订的合同能源管理项目合同期间内，由节能服务公司提供合同能源管理项目实施所需的节能设备和相关的节能服务，合同双方按合同约定比例共享项目成功实施后所产生的节能效益。在节能效益分享模式中，项目所产生的所有费用均由节能服务公司独自承担，而在整个合同期间内，用能单位无需承担任何费用。

（2）节能量保证支付模式。在节能量保证型运营模式下，以节能服务公司与用能单位签订的合同能源管理项目合同中节能服务公司承诺保证的节能量为前提，用能单位事先向节能服务公司支付一定年限的节能效益，作为节能服务公司实施合同能源管理项目全部的投资费用和节能服务费用，并委托节能服务公司实施签订的节能项目。合约期间，如果节能服务公司项目实施结果超出了承诺的节能量，则超出部分的节能效益由节能服务公司和用能单位依事先约定进行分配；如果节能服务公司项目实施结果未达到承诺的节能量，则由节能服务公司向用能单位补足未达到节能量部分的差额。项目的所有权和产生的节能效益均归用能单位所有。节能量保证模式对节能服务公司来说，在一定程度上降低了节能服务公司的融资风险，为节能服务公司实施尽可能多的合同能源管理项目提供了空间和可能。

（3）能源费用托管模式。在能源费用托管模式的运行当中，合同能源管理项目实施所需的设备费用及节能服务公司提供的节能服务费用等由用能单位进行支付，用能单位还将节能系统的建设、运行及维护等工作交由节能服务公司负责，并且由节能服务公司承包用能单位的能源费用，用能单位支付给节能服务公司一定的能源托管费用。所有这些费用的支付都来自合同能源管理项目实施所节约的能源费用。对于节能服务公司来说，能源费用托管模式的好处同样在于，节能服务公司的融资风险大为降低，但相应来说，节能服务公司也承担了更多的责任。

目前我国节能服务公司在合同能源管理项目实施过程中主要采纳了如图 4-4 所示的融资模式。节能服务公司首先对用能单位用能状况进行诊断和节能项目设计，然后与用能单位签订合同，将用能单位用日后会产生的节能收益作为给节能服务公司的项目支付。节能服务公司在对用能单位进行用能状况诊断和节能项目设计后，通常会进行项目融资。

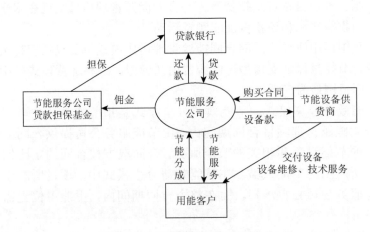

图 4-4 合同能源管理融资模式

5）其他项目融资方式

（1）"设施使用协议"融资方式。在两型工程融资过程中，存在一种名为"实施使用协议"的融资方式，主要根据工业实施或者服务性实施的使用协议为基础进行融资安排。而在工业项目中，这种协议往往被称为委托加工协议，主要是指在"工业设施"或"服务设施"提供者和使用者之间的一种约定俗成的"无论提货与否均需付款"的协议。

以"设施使用协议"为主的融资安排模式，主要适用于那些资本需求相对密集，项目收益相对较低但比较稳定的基础设施类服务性质的项目，如石油、天然气管道、发电设施、运输系统、港口、公路铁路设施等。

（2）融资租赁与杠杠租赁方式。融资租赁系指一方（出租人）根据另外一方（承租人）提出的租赁财产的规格及所同意的条款，或承租人直接参与订立的条款，与第三方（供货人）订立供货合同并与承租人订立租赁合同，以支付租金为条件，使承租方取得所需工厂、资本货物及其他设备的一种交易方式。

杠杆租赁是融资租赁的一种特例和高级形态，它是指承租人只需投资所需租赁资产或设备购置金额的小部分比例（一般为 20%～40%），就可以在名义上获得 100% 的租赁资产或设备的所有权，其余大部分款项由银行等金融机构以对出租人无追索权的借款形式提供。因此，对杠杆租赁的双方来讲，承租人和出租人都处于一种最理想的"双赢"状态，承租人获得了租赁资产或设备的所有权，出租人获得了租赁资产或设备的全部资金，达到了各自的融资、融物的目的。

（3）"生产支付"融资模式。"生产支付"起源于 20 世纪 50 年代，始于美国石油、天然气项目的融资活动安排，是最早期的项目融资方式之一。

"生产支付"的融资安排以指定矿产资源为基础，由银行等金融机构购买其全部或部分销售收入权益。在这样的融资安排中，作为贷款方的银行购买项目的特定份额生产量，其收益自然成为项目方的基本偿贷资金基础。也就是说，"生产支付"并不是通过固定资产抵押或者权益转让，而是通过购买而拥有产品和销售收入来保证信用的融资模式。而对于特定国家与地区的国家所有资源，项目投资人则只能获取到资源开采权，而非所有权。其中，由购买项目未来的生产销售现金流与资源开采权及项目自身的资产抵押共同组成、实现"生产支付"的信用安全保障。

（4）重点项目集合委托贷款。重点项目集合委托贷款则是银行根据两型工程建设规划，选择合适的两型工程项目作为委托贷款对象，面向社会公开接受自然人和法人的委托，以委托贷款形式发放的一种贷款业务品种，它是通过银行的信用中介作用将投资者和两型工程建设方的供需关系有机联结在一起。

重点项目集合委托贷款有以下基本特征：①即借款人是某一重点项目特别是

两型工程项目的建设方，由有关地方政府和银行联合筛选、推荐，委托人是众多的自然人和法人，在推荐的几个借款候选人中，贷款的对象、用途、金额、期限及利率等由委托人事先指定好。②银行作为受托人，只承担办理放款和收款手续，监督借款人使用并协助委托人收回贷款的义务。③存在委托人与银行间形式上的存款交付关系及银行与借款人间形式上的贷款关系，实际上银行只是充当代理人的角色。④委托人按约定从借款人处取得收益，委托人承担贷款的全部风险，银行收取手续费，不承担任何贷款风险。显然在委托贷款中，存在三方关系人：委托人——具有完全民事行为能力的自然人和依法成立的法人，受托人——商业银行，借款人——为特定项目（两型工程项目）融资、建设及管理经营的企业。存在两种关系：委托人和受托人之间、借款人和受托人之间均为委托关系。委托人委托银行管理和投放委托资金，借款人委托银行进行项目融资。委托人和借款人之间为借贷关系。

4. 国际融资方式

国际融资是一种对外融资活动，这种融资活动主要是通过贷款、发行债券等方式所进行的。按照筹资的手段及管理的办法来进行分类，国际融资可以分为国际银行信贷、国际证券、政府贷款等。由于我国本身的金融特点及两型工程建设项目的特殊性等特点，在本书中笔者只对国际金融组织贷款、政府贷款及出口信贷这三个方面进行探讨。

1）国际金融组织贷款

按照业务范围及参加国的数量来看，国际金融性组织可以分为全球性及区域性这两个方面。全球性的国际金融组织主要有国际清算银行、国际货币基金组织、世界银行；区域性的国际金融组织主要有亚洲开发银行、欧洲复兴开发银行、非洲开发银行及泛美开发银行。另外，在这些组织中，世界银行和亚洲开发银行是与中国的融资项目有直接联系的。

整体来看，国际金融机构贷款具有以下特点。

（1）国际金融机构只针对会员国政府及公司机构，而对于非会员国是不提供任何贷款机会的。

（2）国际金融机构中所有的资金都来自机构会员国所缴纳的股本、捐款，参照市场利率向各国中央银行及其他政府机构筹集，以及在欧洲、日本、美国和中东的资本市场上进行筹集。不像商业银行那样组织存款。

（3）贷款条件优惠。国际金融机构具备信贷利率较低、时间期限较长及相应的附加条件较少等优点，这与国际金融市场的商业贷款、外国政府贷款是有区别的。

（4）国际金融贷款的作用广泛。另外，申请贷款是在具备工程项目计划的前提下才能进行的。

（5）国际金融机构的贷款目的主要是为会员国的发展提供资金，特别是要促进发展中国家的发展。

2）政府贷款与出口信贷

在国际信贷中，存在政府贷款及出口信贷这两种形式。政府贷款一般都含有部分出口信贷比例，这种出口信贷主要表现为混合贷款；出口信贷也属于混合信贷，这种混合信贷是以政府贷款的方式存在。基于两者都是一种混合信贷形式，因此，本书将二者相结合来进行探讨。

（1）政府贷款。所谓政府贷款是指，某一个国家的政府部门将国家的财政资金优惠性地贷给另外一个国家政府，这种贷款形式有如下特点。

第一，既然名为政府贷款，也就是贷款是以政府为主体所进行的，需要经过国家的领导人之间的讨论并以法定程序所批准。

第二，政府贷款具有强烈的政治性，这种贷款形式是为政治外交所服务的。

第三，政府贷款是一种中长期的贷款形式，这种贷款形式利息都较低，或者还会存在赠款等优惠贷款。

第四，政府贷款往往会有一定的附加条件，政府一般都会对贷款的用途及采购有极为严格的限制，而且当今的政府贷款中存在一定比例的出口贷款。

第五，政府贷款往往受贷款国家的财务情况影响，这种形式的贷款规模较小。

（2）出口信贷。出口信贷是一种政府信贷方式，政府提供这种信贷方式主要是通过对本国的出口信贷提供一定的补贴，如出口利息补贴。另外，还为本国出口设备及物品提供一定的信贷担保。这种信贷方式的目的是支持和扩大国家的物品出口，同时还能够进一步增强国家的经济竞争能力，解决国家的部分资金困难。在出口信贷的条件方面，出口国政府通过出口信贷这种方式对本国出口物资提供了一定的利息补贴，所以，信贷利率具备了利率较低、期限较长的优势。

4.3　两型工程融资程序

4.3.1　两型工程融资的参与者

一般来说，两型工程的投融资结构比较复杂，与传统的工程相比，参与两型工程的利益主体的融资方式会更加多样化。具体来说，包括但不仅限于以下几种：两型工程的发起方、项目公司、两型工程的投资者、融资顾问、项目承包公司、两型产品的购买者、有关政府及其他项目参与者。

1. 两型工程的发起方

两型工程的发起方一般都是股本投资者，也就是该工程的实际投资方。它获得投资利益的手段一般通过对工程进行相关的投资并保持良好的经营，继而找相应机构进行融资活动，以达到工程的最终目标和要求。两型项目的相关工程一般会与基础设施建设和公共项目发展相挂钩，这些工程相较一般工程需要更多的投资，承担更大的风险，基于以上特点，两型项目的倡导者多为该国享有最高资信者，并且也是该项目的最大受益者，在很多情况下，也可能是很多对该项目感兴趣的公司共同组成的团体，或者是私人与政府共同组成的混合体。

2. 项目公司

项目公司是指为了完成某一项目，进行相关的融资活动而组建的一个承担债务责任的法律实体。它同时也是一个经济实体，对项目的建设进行直接的参与和管理，是协调、完善和组织一个项目进行开发建设的核心枢纽。它的资金来源一般有两个部分：一是股本金，也称自有资金；二是外部资金，指通过负债而筹集到的资金。

3. 两型工程的投资者

除了必须提供相应的资金（股本）确保工程项目能够开展以外，两型工程的投资方还需要为该工程的项目公司提供信用支持（直接或间接的信用支持）。包括银行在内的很多金融机构都是两型项目进行资金筹集的重要来源，如租赁公司和出口信贷机构等，也可以是一两家银行，或者由多家银行共同构成的投资集团。

4. 融资顾问

专业的融资顾问可以为两型工程项目提供融资上的帮助，他们可以由投资银行、财务公司或商业银行的融资部门构成，保证两型工程投资者在不拥有相关经验和资源的条件下，利用自身的专业知识和技能完成融资，他们在项目中举足轻重，在一定程度上甚至可以说，他们直接影响到项目最终是否能够成功融资。

5. 项目承包公司

工程的承包者对于项目融资一般很积极，如果需要为工程的施工提供担保，可以考虑用固定价合同的形式为项目提供长期融资。有些承包商会选择将其应得的部分报酬继续投资该项目，新增股本。由于承包商的特殊性质，他们能够游刃有余地与进行贷款的单位、工程的发起方和政府机关进行协调和沟通，并对项目的融资提供切实可行的建议。

6. 两型产品的购买者或两型设施的使用者

两型工程项目所推行的产品对于具有环保与生态意识的消费者来说有一定的吸引力，因此消费者在两型工程的项目融资中拥有不可忽视的作用。这种两型产品通常是提前和消费者达成一个长期的购买协议来进行销售的，而且这种提前购买协议能给企业带来确定的现金收入，这也为企业申请银行的资金提供了一个信用基础。对于那些特殊的开发利用资源项目而言，在面对国际市场不稳定的需求时，价格变化大，是否能够和银行达成一个融资协议至关重要，所以如果能够与消费者达成一种长期提前购买的协议的话将会起到显著的作用。比如，著名的澳大利亚阿施顿矿业公司开发的阿盖尔钻石项目，在起初阶段，银行不给予该项目所要求的融资金额，主要是因为这一市场面临的销售不确定性，所以项目进展一直不太顺利，直到这个公司同英国伦敦一家销售渠道良好的钻石销售商达成了一项提前长期购买协议后，不久之后，银行就批准了该公司的融资需求。

7. 有关政府

从微观的角度来看，政府机关能够为工程的开展提供稳定的原材料资源、基础设施、工程经营的特许权（从而能够为项目的建设和经营减少风险）、土地；政府机关还能够为项目的开展提供利息合理的出口信贷或者其他形式的贷款（担保）。

从宏观的角度来看，政府机关能够为工程的开展提供良性的、积极的投资环境。

8. 其他项目参与者

在两型工程项目融资过程中，还有一些其他参与者，包括为项目提供各类保险的保险机构、信用评估机构、项目管理公司、原料供应商、财务部门、律师和其他专业人士等。

参与两型工程建设的利益相关者较多，各个参与方的连接依赖于法律条文和相关的合同协议，不同的参与者拥有各自的优势和不同的需求，同样的，其承担的风险大小也不同。如果能够充分地发挥各利益相关者的优势，合理地进行风险分配，才有可能最终成功地进行项目融资，由此可见，两型项目融资就是各个参与方在彼此之间的协议的基础上，进行长期博弈的最终成果。

项目融资参与者之间的关系如图 4-5 所示。

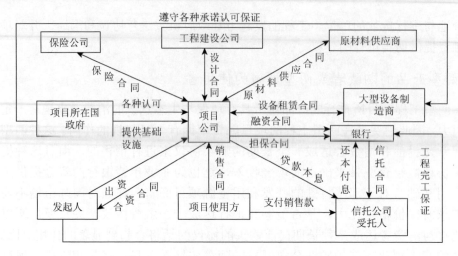

图 4-5　两型工程融资参与者之间的关系

4.3.2　两型工程融资的资金结构选择

在两型工程融资过程中，如何确定工程的资金结构是工程融资结构整体设计工作的一个关键环节。一般来讲，两型工程融资的资金结构由股本资金和债务资金两大部分组成。

1. 股本资金的筹集

1）股本资金

项目的股本资金是指项目发起人或股权投资人为了得到项目的财产及控制权投入的一定额资金。由于资本金是非债务性的资金，所以该项目法人没有承担该部分财产利息和债务的义务；项目的投资者可以按照项目所投入资金的比例依法享有其权益，也可以将投入的资本实施转让，但不管怎样不能够以其他形式抽回投入的资本。

项目股本资金是债权所有人通过提供债务融资的方式得到负债融资的一种信用方式，这是因为项目股本资金在负债受偿之后的产生方式能够减小债权所有人债务权利的有效回收风险。

综上可知，项目融资中涉及的股本资金能提供以下三个方面的作用。

一是从某方面来看，每一种项目所固有的预期现金流是不会有任何改变的。随着项目承担的债务逐渐增加，现金流中所需要偿还的资金就会越来越多，那么，银行贷款后收回资金的风险也就随之增加；相反，如果股本资金在项目中投入的资金越多，那么，项目就不需要承担那么大的风险，随着项目资金增加，银行所面临的风险也会降低。

二是项目投资者所投入的股本资金与投资者对项目管理及未来前景的重视程度是正相关的。任何贷款银行都希望投资者能竭尽全力地投入到项目管理中去，特别是当项目遭遇困难时能够千方百计的帮其渡过难关。实现这一目的的最好办法是希望投资者能够在项目中投入相当数量的资金。假如项目的投资者所承担的责任很少，那么在对自身伤害很少的前提下就会考虑从项目中彻底脱身。

三是股本资金本身表达出投资者对所投资项目的承诺及对所投资项目未来发展前景的强烈信心，这能对项目融资的组织起到相当大的激励作用。

2）准股本金

股本资金还包含被称之为准股本资金的从属债务。虽然股本资金与债务资金形式上存在较大差异，但本质上没有差别，各自在承担项目运行的过程中会产生等效的风险。于项目投资者而言，与股本资金形式相比，准股本资金在资金的计划上具有更强的可变动性，并且在资金的序列上也享有更加优先的地位。

具体而言，投资者为项目提供从属性债务形式的准股本金比提供股本资金的形式优势体现在如下几个方面。

一是在计划资金时投资者具有较大的灵活性。相对于投资者来说，每一种形式的资金在使用中都是需要成本的。重要的是，如果在某一个项目中，投资者根据自身的意愿安排资金债务，那么，投资者就会期待在项目中可以得到一定的红利，甚至是全部的融资成本。一般而言，从属性债务形式的准股本金包含了较为具体的利息和本金偿还计划而项目的股本资金对应的红利分配则具备比较大的随机性及不确定性。

二是在项目融资计划中虽然项目公司对于红利的分配形式存在十分严格的规定，但是通过谈判的方式可以减少从属性债务分配限制，特别是在债务利息支付方面的一些限制。此时基于保护贷款银行利益的考虑，一般情况下会要求项目投资者需在从属性债务协议中写明债务及股本资金之间转换的相关条款以减轻项目运行经济状况欠佳时的债务负担。

三是从属性债务形式的准股本金能为投资者在制定项目法律结构时提供比较大的灵活性。

3）以贷款担保方式描述的股本资金

将贷款担保定为项目股本资金的投入，这是一种项目融资中独具特色的资金投入方式。这种项目融资是在融资的结构当中投资者不会直接投入资金来作为项目公司的股本资金或准股本资金，而是通过贷款银行接受的方式提供固定金额的贷款担保。

2. 债务资金的筹集

1）商业银行贷款

商业银行贷款包括工程贷款、定期贷款、转换贷款、抵押贷款和运营资金贷款。工程贷款指的是短期对建筑工程发放不动产贷款方式，所提供的利率较高；定期贷款指的是中长期有担保性质的贷款方式；转换贷款指的是过桥贷款，通过暂时使用过渡性贷款来获得中长期的资金；抵押贷款指的是通过项目公司的资产和现金流量抵押形式获得的贷款；运营资金贷款是基于项目运营进行的短期贷款，通常以项目资产作为抵押。

2）国际银团贷款

这种贷款实质上指的是商业银行贷款的全球化，是商业银行贷款的概念在国际融资实践中的扩展。比如，英国、美国、德国、瑞士、日本及港资银行联合贷款的方式。对企业贷款的期限是 7 年，对政府贷款的期限是 12 年。这种贷款方式的优点在于筹资数额较大、货币选择形式多样、提款方式简捷灵活、谈判时间相对较短；缺点是费用高。

3）进出口信贷

一些国家为了鼓励本国的出口，大多都成立了进出口银行，这为购买本国厂商生产产品的外国客户提供了出口信贷。出口信贷的期限较一般商业银行的贷款要长，而且利率也要稍低一些。当多个国家争相为某一国家的项目提供设备时，该项目在取得出口信贷方面就存在优势，可以取得成本较低的贷款。

4）世界银行及地区性开发银行

为了促进发展中国家的经济发展和环境等各方面的改善，世界银行和地区性开发银行可能为某些项目投入股本或提供贷款。

这种类型的贷款一般期限较长，利率较低，而且世界银行及地区发展银行的参与利于鼓励其他金融机构为项目提供贷款，有时可能采取一般性商业银行与世界银行或地区性开发银行联合为项目提供贷款。其不足之处是，贷款审批时间长，货币风险大。

4.3.3 两型工程融资的阶段与步骤

从两型工程项目的投资决策算起，到选择采用两型工程项目融资的方式为两型工程项目的投资筹措资金，直到最后完成该项目融资，大致上可以分为 5 个阶段，即投资决策阶段、融资决策阶段、融资结构设计阶段、融资谈判阶段、融资执行阶段（表 4-1）。

表 4-1　两型工程融资的阶段与步骤

阶段名称	主要工作
一、投资决策阶段	（1）两型工程的行业、技术、市场分析 （2）两型工程可行性研究 （3）投资决策——初步确定项目合作伙伴及投资结构
二、融资决策阶段	（1）选择两型工程融资方式 （2）任命两型工程融资顾问——明确融资的具体任务与目标
三、融资结构设计阶段	（1）评价两型工程的各种风险因素 （2）设计融资结构及抵押保证结构
四、融资谈判阶段	（1）两型工程商务合同谈判 （2）选择银行、发出项目融资建议书 （3）组织贷款银团、起草融资法律文件 （4）融资谈判
五、融资执行阶段	（1）签署两型工程融资文件 （2）执行两型工程投资计划 （3）贷款银团经理人监督并参与有关决策 （4）两型工程的风险控制与管理

1. 投资决策阶段

投资决策分析的主要内容包括对宏观经济形式的发展趋势预测，两型工程的行业、技术和市场分析，项目的可行性研究等。

2. 融资决策阶段

这一阶段的主要内容是投资者将决定采用何种融资方式为两型工程开发建设筹集资金，选择两型工程的融资方式，决定项目是否采用项目融资，任命项目融资顾问，明确融资的任务和具体目标要求。

3. 融资结构设计阶段

评价两型工程风险因素，设计两型工程的融资结构和资金结构，修正两型工程的投资结构。融资结构设计阶段，是两型工程融资中的关键阶段。

4. 融资谈判阶段

融资顾问将有选择地向商业银行或其他一些金融机构发出参加两型工程融资的建议书，组织银团贷款，并起草两型工程融资的有关文件。这些工作完成后，便可以与银行谈判。在谈判中，融资顾问、法律顾问和税务顾问将起很重要的作用。

5. 融资执行阶段

在这一阶段，贷款银团通常将委派融资顾问为经理人，经常性地监督两型工程的进展情况，并根据融资文件的规定，参与部分两型工程的决策程序，管理和控制两型工程的贷款投放和部分现金流量。

4.4　案例：长株潭湘江沿江防洪景观道路工程融资分析

4.4.1　案例概况

长株潭城市群位于湘中偏东，是湖南省及全国中西部地区的一个重要的城市群，是湖南经济发展的核心增长极、中部崛起的重要引擎。长株潭三市共同环抱湘江，湘江两岸和江中秀美的自然风光和众多的人文景观，是三市共享的重要资源。把三市天然纽带——湘江建设成为一条可与欧洲莱茵河、多瑙河相媲美的集景观道路、防洪堤岸、旅游观光、园林绿化、高科技园、高尚住宅、特色城镇的带状生态经济综合体，是加快推进长株潭经济一体化的重要战略举措，也是提升三市经济文化水平的有效途径，更是三市人民乃至全省人民多年来的夙愿。按已编制的规划，湘江生态经济带以湘江发展为主轴，北起长沙月亮岛大桥，南至株洲空洲岛，绵延 128 千米，有 100 多座山峦，15 个洲岛，连接 3 个大城市和 12 个小城镇，是湘江的黄金水域。长株潭湘江沿江防洪景观道路工程是建设湘江生态经济带的标志性工程，具有改善现有防洪设施、提高防洪能力、开发景观资源、促进城市发展等功能。

长株潭湘江沿江防洪景观道路工程是湖南省长株潭城市发展项目的子项目，项目沿湘江岸边布置于长沙、湘潭、株洲三市范围内，以防洪为主、交通景观为辅，其可行性研究报告已于 2004 年经国家发展和改革委员会审批通过，并于 2005 年 9 月开工建设。项目建设的主要内容为新建和扩建防洪大堤并在堤顶建景观道路，新修道路 72.4 千米，其中长沙段 21.73 千米、昭山段 6.25 千米、城区段 11.35 千米、株洲段 33.07 千米；新改扩大堤 51.8 千米，其中长沙段 21.73 千米、昭山段 6.25 千米、湘潭段 5.3 千米、株洲段 18.52 千米（表 4-2）。新修防洪大堤 9.35 千米，加高培厚大堤 58.63 千米，堤身防渗处理 14.72 千米，堤基防渗处理 13.7 千米，护坡护脚 36.69 千米，接长涵闸 58 座，新建改建涵闸 17 座，加固撇洪渠 9 条，扩建、新建电排 18 处。工程总投资为 200 953 万元人民币，建设工期为 2005 年 9 月至 2009 年 12 月，共 52 个月。项目建成后，长沙解放垸、湘潭河东城区、株洲河西保护圈的防洪标准可提高到防洪规划要求的 100 年一遇；长沙南托坑、昭山风景区、湘潭市郊、株洲市郊县的防洪标准提高到 50 年一遇，沿江人民基本上将摆脱汛期受溃之苦，同时，沿江防洪景观道路工程建成后，可将沿线 39 处景点连接，形成沿江生态旅游休闲带，满足沿江旅游、休闲的需求；可以完善湘潭和株洲的城市路网结构，满足区域交通需要，实现功能互补，提高道路的使用效率。

表 4-2　长株潭湘江沿江防洪景观道路工程概况

	项目	长度/千米	总投资/万元
长沙	湘江东岸猴子石大桥——昭山段	21.73	58 987
湘潭	湘江东岸昭山段	6.25	21 125
	城区段	11.35	36 401
株洲	湘江西岸湘芸路——空洲段	33.07	84 440
	总计	72.4	200 953

4.4.2　运作模式

1. 项目建设管理机构和实施单位

为加快实施长株潭湘江沿江防洪景观道路工程，湖南省政府明确了相应的项目建设管理机构，即湖南省长株潭经济一体化协调领导小组，下设办公室，办公室设在省发展和改革委员会；长株潭三市也分别成立相应的领导小组和办公室。2004 年，根据省政府有关职能划定，由长株潭经济一体化办公室负责管理该项目，下设了项目管理办公室，同时明确了由长沙市城市建设开发有限公司、湘潭昭山旅游开发总公司、湘潭市城市建设投资开发有限公司、株洲市城市建设经营有限公司等四家单位作为承建业主具体负责实施该项目，采取项目法人责任制、工程施工监理制、工程招标制实施项目建设。同时通过基于质量和费用的选择方法（QCBS）选择了合适的国际公司提供项目建设的管理帮助。

2. 项目的融资结构

湖南省根据湘江生态经济带保护开发总体规划，由世界银行对项目进行评估，采取国家财政部对世界银行承担本项目债务人、湖南省财政厅对财政部承担债务人（长株潭三市财政局对湖南省财政厅承担债务人）的形式，与世界银行签订了贷款协议，获得了世界银行贷款 11 177 万美元（折合人民币约 92 545 万元，当时汇率以 8.28 人民币/美元计）；同时向国家开发银行申请了授信贷款 56 000 万人民币；剩下的 52 408 万人民币由长沙市城市建设开发有限公司、湘潭昭山旅游开发总公司、湘潭市城市建设投资开发有限公司、株洲市城市建设经营有限公司等四家单位（业主）自筹解决。具体融资结构如表 4-3 所示。

表 4-3　长株潭湘江沿江防洪景观道路工程融资结构

	项目	长度/千米	建设单位	总投资/万元	世界银行贷款/万元	国家开发银行贷款/万元	单位自筹/万元
长沙	湘江东岸猴子石大桥——昭山段	21.73	长沙市城市建设开发有限公司	58 987	28 419	20 000	10 568
湘潭	湘江东岸昭山段	6.25	湘潭昭山旅游开发总公司	21 125	9 793	60 00	5 332
	城区段	11.35	湘潭市城市建设投资开发有限公司	36 401	16 637	10 000	9 764
株洲	湘江西岸湘芸路——空洲段	33.07	株洲市城市建设经营有限公司	84 440	37 696	20 000	26 744
	合计	72.4		200 953	925 455	6 000	52 408

3. 项目工程建设单位

通过招投标选取工程施工单位和监理单位。

4.4.3　方案分析

1. 项目性质

沿江防洪景观道路工程，由于以防洪功能为主、交通景观功能为辅，没有建立道路收费机制，也没有与沿线土地进行捆绑开发，并且沿线景点收费也没有直接返还机制。因此，该项目是目前没有直接经济收益的城市基础设施项目，属于城市基础设施非经营性项目。

2. 融资主体

该方案中的长沙市城市建设开发有限公司、湘潭昭山旅游开发总公司、湘潭市城市建设投资开发有限公司、株洲市城市建设经营有限公司等四家单位，均为城市政府的国有独资城市基础设施建设企业，代表城市政府实施该项目融资和建设。

3. 融资渠道

从资金渠道来源看，该项目融资渠道主要是国内信贷融资渠道（国家开发银行贷款），所占融资比重达 73.92%；政府投资主体自有资金的直接投资，所占融资比重为 26.08%；利用国际金融组织贷款（世界银行贷款，也属于外资渠道），所占融资比重为 46.05%。

4. 融资方式

一是以政府信用为基础向国际金融机构贷款（世界银行贷款）；二是采用政府信用担保向国家开发银行贷款；三是城市政府的政府投资主体自有资金直接投资。

5. 项目融资成本

融资成本主要包括融资筹集费和资金占用使用费两大类。项目向世界银行贷款 11 177 万美元，贷款期限为 15 年（宽限期 5 年），年贷款利率为 4.02%（此利率为 2005 年 12 月贷款利率，以后利率根据伦敦同业银行利率而调整），世界银行贷款属于低息的援助性贷款；向国家开发银行贷款 56 000 万元人民币，贷款期限为 15 年，年贷款利率为 6.39%（此利率为 2005 年 12 月利率，以后利率随市场变化而变化），属于国家政策性银行贷款，有豁免可能。世界银行贷款程序复杂、要求严格，并且与国内银行授信程序不一致，在申贷过程中所花的时间、人力等比较多。

6. 融资风险

该项目融资风险主要来自银行贷款利率风险、人民币对美元的汇率风险和资金供应拨付风险等。

4.4.4　方案评估

方案是以政府债务融资为主，采用国有独资城市基础设施建设企业经营的模式，这种模式主要是由政府财政投入部分资金，其余资金则依托政府提供信用担保，以银行贷款的方式进行债务融资。

由于该项目是作为城市非经营性项目来运作的，归纳起来优缺点如下。

优点：一是可以大大缓解该工程对地方财政的现期压力；二是利用了国际资金，可以引进国外的先进理念、先进管理、先进设备和技术；三是融资风险相对稳定。

缺点：一是融资主体相对较单一，不利于建设期运营期效率和质量的提高；二是融资渠道和方式也显单一，没有引入多个投资主体，尽管大大缓解了城市政府的现期财政压力，但债务加大了政府的未来财务负担，无法从根本上减轻政府负担。

第 5 章　两型工程风险管理

5.1　两型工程风险管理概论

5.1.1　两型工程风险管理基本概念

作为两型工程管理的关键因素，两型工程风险管理是基于传统管理理念与现代管理理论相结合而发展起来的一门新型学科，目的在于追求工程的可靠和安全。

以工程风险的角度分析，并综合两型工程管理的基本内涵，本书定义两型工程风险管理为：根据两型工程预先确定的目标与所处的风险环境，由两型工程管理重要人员进行辨别、监管、审核和应对可能导致未来损失的一些不确定性，从而在最大程度上减少风险来确保两型工程总目标实现的活动。

总体上，两型工程风险管理可包括以下两大板块：风险分析和风险处置。风险分析主要包含风险的辨别、评审等内容，其主要从实证、实例分析的角度，对两型工程风险的性质来进行精确无误的表述，并定性或定量地了解项目所处的风险环境。风险处置则主要包括两型工程风险的决策、应对实施和监管等内容，其主要从规范分析的角度来确定和实施风险处置方案，其依据工程风险分析的结果并结合工程项目的人员安排、资金流和物资等各方面条件。两型工程风险管理内容的层次图如图 5-1 所示。

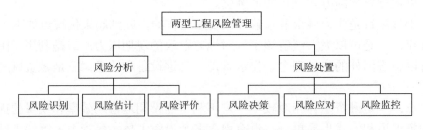

图 5-1　两型工程风险管理内容的层次图

两型工程风险管理的目标必须和两型工程建设的总目标保持高度一致。工程管理目标一般包括项目的质量、费用、进度和安全等四个维度。各种类型的风险因素是达到上述四项目标最主要的阻碍，因此为确保工程的总目标顺利完成，必须在工程实施的进程中对各类风险进行良好管理。再者，工程风险管理的目标还必须伴随风险管理实施的特定阶段。工程风险管理的目标大致分为两方面：风险发生之前及风险发生之后的目标。风险发生前的主要目标是为了尽可能降低风险事件形成的概率，而后者是为了使风险损失降到最低并尽快使工程主体得到恢复。工程风险管理的总目标与两个阶段的不同目标相组合，从而形成一个全面的工程风险管理目标体系。

　　由于具有建设周期较长、投资规模较大、实施过程较为复杂等独特性质，两型工程通常比一般的工程具有更多的不确定性。而风险管理主要是为了将损失发生的风险降低至一个可承担的临界点，再让最适合承担风险的一方来承担这类不确定性。具体来说，工程风险管理是一个完善的、系统的过程，大多数情况下也是一个循环的过程。此外，它主要包括风险识别、风险评估、风险应对和风险监控等四个维度。

　　（1）风险识别是指通过各种途径来评估工程管理单位所面临的风险从而确定它的性质。通过对大量来源可靠的信息资料进行完整评估与分析这个途径，风险管理人员可以识别工程建设过程中可能存在的及导致风险的各种因素。整个工程风险管理工作是基于风险识别来进行的，因此风险识别在工程中起到最关键的作用。只有经过长期有效的风险识别，才能准确无误地评估出工程管理中所面临的各种风险，最终风险管理人员可制定出有针对性的风险应对措施。

　　（2）风险评估是基于风险识别来实施的并通过全面分析和整理所收集到的资料，并利用概率统计等相关理论，对风险发生的概率和相应的损失程度进行评估和预测，进而对风险发生的可能性程度、损失程度和其他相关因素进行较为全面的分析，进而对工程的不确定性进行重要性的排序，并对工程的总体风险进行评估，制定出最安全的解决办法。

　　（3）风险应对属于工程风险管理的第三阶段，是建立在风险识别和风险评估的基础之上的，并充分利用风险概率统计理论得出量化的结果，从而致使工程风险的负面效应降到最低，并制定出控制风险发生的措施和相关技术手段的过程。风险应对措施的制定不仅应结合两型工程的整体目标，而且要与风险发生的过程、时间和可能导致的后果相结合。

　　（4）风险监控是指及时监控并追踪所有风险工程项目的风险状态，并以风险管理目标为标准，若工程出现偏差，则及时采取有效措施来进行控制的过程。它主要包含了对工程风险的监测和控制两个部分。工程风险监测则是在实施应对风险情况的相关方案后，定期定点对"风险识别清单"中存在的风险进行实时检测跟踪，并监测其他可能存在的不确定性，观察并记录它的变化情况；工程风险控制则是指风险管理人员对原计划进行优化，从而采取相应的协调、组织、经济或者技术层面等措施，以便使制定的风险应对策略更加贴切实际发生的风险情况。此外，它是基于风险监测之上的。风险监控是一个实时的、不间断的过程，它贯穿于两型工程建设的始终。在风险管理的某一阶段，风险监测和控制会交替作用，即检测到相应的风险之后应立即采取控制措施，而风险因素解决后又会及时进行下一轮的风险监控程序。风险监测和风险控制对整个风险管理是同等重要的，风险监测为风险控制阶段进行提示，在哪个阶段风险管理者采取相应的风险控制措施；而风险控制则给风险监测提供诸多可供监测的部分，使得风险管理者清楚下一轮应重点监测的风险。因此，风险监测和风险控制会同时进行开展。

两型工程风险管理的具体流程图如图 5-2 所示。

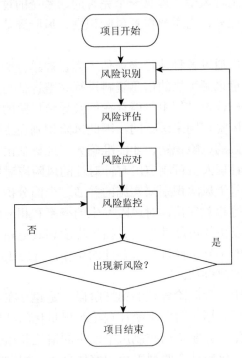

图 5-2　两型工程风险管理的具体流程图

5.1.2　国内外两型工程风险管理研究动态

1. 国内外工程风险管理研究动态

从 20 世纪五六十年代开始，少数西方发达国家在工程领域进行风险管理的实证研究并付诸实践。而随着西方国家的战后重建和大规模的项目建设及工程投资，管理者逐渐发现工程项目中的管理问题的重要性。事先预测各种不确定性对工程的影响成为难题，主要是因为工程项目面临的环境复杂多变，使得管理者采取实时的应对策略十分困难。因此，此领域的研究者们进行研究并开发了各种工程项目的风险评估技术，如相对较早开发出的项目计划评审技术和近期的敏感性分析与模拟技术等技术。同时，工程风险管理的实证研究从原本较片面的阶段发展到目前较全面的阶段。目前，其主要的研究方向正逐步向更系统、更专业的方向发展。

20 世纪 70 年代，西方国家的研究者开始对业主与承包商双方在合同中的风险和责任问题进行研究。

而在 20 世纪 80 年代，风险管理的研究领域主要有工程保险、工程费用超支风险、工期延误中的责任问题、相关技术风险、项目设计风险、管理人员不确定性风险分担。这一时期的研究重点是针对每个不确定性因素进行单一分析，研究方法主要从概率统计和风险起源进行探索和分析，但这一阶段缺乏完整性和普适性。

20 世纪 90 年代以来，由于工程管理风险备受关注，越来越多的人开始清楚地意识到风险项目管理的重要性。而伴随着工程建设规模的逐步扩大，也有越来越多的人开始对工程风险领域进行实证研究。随后，部分学者开始对风险管理的内容进行归纳总结，并提出了有针对性的风险管理理论概念。此外，在国际项目管理协会（International Project Management Association，IPMA）两年召开一届的年会上，学者们在会上对项目风险管理问题进行研讨，这进一步加强了对风险管理理论的研究。

而工程风险管理的实践正式出现，是在 20 世纪六七十年代由欧洲部分发达国家领衔开展的"北海油田开发项目"揭示的。该项目总共投资几十亿美元，由多家国际承包企业分工合作完成，历经了数 10 年。在该项目实施过程中，工程风险管理者们利用许多不同的风险管理方法进行尝试，最后获得了一定的经验和成果。而在 20 世纪 70 年代中期至 80 年代初，工程风险管理实践逐渐开始在美国、加拿大的许多能源项目中进行实践。

从 20 世纪 80 年代中期至今，工程风险管理的理论开始在各种类型的项目进行尝试，如民用信息系统、房地产管理、电力设备规划、供电系统、核电站的运行、国事防御等。

经过一定时间的风险理论研究和实践应用，国际的学术界已经对目前形成的项目风险管理理论体系达成了较为统一的意见，即持有项目风险管理是一个系统性工程的观点，风险的识别、评估、决策、应对和监控是风险管理的主要维度。将来，工程风险管理也会越来越成熟、科学。

近年来，计算机软硬件技术的飞速发展使得工程风险管理技术得到飞速发展，从而促进了风险管理理论更为专一的研究和实践的普及。目前，国外工程风险管理的特点表现在以下三个层次。

1）工程风险管理的各个时期都有较完善的风险管理技术的应用

当前，在工程风险管理的每一阶段，都会实施相对应的管理技术。例如，对工程风险识别的主要方法有德尔菲法、头脑风暴法、情景分析法等；对工程风险评估的方法主要有层次分析法、模糊分析方法、统计概率法、公共信息模型等；实施工程风险决策的主要途径有损益值决策法、效用值决策法、优劣系数法等。

2）计算机技术为风险管理技术的应用和发展奠定基础

计算机软件可促使风险管理的实现，这不仅使管理者从各种错综复杂的分析计算中减轻负担，制定更多的策略，从而使得风险管理技术的大规模普及的可能性越来越高。

3）传统风险管理技术得到优化，新的风险管理技术也开始得到实施和应用

一些传统的风险管理技术，如蒙特卡罗（Monte Carlo，MC）模拟、计划评审技术（program evaluation and review techniques，PERT）在应用实践上具有某些特殊性的条件，如要求风险影响因素具有独立性等。为拓宽其应用领域，一些改善优化方面的研究已取得了较为重要的进展。

我国的风险管理的应用实践开展得比较晚，除了我国自身体制和环境的原因，更为关键的是我国在 20 世纪 80 年代初引进西方的项目管理理论、方法和体系的同时，未能引入重要的项目风险管理理论使用方法和体系。

一直到 20 世纪 80 年代的中后期，我国才逐渐引进工程风险管理理论，并将其应用到诸多大型工程项目的建设管理中。

而到 20 世纪 90 年代，随着我国经济的快速发展，人们也具有更多风险意识，也逐渐形成了重视风险管理的社会氛围。特别是改革开放以后，大量外国企业和资金涌入我国市场，形成了投资主体多元化的格局，这种多元化的投资主体不仅使得我国管理人员更清晰地认识到工程风险管理理念的重要性，也引进了世界最为完善的工程风险管理技术和方法。

目前，我国已在诸多大型的工程项目上传下了业绩，此举也对经济和社会发展具有重要影响，如三峡工程、青藏铁路、高速铁路等工程中开展了风险管理的实证研究，并且取得了显著进步。此外，在房地产和经济等领域，许多联系度高的实证研究也得以实施，为我国的工程风险管理发展累积了宝贵的经验。

2. 国内外两型工程风险管理研究进展

由于两型工程是一项程序较为复杂的社会系统工程，所以其不确定性既具

有一般工程风险所具有的特征，与此同时也有一定的特殊之处。目前，国内外学者对两型工程风险管理还处于探索的初级阶段。两型工程风险管理的基础是工程风险管理相关理论，然而环境风险管理也为两型工程管理提供了十分重要的参考标准。

关于环境风险管理，现在的主流研究观点是工程项目的"环境风险"是需要概括自然环境方面的风险、能源方面的风险和资源方面的风险在内的综合体。Kasperson J X 和 Kasperson R E（2011）等学者提出的环境风险的定义是指威胁到人类生活或生存的一种不确定性因素。而这类风险的类型通常是有着任何可能发生危险的环境或资源的危害或过程。这类学者的观点实际就是将自然环境、能源和资源等环境风险进行整合。Darbraa 等（2008）和 Peggy（2009）等也提出了相类似的观点。

张先锋（2009）进一步认为，环境风险的负面效应可以分为显性和隐形的负面效应两类。显性的负面效果主要是指能够被明显发现的、短期内会对人类的生活产生重要影响的结果。例如，少许农药制药厂违规排放有毒的吡啶对人体造成直接性且危害极大的致癌危害等。隐性的负面效果则主要是指那些在近期内不会体现出来的，但对人类和自然环境具有长期且不易识别的危害。例如，已经建成的燃煤电厂排放的二氧化硫长期累积而造成的酸雨等危害物质。此外，袁广达（2010）、肖序和周志方（2012）、王金南等（2013）等也分别从环境会计、宏观层面对环境风险的评价和控制等问题进行了深入研究。关于环境风险详细的文献综述可参见 Deblonde 等（2011）、Escher 和 Fenner（2011）。

5.2　两型工程风险的识别

5.2.1　两型工程风险识别概述

1. 两型工程风险识别的内涵

两型工程风险识别既是两型工程风险管理的基础，也是两型工程风险管理的第一步。两型工程管理者是以相关资料为管理基础，并运用特定的理论方法，系统清晰地识别出影响工程目标实现的各类风险及危害，并加以适当评估、归类及鉴定的过程。由于两型工程是一个较为复杂的系统工程，所以存在各种类型的风险，而此类风险发生的时间、地点、爆发的临界点及造成的危害等都会在风险识别中有初步的评估和鉴定，从而为整个风险管理奠定坚实的基础。

全面清晰地识别两型工程风险十分重要，它具有两层含义：一是风险识别必须全面且系统。作为一个复杂巨系统，两型工程风险识别要着眼于整个工程系统，全面考虑工程系统各个主体和环节面临的风险，对两型工程的计划实施过程进行全方位的分析，做到毫无隐患。二是工程风险的识别应在最短的时间内完成。在风险识别的过程中，管理人员要分清各种风险的重要性，并侧重处理危险性大的风险，并在此基础上合理配置人力、物力等资源，从而提高工程管理的工作效率。

实施两型工程风险识别的主要任务在于：①发现可能对两型工程的目标产生负面效应的风险因素、风险性质及可能使风险产生的条件；②记载风险的具体特征，并初步发现风险发生可能导致的不良后果；③撰写风险识别清单，为风险管理后续工作的开展提供坚实基础。

2. 两型工程风险识别的原则

综合性、系统性、科学性和重点性是两型工程风险识别的基本原则。

1）综合性

综合性原则运用于工程风险识别过程，采用多维度、多方法系统分析和辨别工程风险。工程风险的多维度识别能够完全检测出风险。例如，考虑时间维度，施工准备、工程施工和竣工试运行是工程项目的三个阶段，每个阶段有各自的特点，风险识别应建立在其特有的风险基础之上；考虑空间维度，工程项目是由不同的分部、分项组成的，而各分部工程的专业差异和环境差异是造成风险属性和风险环境迥异的主要原因，故要综合识别潜在的各类风险。

2）系统性

工程风险管理的基础主要在于风险识别，风险管理的效果也取决于识别阶段的准确性。遵循自然规律，从全局考虑，进行全方位的调查分析是能够保证风险识别准确性的有效途径之一。首先，要分解、细化总体的工程项目风险，从内容上要对工程风险有一定认知，以取得初始的风险清单；其次，结合类似工程项目经验和对拟建工程的大量调查及具体分析，在初始风险清单中排除干扰，选出若干最影响本工程项目目标成功实现的工程风险，并将其确立为主要风险。同时，风险评估和风险控制也主要针对这类风险实施。若违背全局的风险识别规律，项目部门或者政府机关就难以综合考量风险，也就不能有效地控制和监管这些风险。

3）科学性

科学性，顾名思义，对于两型工程的风险要有专门的、针对性的识别方法，科学地确立风险识别方法系统。常用的风险识别定性方法，诸如德尔菲法、头脑风暴法等；常用的定量方法，诸如事故树分析法、计算机模拟技术等，都是十分科学规范的。定性识别与定量识别的结合使用是识别工程风险的重要手段。此外，存在一些运用常规方法难以度量其存在性和影响目标实现程度的风险。这样的风险可以采用实验法论证之。由此，可以确保风险识别的科学性原则。

4）重点性

重点性，意味着工程风险识别要抓住主要方面，以效率优先。进行风险识别时，项目部门和政府机关要瞄准工程目标，把握各风险本质，努力识别出那些影响整体目标的重大风险，并将之作为重点研究对象。另外，对那些不太影响工程结果的风险，就没有必要花费太多的人力、物力、财力和精力，达到节省成本、优化结构、效果优先的目的。

3. 两型工程风险识别的依据

为了准确无误地抓住存在于两型工程里的风险，第一要务是拥有夯实的两型工程理论体系，如资源加工、环境管理等；第二便是能够取得真实、准确、全面、及时的两型工程数据，并认真对比、细致分析。一般的，两型工程风险识别主要有以下四个方面的依据。

1）工程风险管理计划

工程风险管理计划即是对工程风险管理的具体规划或者设计，在风险管理阶段起到了纲领性作用。此计划文件涵盖了工程风险管理中的组织结构、成员组成、行为方针，并敲定了最行之有效的风险管理方法，能够给项目部门和政府机关提供风险识别的依据，可谓风险管理之基石。

2）工程项目的前提假设

任何工程项目的申报书、可行性分析报告和计划书等，都要有一些前提假设。但在实际工程项目中，环境的变异性、随机因素对项目的扰动，都会使得提出的前提假设与实际相去甚远，由此给工程项目带来非意愿的风险。所以提出的前提假设在风险识别时也要有所体现才符合实际情况。举个例子，对于合同能源管理及合同环境服务，服务供应商的工程报价是在材料价格、通货膨胀率、汇率、利率、技术水平和开工量等外在因素保持一定水平的前提下体现的。因此，服务供应商的风险识别就应该将此类前提假设的波动考虑在内。

3）工程概况和相关管理计划

工程项目概况和相关管理计划对风险识别的作用也不可忽略，否则超出现有条件、能力范围的风险识别工作难以为继。此类管理技术主要包括工程项目首要

目标、核心任务、所处范围、进度计划、成本计划、费用计划、资源计划、质量
计划和采购计划等。

　　4）工程风险分类

　　按照不同的划分方法，工程项目风险有诸多不同类型。按风险的来源和性
质，可以划分为政治风险、经济风险、自然风险、技术风险、商务风险、社会
风险、组织风险、行业风险、行为风险等；按工程项目主体不同，可以划分为
业主风险、承包商风险、服务供应商风险、行政风险等，各个主体人风险又可
进一步细分为不同类别的次要风险。准确把握工程风险的合理分类，才能在风
险识别阶段不犯错、不遗漏、不重合，才能更有效、更精准地抓住那些对工程
项目具有重大影响力的典型风险。所以，工程风险分类同样是风险识别必不可
少的环节之一。

　　5）两型工程风险管理的历史资料

　　两型工程建设的历史资料非常有助于风险识别。获取此类历史资料的主要途
径一般有以下三种。

　　第一，项目管理单位可以查阅以前的类似工程档案，如风险评估资料、工程
风险因素清单、风险应对计划或经验教训总结，用以解决遇到的问题。这些档案
能很好地用以指导本项目的风险识别工作。

　　第二，查阅已经公开的出版资料或统计数据。从资源环境数据库、商业数据
库、学术研究成果、行业标准及报刊等资料中可以获得很多对两型工程风险识别
极为有用的信息。

　　第三，也可以依据工程风险管理人员的专业知识和实践经验来指导风险识别。
通过学习以往工程参与人员的经验，可以全方位认识可能存在于本工程中的各种
风险，以顺利完成工程风险识别工作。对于两型工程风险管理来说，要借鉴发达
国家成熟的环境治理经验，吸取他们失败的教训，也可学习国内在资源环境治理
方面较好的模式，如武汉城市圈和长株潭试验区等。

4. 两型工程风险识别的流程

　　在两型工程风险的识别方面要讲究一定的方法和途径。两型风险管理人员通
常依据自身感性认识和经验来进行判断，相比之下，各种统计资料及以往类似工
程的风险记录更为重要。这个流程包括对资料和记录的分析、归纳和整理，从而
发现存在于工程中的风险，然后鉴定各种风险的性质，最后初步描述出风险发生
可能造成的损失情况。

　　两型工程风险识别的具体流程图如图 5-3 所示。

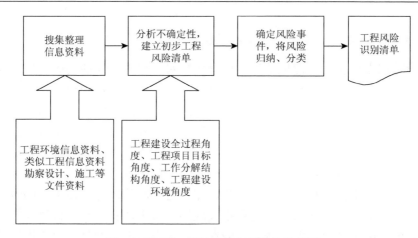

图 5-3　两型工程风险识别的具体流程图

1）搜集、整理信息资料

由于风险大多是因数据或信息的不完备而引起，搜集与工程风险事件有直接联系的信息可能比较困难，但是风险并非孤立存在的，可以通过搜集与其相关或与其有间接联系的信息，或是可以类比的信息来分析。两型工程风险识别应注重下列几方面数据信息的搜集。

（1）工程环境相关信息资料。自然和社会环境影响着工程项目的实施和建成后的运行。其中，自然环境方面的气象、水文、地质和社会环境方面的政治、经济、文化等对工程建设有重要的影响。例如，如果某投资项目没有考虑到其对当地生态环境的影响及老百姓对环境问题的关注，或者在该方面与老百姓沟通不够，将会容易引发老百姓对该项目的强烈反对，甚至引起群体性事件。例如，某些资源环境政策的实施没有从当地的经济、政治、社会和文化角度出发，尽管出发点良好，但是很可能造成企业和人民难以承受的负担，如果政府没有出台相关补助措施，该政策不仅不会达到其预期效果，还在一定程度上起到反制作用。因此，对于工程环境相关信息资料的搜集与分析在风险识别过程中必不可少。

（2）类似工程相关信息资料。从风险识别的角度来看，已经完成的类似工程的信息资料是一个很好的依据。类似工程风险管理的经验与教训，可以在一定程度上减少在建工程项目的风险系数，可以让风险管理人员更好地控制当前工程中存在的一般风险、潜在危险，提高效率。其中，类似工程相关信息资料搜集应包括在工程建筑中整理的各种文件资料，包括数据记录、项目总结、项目验收、项目质量与安全事故处理，以及项目变更和项目索赔等资料。这些资料记录着整个工程从开始动工到项目验收的所有相关数据，对两型工程风险的识别具有很大作用。

2）分析不确定性，建立初步工程风险清单

风险管理人员应结合搜集整理的信息资料对工程中存在的不确定性进行多方面、多角度的分析，从而确定工程中的存在的风险，并制定初期工程风险列表。风险管理人员可通过风险列表中所列的一般风险的和潜在风险，从而对工程存在风险有更为直观的印象。初期风险列表的制定代表着工程风险识别进入实质性阶段，而对于工程各种不确定性因素的分析主要应从以下四个方面进行。

（1）工程建设全过程方面。因为工程建设的全过程分为不同阶段，因此在工程的每一个阶段中都存在着一定的风险，即使是相同的风险，在不同的阶段，产生风险事件的概率和造成的影响也有很大区别。为了达到识别工程风险的目的，工程建设的不确定性分析尤其重要，应在工程建设的不同的阶段对工程风险进行详细分析。

（2）工程项目目标方面。工程项目目标主要分为进度、质量、成本和安全四个方面，决定这四个方面的条件既有相同的因素，也有相异的因素。因此，在进行风险识别时，风险管理人员应该从客观角度出发，对项目目标的不同方面的不确定性进行实际分析，以达到工程风险识别的针对性。

（3）工作分解结构方面。以工作分解结构的角度分类，整个工程项目可分为单项工程、单位工程、分部工程和分项工程四个板块，通过从最底层自下而上逐级进行不确定性分析，达到完全识别工程项目存在风险的目标。

（4）工程建设环境方面。为了更好地完成工程项目目标，工程建设环境可谓重中之重。因此，需要仔细考察项目所在地周边的社会环境与自然环境，在工程的实际情况基础上进行详细的不确定分析，寻找所有可能发生的风险事件。

3）确定风险事件，并将此类不确定性进行归纳、分类

结合两型工程不确定性分析的基础，通过分析工程中各类风险发生的因素，确定其可能发生的风险事件。然后对这些风险进行归纳、分类。其中主要可通过按工程项目内、外部进行分类，按技术和非技术进行分类，或按工程项目目标分类，还可按照工程项目的各个主体进行分类。

4）制定工程风险识别清单

结合工程风险的分类的基础，制定详细的工程风险识别列表。该列表是风险识别的重要依据，是风险评估和处置的主要保证，其中列表主要包括以下两个方面的风险。

（1）已识别出的风险。已识别出的风险又称客观存在风险，是指具有明显的风险迹象或数据表明其可能发生。将已识别出的客观存在风险汇集并按其相关特

点进行分类，使工程管理人员更好地对工程风险进行管理。

（2）未识别出的风险。未识别出的风险又称潜在风险，是指与已识别出的风险相比，没有发现明显的风险迹象或数据表明其可能发生。而随着工程进度的推移，潜在风险的发生概率也会随之波动，因此为了避免潜在风险的发生给工程带来较大损失，应保持对潜在风险跟踪和评估。

通过对风险的识别，工程风险识别清单中应该包括以下信息：①对工程所存在的风险进行详细研究和划分；②工程风险发生的影响、结果的大小和严重程度。

此外，在条件允许并有一定的风险识别深度的情况下，也可在风险识别清单中添加以下信息：①对风险发生的概率的检测；②对风险来源的识别；③对风险管理归属权的界定；④对风险可能发生时间的检测；⑤对残留风险的评估；⑥对风险管理成本及收益的审核。

表 5-1 是风险识别清单的一般格式。

表 5-1　两型工程风险识别清单格式

风险识别清单			编号：	日期：	
项目名称：			审核人：	批准人：	
	序号	风险名称	风险因素	详细情况描述	可能产生后果	备注
已识别风险	1					
	2					
	3					
	4					
	5					
未识别出的风险	1					
	2					
	3					
	4					

5.2.2　两型工程风险辨别办法

1. 德尔菲法

德尔菲法的英文名称为 Delphi method，指的是一种专家化的方法。这种方法的核心思想是：首先，调查方设计调查表，通过规定的流程和手段，将调查表以函件形式交到已有专家的手中，通过一对一方式征询专家成员的意见；其次，专家成员将填写完好的调查表通过匿名形式返回到调查方手中；再次，对收集到的调查表进行适当调整，在返还到专家手中；最后，通过反复重复上述步骤，指导结果有一个大体上的趋势，进而利用这一结果作为判断和决策。

德尔菲法的核心是闭环的思想，不断重复操作过程，直到达成一致意见。其大致流程是：明确所要预测研究的问题，匿名征询专家成员的意见，然后对结果进行初步归纳、总结和统计，再将整理后的调查表以匿名形式反馈到专家手中，往复上述步骤，直到最终的结果能够保持大致的趋同性质。其过程可简单表示如下：一对一单独征求专家的建议—对收集到的建议进行一定的归纳、统计—再一对一单独征求专家的意见—直到专家意见趋于一致后停止。

概括上述的分析过程，我们可以对德尔菲法有一个概略性的理解，即通过匿名函询方式，充分发挥专家集体思想交流过程。与别的方法不同的地方主要是调查过程保证了各个专家间的思想独立性，确保各个专家是匿名做出的决策，这样可以避免受到其他专家的干扰；同时也可以不断调整调查表，对结果进行反馈；在上述的基础上，使得结果具有统计上的意义。

1）匿名性

由于该方法是调查者和各专家成员一对一进行匿函沟通，隔离了各个专家间的直接接触，避免了某一专家的权威影响力，这是这种方法的一大特色。匿函方式是该方法的主要特点，填写意见的专家是独立的个体，他们并不知晓还有谁参与了调查，是在完全独立的情形下进行交流的。为了提高决策的效率，德尔菲法被进一步推广实施，在一定程度上可以召开专家会议，讨论不确定的专题。

2）反馈性

这种方法经过若干次反馈征询意见，一般是3～4次，反馈征询要确保调查方和专家方充分交流，最大程度上利用调查的信息，保证最后的调查结果能够大体上代表专家的主要意见，保证调查的过程和结果更加具有效度和信度。这样一种方式避免了专家成员间的直接交流，通过专家成员和调查方的互动来实现专家成员的间接交流，并且在若干次反馈实施后才能够基本达到预期的效果。

3）统计性

其他的专家预测方法的预测结果主要是体现大多数人的想法，对少数人的想法只是进行了一个综合的概括，因此，这种方式并不能够很好地体现专家小组的所有意见。而统计回答恰恰能够避免这样一种调查误区，在设计统计分析报告时，设定上四分位点和下四分位点，使得调查者的观点有一半分布在两个四分位点的区间里，另外一半人的观点在区间之外。通过这种统计手段保证专家成员的观点能够被准确涵盖在统计结果中，避免了调查结果只是反映大多数人的想法的调查误区。

2. 头脑风暴法

头脑风暴这个名词来自 brainstorm 单词，指的是一种用于集体讨论、研究的方式和手段。在 20 世纪 30 年代末期，亚历克斯·奥斯本提出了头脑风暴法这一概念，因为他是第一人提出这一方法的，所以后人将其称为"头脑风暴法之父"。这一方法在经过数十年的发展后，被广为采用，取得了巨大的成效，并且该方法在 20 世纪 70 年代末期开始在中国传播开来，并得到了积极运用。

头脑风暴法实施的前提是构建专家组，发挥拥有不同知识背景的专家的协同效应，对未来某一时间段内可能遇到的问题进行预测分析并对其风险进行识别。这种方法的主要形式是采用头脑风暴会议，将相关的专家聚集在一起，大家积极开展研讨工作，确定主要的风险要素。头脑风暴会议也需要主持者在开会之前明确提出专家感兴趣的问题，激起专家回答和讨论的积极性，促进各个专家间的沟通和发散思维，产生思维碰撞，从而能够不断查漏补缺，挖掘更多的潜在信息，使得风险预测和识别能够取得预期的效果，保证讨论结果的准确性和可行性。

具体来说，头脑风暴法可以分为明确阐述问题、主持人记录和小组成员提出见解、会后评价三个阶段。其实施流程如图 5-4 所示。

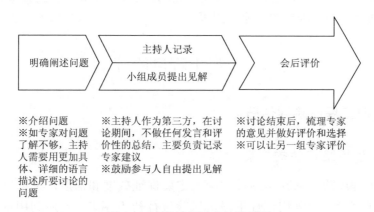

图 5-4　头脑风暴法实施流程图

3. 情景分析法

情景分析法是一种描述性的分析方法，该方法是由美国研究工作者在 1972 年的研究中创造得到的。情景分析法的要务是确定假设条件，再根据假设做相关分析，一般步骤如下：首先，通过明确系统内部和外部的问题，提出一些可行的未来发展情形；其次，采用和写剧本一样的手段来对各个情形的发展情况做一个详细的情景描述；最后，利用相关的技术手段、经济性和现实背景约束等对各种情形下的主要风险要素和影响范围进行预测和识别，有助于在实际情景中采用恰当的预防措施进行防患。

　　该方法在两型工程风险识别中的应用可以取得较好的实际效果，有利于拓宽风险管理者的眼界，提高对未来情形把握的准确性。除了上述优点之外，该方法还有一些不足之处，容易产生"隧道眼光"，即风险管理者有可能处在隧道里面来对外界的事物进行研究，从而有可能导致问题分析不够完整，偏离实际情况较远。虽然这些年来，情景分析法在国外取得了广泛的运用，并且还形成了许多更加具体的方法，如面向目标的展开方法、面对空隙的填补方法、面向未来的分析方法等，但是这些具体方法操作起来有一定复杂性，所以，该方法还不能很好地契合国内的研究，操作性有待进一步改进。

4. 图解法

　　两型工程的风险识别主要有两种方式：一种是由因溯果，另一种是由果溯因。对于后一种风险识别方法我们可以认为主要是在风险发生之后来探究风险发生的原因，有助于为其他相关工程进行风险识别。而图解法便是这样一种由果溯因的风险识别方法，主要利用图表形式对工程的主要部分及其相互关系进行描述，从而系统地分析工程风险问题。一般来说，图解法主要利用如下一些图形表达方式：事故树逻辑分析图、因果图、流程图等。

5.3　两型工程风险评估

5.3.1　两型工程风险评估概述

1. 两型工程风险评估的主要内容

　　两型工程风险评估在实施过程中一定要保证效度和信度，根据该工程分析的特征，研究者一般采用定性手段对风险进行初步界定，然后利用量化分析手段计算风险概率及其损失情况。工程风险估计主要按照风险的危害程度大小进行排列和评估，对于风险的认知和防患风险措施有巨大的作用。在量化分析阶段，数据的获取是研究的重点也是难点，但是单纯依靠某一种方法并不能取得很好的效果，因为传统的统计分析手段只能用来对具体数据进行分析，一旦无法获取详尽的数据时，只能发挥主观作用，利用研究者自身所掌握的工具、技术手段和方法等，所以研究的准确程度在很大程度上由研究主体决定，因而研究者具备科学的风险评价方法变得尤为重要。工程风险评价的功能如下：一是促进工程管理人员对工程项目本质和所在环境的了解，提供工程项目实施方案所需要的准确信息；二是增强工程管理人员对风险因素和工程自身相互关系的把握程度，有助于制定及时可行的风险防控方法来应对高概率风险和破坏性大的风险因素，降低可能发生的损失；三是保证风险评价的可靠性，也是制定各种风险应对措施的必要性工作。

1）工程风险评估的定义

工程风险评估是利用各种方法、工具和手段对工程建设过程中面临的风险情况进行评价和估计。工程风险评价的目的是明确工程实施的关键风险，对工程风险做一个整体性的评价，从而为风险实施方案提供帮助。工程风险评价的内容是明细工程风险的影响程度，按照影响程度进行排序，找出应对主要风险的预防措施，避免不必要的损失，同时也为下一阶段的工程措施做一定的准备性工作。

2）工程风险评估的作用

（1）确定风险影响程度的顺序。风险评估主要是确定工程完工将会面临哪些不确定的因素，包括不确定性因素的发生概率和预期损失情况。此外，利用定性、定量分析方法确定风险影响程度的大小顺序，并作为进一步的风险应对决策和监控的依据。

（2）界定风险因素关联性。工程中各个风险不是相互独立的，因为联系是普遍的、客观的、多样的，所以工程中的各种风险事件也必然存在着一定的联系。利用工程风险评价分解各个风险，进一步深入了解和挖掘各个风险因素产生的原因，有助于探究相关风险或某一类风险的共同风险来源，化大为小，起到各个击破的作用，挖掘各种潜在的风险因素。

（3）界定风险因素转化关系，消除风险。工程风险事件之间存在一定联系，风险承担者可以根据风险事件的转化关系，将部分风险转移，从而降低自身的风险。例如，承包商如果利用总承包方式进行承包，风险程度很高，但是承包商利用分项承包方式，将自己不太熟悉的子项目外包给其他相关方，保留自己有把握的项目，这样一种处理方式将有助于降低工程面临的风险，规避不必要的风险影响。

（4）探究风险因素的性质，减弱和消除不确定性因素。风险评估有助于对风险因素的性质做一定的了解，重点把握好发生概率和相应损失情况，对评估结果和预期结果做分析比较，调整现阶段工程的运行情况对风险评价过程已做出的估计内容（主要有风险产生概率和风险产生造成的损失程度）做必要的修改。

3）工程风险评估的依据

工程风险评估的依据有如下四点：一是工程的风险确认，全方位多层次的探究之后才能将风险情况进行一定的归纳、总结。二是工程的实施进度。工程风险具有可变性，是动态变化的，随着工程的开展，工程风险出现的概率和影响程度等都会出现一定的改变。例如，一些工程风险在建设初期出现的概率比较小，随着工程的实施进度，风险出现的概率会明显增加。三是项目的类型。例如，新项目风险明显高于改扩建项目面临的风险。四是风险发生概率及其损失情况。风险发生的概率大小和相应损失情况是评价估计的两个主要对象，是进一步工程实施风险应对方案的主要参考。

2. 两型工程风险评估组成情况

两型工程风险评估主要包括以下四个部分。

1）风险因素发生概率大小的评估

工程风险评估在确定了风险因素之后，需要对发生概率进行评估，分析相应概率分布规律，这一步是至关重要的也是非常艰难的工作。其主要原因在于：一是涉及风险因素的相关数据资料很难完整收集；二是工程项目往往是一次性的，对于新的项目而言没有完全可以参考的项目，如果盲目利用类似的工程项目的数据来分析当前项目因素产生的概率，将会产生很大的误差。所以，风险因素的概率分布情况要利用以往的数据进行分析，在实在找不到完整的数据前提下才采用理论上的概率分布对项目风险进行估计。

2）风险因素造成损失的评估

工程风险估计在完成了第一步估计任务后，紧接着就需要对风险因素产生后对项目造成的损失进行估计，即工程风险因素造成的损害和不利的影响。不利的影响主要有：工期延期、工程费用超支、工程质量问题和人员事故等。其中进度（工期）损失的估计包括：风险因素对各个局部工程完工的影响评估、风险因素对整体完工期的评估。费用损失的估计包括：工程整体性最大程度的损失评估、逾期完工导致的加班费、工程质量问题造成的返工费及人员事故安顿费用评估等。

3）风险事件影响范围的评估

工程风险估计在完成了第二项估计任务后，需要确定风险因素影响程度的估计，主要有两个方面：一是分析风险因素对当前工作的影响；二是分析风险因素对各个利润方的影响。因为工程项目的各项工作之间既保持着各自的独立性，也是一个密切联系、彼此制约的整体，所以如果风险因素产生，将不只是对现阶段的项目产生影响，而且不可避免地将会对其他的阶段性项目产生影响。此外，工程风险事件不以公对业主、承包商造成影响，还会对其他利益相关者造成影响，如对监理单位的影响、社会影响等。所以，有必要全面了解风险因素产生的概率和风险因素产生后造成的损失大小，从而能够对项目所涉及的影响和相应的利益相关者做一个全面完整的估计。

4）风险因素发生时间的评估

从风控想法入手，按照风险因素发生的概率和相应损失对风险发生情况做一定的评估。一般的，率先控制早期产生的风险，追踪、观察后续产生的风险，在必要的时刻进行适当干预，从而降低风险产生的概率和风险产生造成的损失。与此同时，在工程项目实施时，有必要进行合理的安排或对任务的开展时间进行适当调整，从而降低风险产生的概率和风险产生造成的损失。所以，需对风险因素发生的时间进行评估，即风险因素何时何地发生。

3. 两型工程风险评估步骤

工程风险估计流程如图 5-5 所示。

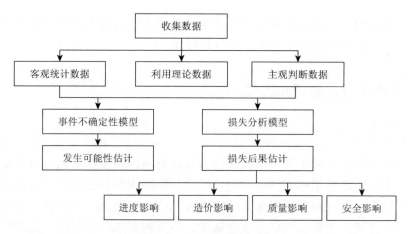

图 5-5　工程风险估计过程

1）收集相应的风险因素数据

风险因素的数据收集主要采用以下手段和方法：一是历史性数据或者经验性数据；二是从数据采集部门、企业和政府报告中进行收集；三是探索性实验和测试研究；四是从实地工程实践中收集。总之，不管是哪一种数据资料收集方式都要求保证收集数据资料的客观性、真实性，同时也要在一定程度上具有可统计性。

工程项目的主要特点是一次性、不变性等，所以往往数据并不是很完整，而且分不清哪些是有用数据。在这种情形下，有必要利用专家调查的方法来收集一些经验性的主观评估数据资料。

2）建立工程风险模型

利用上一个过程中收集到的跟风险因素相关的数据资料，通过对风险因素产生的概率和风险发生时将会造成的损失进行量化分析，即建立相应的风险模型。主要包括以下两种形式：一是概率模型，对风险因素的发生概率及其相互关系进行描述；二是损失模型，探究风险因素的损失情况及其关联关系。

3）估计风险发生的概率和后果

建立好了工程风险模型之后，需要采取恰当的手段和方法预测各个风险因素发生概率和产生的损失结果。一般而言，利用概率表征风险因素的发生情况，利用费用损失、建设进程滞后及建设质量缺陷等来表征产生损失的结果。

4）按照风险因素对工程项目造成的损失程度排序

按照风险因素在工程项目中发生概率及其损失情况对工程风险因素进行量化分析，按照风险损失的程度从大到小进行排序。

5.3.2　两型工程风险评估方法

1. 决策树法

决策树法主要依靠图解法对风险因素量化分析。决策树方法可以用来区别不同的工程风险，然后根据不同概率的风险及其不同影响程度的风险情况来计算各个可能方案在实施过程中可能带来的损失和相应收益情况，并根据决策树的结果来对工程进行风险评价和最优方案的选择。决策树方法的主要优点是逻辑性强、层次感、不会遗失最优方案并且也不容易产生错误等。对于一个具体的两型工程项目的实际情形会多种多样，在各种情形下的概率知道的情形下，利用决策树的分析方法来对两型工程风险和可行性进行综合评价是很效的。所以，决策树方法在不同的方案选择中被广泛采用，既可以处理一个阶段的决策问题，又可以处理多个阶段的决策问题。

决策树在结构上非常简单，主要组合部分为两个点加两个枝，两个点是决策点和状态点，两个枝是方案枝和概率枝。首先，从决策点出发，利用矩形符号表示；其次，引出若干个分支，分支末端用圆圈表示，分支的数目表示备择方案的个数；再次，从方案枝的末端引出概率枝，概率枝末端用三角形符号表示结果节点；最后，连接而成的树形结构就被称为决策树，具体结构如图 5-6 所示。

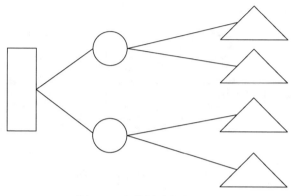

图 5-6　决策树结构代表图

2. 层次分析法

美国运筹学家 T.L. Saaty 教授在 20 世纪 70 年代对层次分析法（analytic hierarchy process，AHP）做了一个明确的介绍，即将定量研究和定性研究一体化的、新型的、用于有多个决策目标的系统分析方法。由于该方法能够将决策者的经验判断予以量化，对于目标因素较为复杂、决策准则较多而又缺乏相关研究数据的决策问题更为实用，所以，层次分析法近年来在国内外的应用发展较快，对于社会学领域许多只能定性研究而无法进行定量研究的问题尤为适用。

层次分析法关键之处在层次分析模型的构建，需要耗费大量的时间和精力。将层次分析法运用到两型工程风险中要注意以下内容：首先，需要分解复杂的两型工程风险问题，直到可以用于决策分析为止；其次，对于分解好的部分进行重新分类组合，主要根据属性特性来进行分类，按照属性的差异分成若干组，将每一个组定为一个层次，这样就形成了最高层—中间层—最低层这样的层级结构。中间层级的因素既受到相连接的上一层级因素的影响，又对下一层级的因素发生作用。相应的递阶层次结构如图 5-7 所示。

在图 5-7 中，最高层指的是该方法期望达到的决策目标；中间层级一般指的是准则层或者子准则层等，它是从目标层引入的一些中间情形，即怎样才能实现决策目标的途径和手段；最下面一层是方案层，指的是一些具体的处理措施，即怎样才能将决策问题解决。因为决策问题的复杂性不一，所以各个层级的讨论也有一定的差异，但是为了研究的方便性，一般来说，每一层级的元素应该不多于9个。层次模型按照上下层级之间的支配关系可以分为完全层次结构和不完全层次结构。当上一层级的所有因素都对下层元素起作用，或受到下层元素的影响时，这种结构就是完全层次结构，反之则是不完全层次结构。

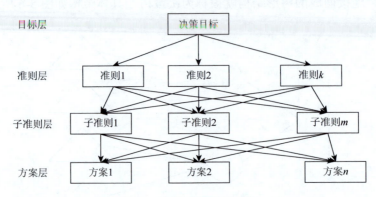

图 5-7　层次分析法形式图

3. 模糊综合评价法

　　模糊综合评价法利用模糊数学的基础知识和模糊统计的具体理论方法，对影响某事物的各个因素进行综合分析并评价好坏，是于 1965 年由美国 Zadeh 在其发表的论文 *Fuzzy Set* 中提出的。模糊集合理论的基本思想是通过隶属函数来对差异的中间过程进行描述，从而达到用精确性逼近模糊性的目的。模糊综合评价法的关键是引入了隶属函数。我们在对两型工程风险进行评价时，因为各指标存在的模糊性和不确定性，很难用精确的数学工具和方法，因此这些方法存在很大的局限性。运用数学方法和数据进行精确分析得出的结果通常与实际情况有较大差距，以至于会影响工程目标的实现。原因在于两型工程风险评价，这个问题本身就是模糊的和不确定的。因此，运用模糊综合评价法进行准确评价是非常容易的。

　　模糊综合评价法是一种多因素决策方法，全面评价受多因素影响的事物尤其有效。该方法的显著特点是对数据进行严格定量刻画与对模糊因素定性刻画有机结合。因此，该方法的优势是同时适用主观和客观指标。模糊综合评价法用数字反映人的经验和主观判断、对现象进行模糊性的处理、综合考虑各种因素对总体的影响，这些特点保证了可以用模糊综合评价法来处理问题本身带有模糊性的、多因素的综合判断问题。

　　模糊综合评价法通常需进行多层的复合运算来确定评价对象的等级。其基本步骤如下。

1）因素分类

按某种属性划分因素 $U = \{u_1, u_2, \cdots, u_n\} s$ 类：$U_i = \{u_{i1}, u_{i2}, \cdots, u_{in_i}\}$，$i = 1, 2, \cdots, s$。它们满足条件：

$$n_1 + n_2 + \cdots + n_s = n$$
$$U_1 \bigcup U_2 \bigcup \cdots \bigcup U_i = U$$
$$(\forall i, j)(i \neq j \to U_i \bigcap U_j = \varnothing)$$

2）建立评判集

$$V = \{v_1, v_2, \cdots, v_p\}$$

3）建立权重集

（1）因素类权重集。设第 i 类因素 U_i 的所具有的权数是 $a_i (i = 1, 2, \cdots, s)$，则因素类权重集可以表示成 $A = (a_1, a_2, \cdots, a_s)$。

（2）因素权重集。设 a_{ij} 第 i 类中的第 j 个因素 u_{ij} 的权数，则因素权重集可以表示成 $A_i = (a_{i1}, a_{i2}, \cdots, a_{in_i})$，$i = 1, 2, \cdots, s$。

4）一层综合评价

综合评价每一类的各个因素，设单因素评价矩阵为

$$R_i = \begin{bmatrix} r_{11}^{(i)} & r_{12}^{(i)} & \cdots & r_{1p}^{(i)} \\ r_{21}^{(i)} & r_{22}^{(i)} & \cdots & r_{2p}^{(i)} \\ \vdots & \vdots & & \vdots \\ r_{n_i1}^{(i)} & r_{n_i2}^{(i)} & \cdots & r_{n_ip}^{(i)} \end{bmatrix}$$

设采用评价模型 $M(\cdot, +)$ 的模糊综合评价中，第 i 类因素的模糊综合评价矩阵 B_i 为

$$B_i = A_i \circ R_i = (a_{i1}, a_{i2}, \cdots, a_{in_i}) \circ \begin{bmatrix} r_{11}^{(i)} & r_{12}^{(i)} & \cdots & r_{1p}^{(i)} \\ r_{21}^{(i)} & r_{22}^{(i)} & \cdots & r_{2p}^{(i)} \\ \vdots & \vdots & & \vdots \\ r_{n_i1}^{(i)} & r_{n_i2}^{(i)} & \cdots & r_{n_ip}^{(i)} \end{bmatrix} = (b_{i1}, b_{i2}, \cdots, b_{ip})$$

5）二层综合评价

首先由一层模糊综合评价矩阵进行计算得出二层模糊综合评价的单因素类评价矩阵

$$R = \begin{bmatrix} B_1 \\ B_2 \\ \vdots \\ B_s \end{bmatrix} = \begin{bmatrix} A_1 & \circ & R_1 \\ A_2 & \circ & R_2 \\ \vdots & & \vdots \\ A_s & \circ & R_s \end{bmatrix} = \begin{bmatrix} b_{11} & b_{12} & \cdots & b_{1p} \\ b_{21} & b_{22} & \cdots & b_{2p} \\ \vdots & \vdots & & \vdots \\ b_{s1} & b_{s2} & \cdots & b_{sp} \end{bmatrix} = (b_1, b_2, \cdots, b_p)$$

设采用模糊综合评价模型 $M(\cdot, +)$ 在二层模糊综合评价中，二层模糊综合评价矩阵 B 为

$$B = A \times R = (a_1, a_2, \cdots, a_s) \times \begin{bmatrix} b_{11} & b_{12} & \cdots & b_{1p} \\ b_{21} & b_{22} & \cdots & b_{2p} \\ \vdots & \vdots & & \vdots \\ b_{s1} & b_{s2} & \cdots & b_{sp} \end{bmatrix} = (b_1, b_2, \cdots, b_p)$$

图 5-8 表示二层模糊综合评价。每一层的模糊综合评价可以采用以上描述的模型，若各子因素集所包含的因素还较多，则可以将它再划分，从而构成三层模型，即三层模糊综合评价。

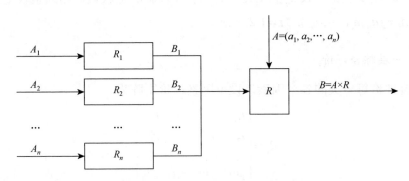

图 5-8　二层模糊综合评价的示意图

4. 敏感性分析法

敏感性分析法即假定其他的风险因素不变，分析评价某一个（或多个）特定风险因素的变化影响工程目标变量的程度，并且求解得到它的变动幅度与临界值，从而计算敏感系数，基于此敏感系数对风险因素进行排序，供决策者参考。敏感性分析法是广泛应用于动态不确定性的分析方法，其是工程风险评估中必不可少的一部分。这种方法的优点是应用的范围广大，常用于工程的可行性研究阶段，有利于发现重要的风险因素，具体又可分为单因素敏感性分析和多因素敏感性分析。敏感性分析法的缺点是无法反映风险因素的发生概率与多个风险因素同时对工程目标的综合影响。

基本步骤如下。

（1）确定敏感性分析指标。敏感性分析进行分析的对象是工程本身及其效益。区别于一般的工程，两型工程既强调经济效益，也强调社会效益和环境效益。两型工程风险敏感性分析的指标可以包括体现这三种效益的任何指标。

（2）计算该工程的目标值。两型工程目标值需要计算处于正常状态下的效益评价指标数值。

（3）选取不确定因素。应该依据两型工程的具体情况来选择变化概率大、影响程度高的因素进行敏感性分析，而不是全部的因素，以增加效率。

（4）求解不确定因素变动后对指标的影响程度。如果进行单因素敏感性分析，则应该控制其他因素为一个固定数值；再依次选择另外一个因素做控制变量法。最终求得某个不确定因素本身变化后对工程效益指标目标值的影响程度。

（5）找到敏感因素，对其进行分析并采取相应措施，从而提高两型工程的抗风险能力。

5. 蒙特卡罗模拟方法

蒙特卡罗模拟法是常用于估计经济风险与工程风险的一种方法，也被称为随机抽样技巧或统计试验方法。蒙特卡罗模拟法是通过人主观的概率估计及计算机模拟仿真，来直接评估各类风险发生的可能性，并且通常以概率分布的形式表示其发生的可能性。

采用蒙特卡罗模拟方法评估风险的优点是，其可以把各类风险发生可能性以概率分布形式做出表示；此外，运用计算机软件来对模型进行处理的同时也很大程度上节约了统计时间。

基本步骤如下。

（1）将已经识别出来的且会影响两型工程目标的重要风险编制构造成一份标准化的风险识别清单。此外，这份风险识别清单需要充分地反映出风险分类的结构及层次性。

（2）运用专家调查法来确定各类风险发生的概率及其对两型工程可能造成的影响程度。

（3）运用模拟技术对各类风险发生的概率进行计算机模拟试验。计算机模拟的次数越多，结果越精确。再依据计算机模拟试验的结果来绘制各类两型工程风险的概率分布曲线。

（4）分析和总结。通过计算机模拟技术获得风险概率分布曲线并解释分析模型。以书面形式总结。

6. 故障树分析法

故障树分析法能有效地用于解决复杂的两型工程的风险分析。它有应用范围广、发展前途大的好处。故障树分析法具有很多优点，如逻辑性强、形象化。这种方法输出的结果通常具有系统性、准确性和预测性。此外，它有固定的分析流程，通常借助计算机辅助建模和分析等过程，能够在很大程度上地提升两型工程的风险管理效率。

故障树分析法的基本步骤如下。

（1）熟悉系统。详细了解系统的状态和各种参数，绘出该系统的工艺流程图和布置图。

（2）调查事故。收集事故案例并进行相关统计，并对可能事故进行前提分析和预测。

（3）确定顶上事件。顶上事件的定义是需要分析的对象。综合考虑事故发生的概率和可能造成的后果，其中将发生概率大、后果严重的事故作为顶上事件。

（4）确定目标值。计算事故发生的概率（频率），然后以此概率（频率）作为需要控制的事故目标值。

（5）调查原因事件。需要全面调查事故发生的相关原因和影响因素。

（6）画出故障树。由顶上事件开始逐级地找出直接原因的事件，直到所需要分析的深度，并依据其逻辑关系来画出故障树。

（7）分析。依据故障树的结构来简化分析，明确各结构重要度。

（8）事故发生概率。计算得出全部事故发生的概率，对应地标在故障树上，从而求解顶上事故发生的概率。

（9）比较。对比可维修系统，计算不可维修系统的顶上事件发生概率。

（10）分析。依据具体问题，运用计算机进行分析风险。

5.3.3　案例：工业园区环境风险评价

伴随工业园区的快速发展及两型社会理念的贯彻，如何定义和建立两型园区，是政府和园区建设者们面临的重要问题。如何建立相对客观、量化的环境风险评价指标体系是目前我国工业园区环境风险监管的重要科学问题。在此，本小节拟采用层次分析法去构建判断矩阵，对工业园区的环境风险评价指标及其权重的计算确定进行探索性的研究。以湖南省某工业园区为例，首先，通过邀请若干独立的专家指导工业园区环境风险评价指标筛选，并参考诸多标准之后，确定了如下共 19 项环境风险评价指标，如表 5-2 所示。

基于德尔菲法构造判断矩阵。两两对比每一层次上各个元素间的相对重要程度，将专家对其的定性描述转为规范化的数值来表示，最终得到环境风险源、环境监管机制与受体各指标的权重，如表 5-3～表 5-5 所示。

表 5-2　工业园区环境风险评价的 AHP 模型

目标层 A	准则层 B	指标层 C
工业园区环境风险综合值 A	环境风险源 B1	行业类别 C1
		生产工艺 C2
		物质危险性 C3
		主要原料最大储存量及临界值 C4
		原材料有毒有害物质使用量占比 C5
		危险废物处置方式 C6
		污染物排放浓度达标情况 C7
		污染物排放方式 C8
	环境监管机制 B2 环境监管机制 B2	环境管理体系 C9
		环境风险管理制度 C10
		事故应急预案 C11
		设备保养维护周期 C12
		员工安全培训 C13
		环境监控情况 C14
	受体 B3	保护区域类型 C15
		受纳水体的质量功能分区 C16
		受纳大气环境质量功能分区 C17
		企业内接触毒物的人数比例 C18
		企业周边居民密度 C19

表 5-3　环境风险源的指标权重

环境风险源	行业类别	生产工艺	物质危险性	主要原料最大储存量及临界值	原材料有毒有害物质使用量占比	危险废物处置方式	污染物排放浓度达标情况	污染物排放方式
权重	0.3083	0.1020	0.1097	0.1884	0.0306	0.0810	0.0583	0.1523

表 5-4　环境监测机制的指标权重

环境监测机制	环境管理体系	环境风险管理制度	事故应急预案	设备保养维护周期	员工安全培训	环境监控情况
权重	0.1370	0.2286	0.1429	0.1287	0.1093	0.2535

表 5-5　受体的指标权重

受体	保护区域类型	受纳水体的质量功能分区	受纳大气环境质量功能分区	企业内接触毒物的人数比例	企业周边居民密度
权重	0.1038	0.1852	0.1920	0.3990	0.1200

　　由于未来不确定性的存在，评价工业园区的环境风险时，总是无法进一步精确量化风险。拟运用模糊综合评价中隶属度赋值的方法对每一种风险进行来评估、

度量。可以将风险分为"高""较高""中等""较低"与"低"五大等级，基于模糊集理论，风险属于哪一等级是不确定的、模糊的，但却可以通过隶属度表示。例如，某一工业园区的环境风险源五大风险级别的隶属度表示为（0.1，0.5，0.3，0.1，0），即风险属于"低"的隶属度为 0.1，"较低"风险的隶属度为 0.5，"中等"风险的隶属度为 0.3，"较高"风险的隶属度为 0.1，属于"高"风险的隶属度为 0。依据以上理论可以确定评价集合 V={$v1$（低风险），$v2$（较低风险），$v3$（中等风险），$v4$（较高风险），$v5$（高风险）}，通过专家对各风险指标等级进行投票，从而可以确定工业园区环境风险各个指标的隶属度。依据层次分析法确定各指标的权重，则可求解得出各类一级指标的综合评价值。

环境风险源 $U1$：

$$B1 = (0.3083,0.1020,0.1097,0.1884,0.0306,0.0810,0.0583,0.1523)$$

$$\times \begin{bmatrix} 0.2 & 0.1 & 0.3 & 0.1 & 0.1 \\ 0.2 & 0.1 & 0.4 & 0.1 & 0.1 \\ 0.1 & 0.2 & 0.1 & 0.3 & 0.3 \\ 0.4 & 0.1 & 0.2 & 0.2 & 0.1 \\ 0.1 & 0.4 & 0.1 & 0.1 & 0.3 \\ 0.3 & 0.2 & 0.1 & 0.1 & 0.3 \\ 0.2 & 0.2 & 0.3 & 0.2 & 0.1 \\ 0.1 & 0.2 & 0.3 & 0.2 & 0.2 \end{bmatrix}$$

$$= (0.0770, 0.4175, 0.3459, 0.1244, 0.0352)$$

环境监测机制 $U2$：

$$B2 = (0.1370,0.2286,0.1429,0.1287,0.1093,0.2535) \times \begin{bmatrix} 0.2 & 0.2 & 0.3 & 0.2 & 0.1 \\ 0.3 & 0.1 & 0.3 & 0.1 & 0.2 \\ 0.2 & 0.1 & 0.2 & 0.2 & 0.3 \\ 0.2 & 0.1 & 0.1 & 0.2 & 0.4 \\ 0.1 & 0.1 & 0.1 & 0.2 & 0.5 \\ 0.2 & 0.1 & 0.3 & 0.1 & 0.3 \end{bmatrix}$$

$$= (0.0726, 0.2573, 0.2895, 0.3169, 0.0637)$$

受体 $U3$：

$$B3 = (0.1038,0.1852,0.1920,0.3990,0.1200) \times \begin{bmatrix} 0.2 & 0.2 & 0.2 & 0.3 & 0.1 \\ 0.2 & 0.2 & 0.1 & 0.3 & 0.2 \\ 0.3 & 0.1 & 0.2 & 0.1 & 0.3 \\ 0.4 & 0.1 & 0.2 & 0.1 & 0.2 \\ 0.5 & 0.1 & 0.1 & 0.1 & 0.2 \end{bmatrix}$$

$$= (0.0967, 0.1978, 0.4556, 0.1862, 0.0637)$$

再将环境风险源、环境监管机制及受体的综合评价结果组成一个二级模糊评价矩阵 R，通过运用各类风险因素的权重，可以得到：

$$B = (0.6085, 0.1055, 0.2860) \times \begin{bmatrix} 0.0770 & 0.4175 & 0.3459 & 0.1244 & 0.0352 \\ 0.0726 & 0.2573 & 0.2895 & 0.3169 & 0.0637 \\ 0.0967 & 0.1978 & 0.4556 & 0.1862 & 0.0637 \end{bmatrix}$$

$$= (0.1754, 0.2335, 0.3808, 0.1785, 0.0318)$$

基于最大隶属度的原则，可得一级模糊综合评价结果最大的隶属度是 0.3808，这也就表明该工业园区的环境风险属于中等。

工业园区的环境风险评价中，将准则层指标权重依次排序为风险源（0.6085）、监管机制（0.1055）和受体（0.2860），根据这三项准则层的指标权重，可以看出风险源的权重是远远高于监管机制及受体的。

此外，最终的评价结果表明案例中的工业园区环境风险管理水平为中等水平。基于量化的评价结果，为提高管理水平，该工业园区需要采取一定的措施，如定期保养检修企业设备、对员工进行定期的安全培训及教育、实施环境风险信息公开化等。

5.4　两型工程风险的决策

5.4.1　两型工程风险决策概述

两型工程决策是指管理人员为实现两型工程管理的目标，根据两型工程建设的环境和条件，采取合理的科学理论和方法，系统地分析、判断与评价全部可能的各个方案，并且选出最优方案的决策过程。决策是两型工程管理的核心，从工程的可行性研究到工程的最终验收都离不开决策，其贯彻于工程管理工作的各个方面，是保证工程顺利运行的基础。

由于复杂程度高、建设周期长且投资规模大，两型工程面临着很多不确定性的因素，其决策问题大多数是属于不确定性决策。不确定性决策划分成完全不确定型决策与风险型决策。本章中的涉及的为风险型决策。

1. 完全不确定型决策

完全不确定型决策即当决策者对于工程未来环境中发生某类状态的可能性无法估计，甚至对可能发生的状态及其带来的后果都不清楚的情况下时所做出的决策。完全不确定型决策根据管理者自身的经验与智慧对可能发生的风险和后果进行判断与估计。比如，在国际工程投标中，缺乏国际投标和施工经验的投标单位对工程建设所在国的政治环境和经济环境都是难以预测的。这种情况下，决策者进行完全不确定型决策。

2. 风险型决策

风险型决策即决策者借助其已经掌握的客观资料及其实践经验来估计、判断工程未来各种状态发生的概率。正确度量各备选方案的成功概率，并加以权衡做出选择是风险型决策的关键。例如，在两型工程中，新推出的两型政策并不一定能达到其预期的效果，但可以通过试验、试点等方式发现其推行时的潜在风险并得到风险发生的概率。因此，在决定是否推行、出台新的两型政策时，要多方面考虑其风险及风险发生的概率，只有在达到预期标准时方可采用。

在两型工程决策当中，完全不确定型决策和风险型决策分界比较模糊以至于通常在文献中不被过多进行区分。因为在进行完全不确定型决策时，人们仍可以主观地给出概率。

5.4.2 两型工程风险决策中风险态度和效用理论

1. 风险态度

风险态度表示决策者对风险的偏好。不同类型的决策者、工程项目参与单位对风险的偏好不同。

1）决策者类型

根据决策者的经验、胆略、知识和判断能力等因素的不同，风险态度可分为三种：对于风险持规避态度的保守型、乐于接受风险的冒险型、对于风险习以为常的中立型。不同类型决策者决定了不同的决策方案。

（1）保守型决策者。保守型决策者的典型特征是对损失反应敏感，而对收益的反应比较迟钝，在选择方案时，偏好损失最小的方案，在工程风险管理中，常通过保险进行风险转移。

（2）冒险型决策者。与保守型决策者相反，冒险型决策者对收益反应敏感，在选择方案时，乐于接受风险、选择收益较高的方案。

（3）中立型决策者。中立型决策者介于保守型决策者和冒险型决策者之间，在选择方案时，综合考虑可能的损失和收益，偏好损益期望值最大的方案。

在风险管理中，多数决策者属于保守型，但决策者风险态度是动态变化的，受环境、风险性质所影响。

2）工程项目参与单位的风险态度

工程项目建设参与单位主要包括业主、承包单位、勘察设计单位及监理单位等，由于所承担的任务不同，对工程的风险态度也不同。

（1）业主或项目法人。业主或项目法人作为工程风险主要承担者，可通过合同与其他参与方分摊风险。在我国，工程项目投资失控一般不会过多地追究有关人的责任，但工程项目质量严重失控则要追究有关人员的责任，因此多数都愿意增加投资来避免风险，对工程决策趋于保守。

（2）承包单位。承包单位的风险态度一方面取决于其自身的经验、胆略和判断能力，另一方面取决于企业的经营现状和建设市场的状况。在招投标阶段，当企业经营状况较好，可投标的工程较多时，承包单位会冒险对一些风险较高同时收益也较高的工程进行投标，或者为了追求利润，敢冒不中标的风险，采用高报价方案；反之，当企业经营状况较差，为了避免失标损失，承包单位会采用中等或低报价方案。工程建设中，为了经济效益，在进度和质量上敢于谋取私利的承包商属于冒险型。

（3）勘察设计单位。在工程建设中，勘察人员和设计人员主要保证决策方案的可行性和安全性，承担着主要风险与责任，但设计费常以工程设计预算为基础按比例提取，使设计人员缺乏优化设计的动力，因此勘察设计单位属于保守型决策者。

（4）监理单位。在监理过程中，监理单位为业主提供监理服务，为了保证工程的进度和质量，控制工程造价，需做出很多决策并为此负责，往往偏于保守。

2. 效用理论

效用理论是不确定性条件下关于决策者心理和行为的决策理论。由于工程风险难以计量，且因人而异，所以需引进效用和效用函数，考察决策者风险态度。

1）效用

效用是指消费者在消费商品或服务中获得的满足感。例如，在生活中，同样数量的经济收入将会给穷人带来的满足远大于对富人的满足。在工程风险决策中，可用效用来衡量工程风险对人的影响。例如，在两型工程风险决策中，各决策人风险态度不一，即使是同一个问题，不同的决策者所选择的方案也往往不同。有的偏于保守，有的又过于冒险。即使是同一个决策者处理同一个问题，由于所处的环境及当时的精神状态不一样，他的选择也可能不一样。效用可通过效用值来表示决策者的态度，是一个相对概念，无量纲，由 0 至 1 的数字表示。

关于效用值的性质有以下规定。

（1）决策者对结果满足感越高，效用值越高。例如，在相同的风险情况下，30 万元收益比 10 万元收益效用值高。

（2）如果结果 A 优于 B，结果 B 优于 C，则结果 A 的效用值高于结果 C。

（3）如果结果 A 等同于 B，结果 B 等同于 C，则 A 与 C 效用值相同。

（4）在风险决策时，因为信息的不完备，决策方案实施后的损益值很难确定，因此可以采用决策的期望效用假定作为依据，对可选方案进行决策。

例如，假设某方案有两种可能结果，结果 A 的概率为 $P_A = p$，则结果 B 概率为 $P_B = 1 - p$，且 A 的效用值为 $U(A)$，B 的效用值为 $U(B)$，则该方案的期望效用 $E(U) = U(A) \cdot p + U(B) \cdot (1 - p)$。

2）效用函数和效用曲线

在应用效用理论时，常用 x 表示风险事件带来的损益值，不同的损益值对应不同的效用值，故效用值可表示为损益值 x 的函数，称其为效用函数 $U(x)$。在实际中，效用函数 $U(x)$ 常由经验确定。

在平面直角坐标系里绘制效用曲线，其中横坐标为损益值，纵坐标为效用函数值。根据不同风险态度确定的效用函数，分别绘制保守型、中立型和冒险型的效用曲线，如图 5-9 所示。

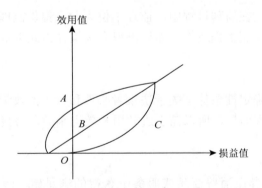

图 5-9　不同决策者的三类效用曲线图

（1）曲线 A 是保守型决策者的效用曲线。效用函数为凸函数，即随着损益值的增加，效用值增加量边际递减，这是因为效益一般与风险成正比，收益越多所面临的风险也就越大，而保守型决策者对损失比收益反应更敏感，故效用值增速递减。当损益值较高时，继续提高损益值已无法带给决策者很好的风险效用。

保守型效用函数用对数形式表示，即

$$U(x) = \log_a(bx + c)$$

其中，$a > 0$ 且 $a \neq 1$，b 与 c 均为常数。

（2）曲线 C 为冒险型决策者的效用曲线。冒险型函数为凹函数，即随着损益的增多，效用值增速同时在上升。冒险型效用曲线反映了冒险型决策者对收益比损失反应更敏感。相比于收益，冒险型决策者对于亏损关注较小。

冒险型效用函数用指数形式表示，即

$$U(x) = be^{\gamma x}$$

其中，$\gamma > 0$，b 为常数。

（3）曲线 B 为中立型决策者效用曲线。曲线 B 为直线，表示风险态度中立。中立型决策者对损失或收益表现平淡，在决策时以损益期望值作为评价和选择方案的标准。

中立型效用函数用线性函数形式表示，即

$$U(x) = a + bx$$

其中，$b > 0$，a 为常数。

此外，决策者风险态度是动态变化的，受自身及外界条件影响。在实际中，大部分决策者决策效用函数曲线是有拐点的。对于理性决策者而言，常在损益值较小时为冒险型，而在损益值较大时为保险型。理性决策者效用函数如图 5-10 所示。

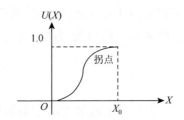

图 5-10　理性决策者的效用曲线图

5.4.3　两型工程风险决策中单目标风险决策方法

在工程风险管理中，最简单的决策就是单目标风险决策，在决策时决策者往往只需要考虑一个最主要或者最重要的因素即可，然后通过科学合理的决策方法做出最终的决策。单目标风险决策方法有：损益值决策法、效用值决策法。

1. 损益值决策法

当决策者决策时，最常用、最简便的方法就是估计各种决策方案带来的收益或风险发生后产生的损失，通过比较期望损益值，选出最优方案，称为损益值决策法。

具体来讲，假设每种决策方案实施后产生的结果可以用损益值来表示，由于未来的不确定性，每种决策方案实施后会产生不同的损益值，然后根据经验和有关资料可以得出其相应的概率，计算损益值与其概率乘积之和，即为相应方案期望损益值。假设 x_{ij} 表示实施 i 方案后出现结果 $j(j=1,2,\cdots,m)$ 时对应的损益值，$P(\theta_{ij})$ 为第 i 决策方案的 j 风险结果出现的概率值，$E(d_i)$ 为第 i 个方案的期望损益值，则

$$E(d_i) = \sum_{j=1}^{m} x_{ij} P(\theta_{ij})$$

在决策时，期望收益值最大或期望损失值最小方案即为最优方案。

2. 效用值决策法

效用理论适用于单目标风险决策，也适用于多目标风险决策。损益值是指决策方案实施后带来的收益或损失，而效用值是决策者对方案实施结果的主观评价。在单目标风险决策时，期望效用值最大方案为最优方案。假设 $U(x_{ij})$ 为第 i 决策方案的 $j(j=1,2,\cdots,m)$ 风险结果的效用值，$P(x_{ij})$ 为第 i 决策方案的 j 风险结果出现的概率值，则 EUV_i 为第 i 个方案的期望效用值，则

$$\mathrm{EUV}_i = \sum_{j=1}^{m} [U(x_{ij}) \cdot P(x_{ij})]$$

期望效用值最大的方案即最优方案。

效用理论量化了决策者风险态度，并将其结合在决策的过程中，有着重要的实际意义。效用值决策法的应用步骤如下。

首先，求出决策者效用函数，或者通过问卷确定决策者效用曲线。

然后，根据效用函数或曲线，确定决策者关于不同决策方案效用值，并计算期望效用值。

最后，根据期望效用值判断，期望效用值最大的方案即为最优方案。

5.4.4　两型工程风险决策中多目标风险决策方法

在实际的工程风险管理过程中，决策者面临的大都是多目标风险决策问题，如投资决策时要综合考虑工期、造价、环境保护等多种目标。而且风险管理的决策方案往往也不是唯一的，如推行资源性产品价格改革，一方面要达到节能的目的，另一方面也要不降低居民的福利和生活水平。在单目标风险决策中，评价目标唯一，而在多目标决策中，各方案评价拥有多个目标，且各个目标之间关系不确定，有可能相互制约，也有可能毫无关联。多目标风险决策时应采用科学合理

的决策方法，综合考虑各方案多个目标得出最优方案。本节主要介绍常用的两种多目标风险决策方法：效用值决策法和优劣系数法。

1. 效用值决策法

效用值决策法理论基础为效用理论，其基本原理是将多目标风险决策问题转化为单目标风险决策问题。首先是将各种评价目标进行量化，确定单个目标的效用值，然后通过加权求和等方法得出各个方案的综合效用值，最后根据期望效用值最大原则选出最优方案。

具体来讲，假设某一风险决策问题共有 i 个方案，每个方案的评价目标共有 j（ $j \geqslant 2$ ）个，第一步先确定不同方案下各个评价目标的效用值 DV_{ij}，然后根据函数关系求得各个方案的综合效用值。方案 i 的综合效用值可表示如下：

$$U = U(DV_{i1}, DV_{i2}, \cdots DV_{ij})$$

当决策问题中的各个评价目标相互独立时，可以通过加权求和的方法求得综合效用函数，设方案 i 的评价目标 j 的重要性系数为 k_{ij}，则方案 i 的综合效用函数为

$$U_i = k_{i1}DV_{i1} + k_{i2}DV_{i2} + \cdots + k_{ij}DV_{ij}$$

期望效用值最大的方案即为最优方案。

在很多情况下，如果各评价目标相互独立，从而采用"加性效用函数模型"就能有较高的可靠度。而当各评价目标不相互独立时，多目标效用函数还可以采用其他的形式，如乘积形式等，它们都在实践中具有较广的应用范围。

2. 优劣系数法

优劣系数法是通过制定一个评价准则，逐步淘汰各个方案，最后留下一个最优方案。优劣系数法可操作性强，且结合专家参与、数据模型的优点，已在风险决策中得到了广泛应用。

优劣系数法的基本思想是：先对备选方案两两比较，算出各方案间优系数和劣系数。然后逐步降低优系数标准、提高劣系数标准来逐一淘汰方案，最后剩下的方案即为最优方案。其具体步骤可分为以下五步。

（1）确定方案各评价目标的重要性系数。通过风险分析和风险评价取得各方案评价目标的重要性系数。

（2）数据归一化处理。

由于各评价目标计量单位不一，需在运算之前进行归一化处理，将各值转化为 1~100 的数值。现共有 i 个决策方案，评价目标用 $k(k = 1, 2, \cdots, p)$ 表示，则方

案 i 的评价目标 k 的评价结果为 y_{ik}，进行归一化处理后的评价值为 Y_{ik}。规定如下，在各方案中，对于评价目标 k，决策者最为满意的方案的原评价值为 A，归一化后的值为 100；最不满意方案原评价值为 B，归一化后的值为 1。且规定计算式如下所示：

$$Y_{ik} = \begin{cases} 1 & \text{当 } y_{ik} = B \text{ 时} \\ 100 & \text{当 } y_{ik} = A \text{ 时} \\ 99(y_{ik} - B)/(A - B) + 1 & y_{ik} \text{ 为目标 } k \text{ 下方案 } i \text{(除最优和最差方案)的原评价值} \end{cases}$$

（3）计算优系数。优系数为方案 i 优于方案 j 的评价目标系数和，用 C_{ij} 表示。由定义易得，$C_{ij} + C_{ji} = 1$，优系数的最大值为 1。

优系数是方案 i 优于方案 j 的评价目标数，而不反映方案 i 优于方案 j 的程度。

（4）计算劣系数。劣系数为劣极差除以优极差与劣极差之和，用 D_{ij} 表示。优极差为方案 i 优于方案 j 的各评价目标中相差最大值，用 L_1 表示；而劣极差则指方案 i 劣于方案 j 的各评价目标中相差最大值，用 L_2 表示。即劣系数 $D_{ij} = L_2/(L_1 + L_2)$。由定义可得，$D_{ij} + D_{ji} = 1$。相比于优系数而言，劣系数方案 i 劣于方案 j 的程度，最好为 0。

（5）选择最优方案。假设有方案 A、方案 B，当方案 A 相对于方案 B 的优系数大于标准值 p，劣系数小于标准值 q，则淘汰方案 B。然后再同步逐一地减少 p 值，增大 q 值，逐步淘汰方案，最后即可得到最优方案。

3. 构造判断矩阵

按照下一个层级元素对上一层级元素的影响程度对各个元素赋予权重，主要是对各个准则对决策目标的权重和各个方案对相应准则的权重等进行相互比较。一般而言，这些权重在人的思维中通常是定性的。所以，层次分析法主要采用单极的两个元素进行对比，确定相应的权重，使得每一次分析都可以集中到两个因素，计算比较的次数只有一半。层次分析法的基础主要是打分者对各个层级的各个元素的权重进行比较，并用数值来判断各个元素的相对重要性。

判断矩阵的构建一般是从上到下，从左到右进行的，从层次结构模型第二级进行分析，两个因素彼此相比较，确定某一层级因素下的若干个因素的权重，构建出判断矩阵，直到分析完所有的元素为止就完成了判断矩阵的构建工作。两两比较法所依据的准则如表 5-6 所示。

4. 权向量计算和一致性检验

判断矩阵计算完成后就可以求出矩阵的最大特征根及其特征向量。在完成特

表 5-6　因素的相对重要度

标度	定义
1	i 因素与 j 因素同样重要
3	i 因素比 j 因素稍重要
5	i 因素比 j 因素明显重要
7	i 因素比 j 因素强烈重要
9	i 因素比 j 因素极端重要
2，4，6，8	上述相邻判断的中间值

注：记因素 i 和因素 j 相对重要度比值为 a_{ij}，因素 j 和因素 i 的相对重要度比值为 a_{ji}，则有 $a_{ji} \cdot a_{ij} = 1$

征值的计算之后，可以利用相应的指标公式进行一致性检验工作，主要的指标公式有一致性指标、随机一致性指标和一致性比例这三种。如果检验满足要求，则进行归一化就能够得到对应的权向量；如果没有通过一致性检验，那么就说明判断矩阵的构建不合理，需要重新进行权重比较来构建新的判断矩阵。一致性检验的步骤如下。

（1）计算一致性检验指标，公式为

$$\text{CI} = \frac{\lambda_{\max} - n}{n - 1}$$

其中，$\lambda_{\max}$ 为判断矩阵的最大特征根。

（2）依据表 5-6 中的对应关系我们得到相应的平均随机一致性指标（RI）。表 5-7 中给出了 1~9 的 RI 值。

表 5-7　RI

n	1	2	3	4	5	6	7	8	9
RI	0	0	0.58	0.90	1.12	1.24	1.32	1.41	1.45

（3）计算一致性比例 CR。

$$\text{CR} = \text{CI/RI}$$

如果 CR 满足 CR＜0.1，那么就说明之前构建的判断矩阵的一致性是符合要求的，即判断矩阵合格，反之判断矩阵不合格，需要重新确定新的判断矩阵。

5. 组合权重向量计算和一致性检验

在完成了所有权向量的计算和一致性检验后，就可以进行组合权重向量的计算，根据已有的公式利用下一层级的影响因素对上一层级中某一准则或者方案的组合权向量，做相应的一致性检验，一旦检验合格，就可以利用组合权向量进行决策分析，不然的话就需要检查判断矩阵，进行重新规划。

层次分析法有一些局限性，如评价的对象不能过多，不然一旦判断矩阵不符合要求，就要重新从第一步开始进行计算并确定判断矩阵，会带来很大的调整工作，而且重要度的确定值是整数值，所以两两比较方法的精度不是很高，评价主观性偏多，降低了评价的可行度，而且评价矩阵的构建有很大的主观性，不同的决策主体将会导致不同的决策结果，进而导致决策的可信度不高。

5.5　两型工程风险的应对与控制

5.5.1　两型工程风险的应对

1. 两型工程风险应对计划

两型工程风险应对计划是指为了减少风险的不利影响，而制定应对风险的策略和技术手段的过程，一般在风险识别、风险评估、风险决策之后发生。要使两型风险应对计划的作用得到最大程度的发挥，必须要与风险发生的时间、概率、可能造成的后果、成功实现项目目标的有效性完美对应。

通常，根据某一风险的特点，会先制定有针对性的多个备选应对策略，再选择其中最优的方案，或者是将几个方案组合起来使用。有时由于条件的变化，也可以先保留多个理论可行的应对策略，将来根据具体情况进行选择。

制订两型工程风险应对计划，主要参考依据包括：风险管理计划、两型工程的特性、风险的识别清单、风险的评估清单、主体的抗风险能力及可供选择的风险应对措施等。

1）风险管理计划

风险管理计划，即设计和规划工程风险管理的文件。它包括：工程风险的描述及全部工程项目生命周期内的风险识别、风险估计与评价、风险应对策略等部分。

2）两型工程的特性

两型工程风险的应对措施主要是根据两型工程的特性制定的，如果施工技术比较成熟或客观环境比较稳定，则应对计划可以相对宽松一些。反之，如果施工技术比较新颖或工程项目所处环境较严峻，则应对计划应该尽可能细致一些。

3) 风险的识别清单

风险的识别清单中记录了两型工程项目的大部分风险因素及其成因，对于制订风险应对计划具有不可替代的作用。但是，通过风险识别的方法并不能得到所有两型工程的风险因素，因此，体现出残余风险及其他未识别风险的应对措施应当涵盖在风险应对计划之中。

4) 风险的评估清单

风险评估时获得的风险量化结果是制订风险应对计划不可或缺的依据。在制定应对风险的措施时，必须根据风险发生的概率、影响程度及损失大小对风险进行排序，不同等级的风险要有相应的措施与之匹配。

5) 主体的抗风险能力

从客观上来讲，工程项目参与方的财力、管理水平等承担风险的能力就是主体的抗风险能力。一般情况下，风险承担主体的变化将直接改变风险应对措施。从主观上来讲，决策者对风险的理解和偏好程度就是主体的抗风险能力，就算是同一水平的风险，不同决策者所表现出来的行为往往差别很大。因此，项目的风险水平、参与方的风险承担能力、决策者的风险态度都是在制订应对计划时所必须考虑的方面。

6) 可供选择的风险应对措施

在两型工程上，常用的风险应对策略主要有四种：风险回避、风险转移、风险缓和及风险自留。风险回避是指从根源上切断风险发生的可能性；风险转移是指通过合理途径将风险向其他主体转移；风险缓和是指采取手段尽可能地降低已发生的风险损失；风险自留是指决策主体通过风险自担应对某些风险。

在制订风险应对计划时，应该根据某一具体风险的特性及以往的决策数据，选择恰当的应对策略及具体的应对措施，可以是一种，也可以是混合使用。四种应对策略将在接下来的几节中具体介绍。

另外，风险应对计划是应对两型工程风险的目标、任务、步骤、责任和措施等方面的全面浓缩与整合。详细与可实施性兼备是风险应对计划的重要特点，主要包含以下内容：①对已识别的两型工程风险的名称、编号、概率、等级等基本信息进行描述；②描述风险的原因及其可能造成的损失，为风险管理者深度了解该风险提供进一步参考；③进行风险责任分配，界定工程风险中业主、设计方、承包商、监理、保险公司、银行等各类承担主体及其在风险管理中应承担的职责；④制定一种或者多种措施，预防可能降临的各项风险；⑤风险降临时的应对方案；

⑥残余风险和二次风险的应对措施，即实施应对方案的同时，经常伴随着残余风险和二次风险的产生，在风险应对计划中应对其进行分析，并说明处理方法；⑦在实施应对措施的过程中所耗费的资源，主要有预算费用、进度规划和技术能力等。

风险应对计划表的一般样式如表 5-8 所示。

表 5-8 ××风险应对计划表

文档编号		填表人		填表日期	
项目名称				项目经理	
风险名称				风险编号	
风险提出人		提出日期		风险负责人	
风险概率				风险等级	
风险产生的原因					
风险影响的描述					
为防止风险发生所应采取的措施					
风险发生时的应对措施					
残留风险的处理方法					
二次风险的处理方法					
应对风险的资源安排					

风险应对计划的基本实施流程（图 5-11）如下。

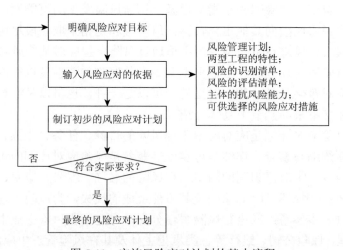

图 5-11　实施风险应对计划的基本流程

（1）明确风险应对目标。风险管理者须清楚地认识到两型工程建设总体目标是凌驾于风险应对目标基础之上的。

（2）输入风险应对的依据。常用的依据包括风险管理计划、工程的特性、风险的识别清单、风险的评估清单、主体的抗风险能力及可供选择的风险应对措施等。

（3）制订初步的风险应对计划。

（4）确定两型工程风险应对计划的标准——符合实际要求。如果是，则形成最终的风险应对计划。如果不是，修订并完善原计划，或者酝酿新的计划。

2. 两型工程风险应对策略

在两型工程上常用的风险应对策略主要有四种：风险回避、风险转移、风险缓和及风险自留。

1）风险回避

风险回避是指为了切断风险源而主动放弃工程或变更项目计划的方式，通过从根源上消除两型工程风险产生的条件，达到遏制风险事件的发生，确保两型工程建设目标顺利实现的目的。

风险管理的观点认为，风险回避是消除潜在风险影响最彻底的方式。但是，风险回避通常是为了避免某些特定风险的发生而采取的措施。

风险回避只有在特定条件下使用才能发挥它的作用，通常两型工程项目在如下情境下适宜采取风险回避策略。

（1）项目风险发生概率大且可能造成特别严重的损失。例如，陕西某冶炼企业建在一个人口密集的村庄附近，其工业生产排出的废水、废气等污染物致使村庄内上百名儿童血铅超标。此冶炼项目的决策者对该事故应当负有主要责任。金属冶炼生产属于高污染的工业项目，其排出的有害物质会对周边的居民、动物及环境产生严重的危害。因此，在最初选址时就应该考虑到这些风险因素，将工厂建在人烟稀少的地方，从而避免上述风险事件的发生。

（2）项目风险发生的概率虽不大但可能带来的损失是毁灭性的。例如，核电站一般不适宜建在地震、海啸等自然灾害的高发区，虽说这些风险事件发生的概率不大，可一旦发生，核电站遭到破坏后，造成的放射性污染往往是灾难性的。因此，为了回避此类风险可能带来的危害，核电站一般应建设在地质环境稳定且远离城镇居民的地区。

在两型工程建设中，风险回避策略通常依靠以下两种方式展开。

一是避免风险事件的发生。关键点在于为了避免某种行为可能带来的风险而舍弃该行为。例如，通常按照融资时间长短将项目融资分为两种方式：长期贷款和短期贷款。对于资金紧缺的工程项目而言，应该尽量采用长期贷款，这在一定程度上可避免由短期贷款而造成的资金链断裂的风险。再如，在选择施工技术时也应尽可能选择工艺成熟的方法，这样可以从源头上避免新方法应用失败带来的潜在风险。

二是避免风险发生后可能造成的损失。防患于未然，有时为了避免某种特定风险事件发生后所带来的损失和危害，在两型工程建设过程中需要采取一些预防措施。

2）风险转移

风险转移是指风险承担者将需自身应对的风险权利及责任通过某些方式转移给其他承担主体。风险转移策略的使用是有前提条件，故此，根据实际情况采取适当且合理的风险转移策略，能够体现出风险管理者的水平。

一般说来，采取风险转移的目标是将风险的管理责任交给另一方。但在制定风险转移策略过程中需参考以下三个原则。

（1）将风险转移给最有能力承担的一方或多方。交易理论揭示了一个道理，风险转移的方向应该是从低风险承担能力者到高风险承担能力者。因为只有这样，风险转移之后，才可能产生更好的应对效果，接受方甚至有将风险转化为获利的机会。

（2）使风险承担者获得与风险等级相匹配的收益。在特殊情境下，风险转移双方都有可能获益。例如，两型工程建设单位将风险转移给保险公司，一方面，不仅可以获得保险公司提供的专业化风险管理服务，而且一旦风险事件发生，还可以向其进行理赔。另一方面，保险公司在进行正常理赔业务的同时，还可以在收取保险费后进行资金运作，使这笔基金增值，以赚取利润。

（3）风险转移的措施正当合法。风险应对措施的制定必须符合时下国家法律规定。

一般而言，两型工程风险转移方法被划成两类：保险转移和非保险转移。保险转移主要依靠保险公司等第三方来转移风险；非保险转移多使用合同条款、工程担保、工程分包等方式来转移风险。

3）风险缓和

风险缓和，也称风险减轻，是指在承认风险事件的客观存在的前提下，采取一定的措施和手段使风险发生的概率和可能造成的损失降低到可接受范围内，进而保证顺利实现两型工程项目管理目标。此外，通常确定风险缓和的目标和程度的依据是两型工程项目的实际情况、风险管理的要求和对风险的认知。

在两型工程风险管理中，有关单位通常会优先采取措施消除力所能及的风险，只有在某风险无法消除的情境下，才会使用风险缓和的策略。通常，风险缓和策略主要包括以下内容：①减少风险事件发生的概率；②减少构成风险的因素；③遏制现存风险的继续扩散；④减慢风险扩散的速度，缩小风险的影响空间；⑤将风险因素和被保护对象，在时空两个维度上进行有效隔离；⑥迅速处理风险造成的损失。

以风险特性为基础，制定相应的风险缓和措施，确定风险发生的概率及其可能带来的损失，从而得到可接受的风险缓和水平。将两型工程中需缓和的风险降低至可接受水平是实施缓和措施的思路，其目的是降低工程总体的风险水平。以下方式常被用来缓和两型工程风险。

（1）减少风险发生的概率。依托多种预防措施可以减少风险发生的可能性。这通常表现为一种事前的预防行为，即在两型工程建设开始之前，采用系统的项目管理方法和主动控制措施，将未来潜在风险因素加以识别，进而借助详细的应对措施来减少潜在风险发生的概率。例如，在两型工程开始之前对工程项目进行深入考察，对各种风险因素进行充分评估，在投标报价和拟订施工方案时制定有针对性的措施，缓和两型工程实施过程中的风险。

（2）减少风险造成的损失。针对已发生的风险，需要制定相应的措施遏制其造成的损失进一步扩大。

（3）分散风险。分散风险的思路是在总体风险不变的前提下采取增加风险承担单位的方式来减轻压力。

4）风险自留

风险自留，也称风险接受，是指项目相关单位在将两型工程风险保存在主体内部的基础上，对比了其他风险应对策略，并充分考虑了项目经济性和可操作性之后，通过内控等方式来化解风险、自行承担风险后果的一种风险应对策略。一般而言，由于有一定的准备，主动风险自留是积极的应对行为。

风险自留的分类方法有多种。通常，按照风险主体的承受意愿，将风险自留分为主动风险自留和被动风险自留两大类。

（1）主动风险自留，又称计划性自留，是指针对某些风险，在对比了其他风险处理方式，并识别风险及其损失之后，风险承担单位依靠合理的财力准备，主动承担风险损失的全部或部分的方式。例如，在两型工程中一般都应设置非基金储备，用于应对工程风险一旦发生而增加的额外费用。主动风险自留的必要条件是充分把握自留风险发生的概率和后果，确保其不越过主体的风险承受能力。

（2）被动风险自留，又称非计划性自留，是指由于识别风险及其损失程度的欠缺，以及缺少对比其他风险应对策略的前提下，风险承担单位被迫自身承担后果的一种风险应对措施。显而易见，被动风险自留是消极的应对行为，缺乏准备，往往容易导致整个工程陷入泥潭。

通常，自留风险的应对途径有：①从现金净收入中支出；②建立非基金储备；③成立专业自保公司；④借入资金；等等。

3. 两型工程风险应对效果评估

上文所述的四种应对两型工程风险的策略：风险回避、风险转移、风险缓和和风险自留，都有其使用的条件及侧重点。通常，需要在充分了解风险的性质、发生的概率和损失大小等内容的基础上确定应用何种策略，因此，项目管理单位应该具备一定的风险分析能力，能够在复杂多变的工程环境下，选择最佳的风险应对方法，使风险、收益、成本实现最优组合。

1）风险应对策略的比较

从理论角度来看，两型工程风险应对策略的确定需要考虑多个方面因素，如两型工程风险和项目主体的实际情况、风险管理者的抗风险能力及心理承受能力。一般情况下，可以依据风险发生的概率及潜在损失来决定该采纳哪种应对策略，具体如表 5-9 所示。

表 5-9　针对风险发生的概率及损失程度的应对策略

风险发生时的概率及损失程度	应对策略
概率高，损失较小	风险缓和、风险转移
概率比较高，后果损失也较大	风险回避、风险转移
概率比较低，但后果损失较大	风险转移
概率比较低，后果损失也较小	风险自留

2）风险应对策略的应用

两型工程风险存在于两型工程建设的整个过程之中，依据风险产生的原因及性质可将其分为 8 个类别：政治风险、经济风险、社会风险、自然风险、技术风险、商务风险、组织风险、行为风险。人们通过实践，整理出一些常用的、针对性的策略应对上述 8 种两型工程项目风险，具体如表 5-10 所示。

5.5.2　两型工程风险的控制

风险需要控制，风险控制是一种主动、积极的策略，它是指以风险监测为基础，当发现实际的风险水平与预期的风险管理目标不匹配时，及时调整原来的风险应对策略，从而使其和原目标相一致。如果风险已经发生并造成损失，必须立即采用手段，遏制损失的继续扩大。

表 5-10 两型工程建设中各类风险的应对策略

风险分类	风险因素	应对策略
政治风险	战争、暴乱	风险回避、风险自留
	政局变化、政权更迭	风险回避、风险自留
	法律变化或对当地法律不清楚	风险自留、风险缓和
经济风险	汇率变动	风险自留、风险转移
	通货膨胀	风险自留、风险转移
社会风险	社会风气、风俗习惯、宗教信仰等	风险回避、风险缓和
自然风险	气象、水文、地质等不利的环境条件	风险转移
	不可抗力因素，如海啸、地震	风险回避、风险自留
技术风险	重大施工技术的不确定性	风险回避、风险转移
	新技术、新方法不成熟	风险回避
	工程设计不合理	风险转移
商务风险	合同条款不明确	风险缓和
组织风险	各方的组织协调不当	风险自留、风险缓和
	不同岗位的衔接问题	风险自留、风险缓和
行为风险	承包商偷工减料	风险回避、风险缓和
	供应商提供劣质材料、设备	风险回避、风险缓和

1. 进行两型工程风险控制的依据

1）风险管理计划

风险管理计划包含实施风险控制措施的方针和原则，能够给风险控制提供指导。

2）风险应对计划

风险应对计划并不是一成不变的，当风险监控过程中发现现实情景与计划情景不一致时，需要对原有风险应对计划进行修改和完善。

3）风险应急预案

风险应急方案的实施对象是后果较为严重的突发事件。处理一些恶性的紧急事件时，采用应急方案能够有效降低人员的伤亡和财产损失。

2. 两型工程风险控制的措施

要实现风险控制的理想目标，需多方面的控制措施结合运用。总的来说，这些措施包括五大类：技术措施、合同措施、经济措施、组织措施和权变措施，以下分别阐述这五种措施的概况。

1）技术措施

一般而言，技术措施是较为有效的风险控制措施。现实情境下，当两型工程的实时风险水平与预期的目标水平不一致时，需要采用一些工程技术手段来纠正风险管理目标偏差。此外，防止已发生风险所造成损失的继续扩大，也可以通过技术措施加以解决。

需注意的是，任何一个技术方案都有基本确定的经济效果，不同的技术方案有着不同的经济效果。因此，运用技术措施时，应尽量提出多种不同的技术方案，并对其进行技术经济对比分析。

2）合同措施

在使用合同措施时，一方面，应当注意合同的完整性；另一方面，在合同中应明确规定参与各方的义务和责任。利用合同措施控制风险的主要内容有：深度解释合同内容、解决合同执行过程中的难题等。

3）经济措施

经济措施是指弥补已发生风险所造成的损失。例如，项目管理者通过风险监测预见到某局部工程很可能无法按期完工，此时若经济条件允许，为了使项目按期完工，可以通过从现金或非基金储备中支出部分资金来增加各种资源的方式达到该目标。

4）组织措施

任何管理活动都需要以组织为基础条件，两型工程风险管理当然也不例外。要取得可喜的成果，风险控制必须依靠恰当的组织措施。一般而言，采用组织措施对风险进行控制，必须以先前制定的风险管理目标和风险管理内容作为前提。它的主要内容包括：落实风险控制的组织机构和人员，明确风险目标，安排控制人员的职能分工、权力和责任，改善风险控制的工作流程，等等。

5）权变措施

风险控制的权变措施是指原始计划之外或未考虑到的应对风险的措施。相比其他一些系统，两型工程项目是一个更加开放的系统，具有更加复杂多变的建设环境，许多风险因素在制订风险计划时，会存在考虑欠缺或者没有充分的认识的情况，因此，就要求两型工程风险管理者能够因时制宜，及时调整先前的应对措施，使之达到理想效果。

第6章　两型工程公共关系管理

　　两型工程是一项系统工程，需要处理政府、企业、公众等各方面的公共关系。两型工程公共关系管理是两型工程中一项独特的管理职能，它帮助两型工程项目组织建立、保持与公众的相互沟通、理解、接受和合作关系；参与两型工程建设过程中问题和议题的处理；帮助管理层了解资源开发与环境保护公众意见，并及时做出响应；界定和强调管理层对公众环境利益所负的责任；协助管理层分析环境保护面临的形势，做好新形势下的环保工作；扮演早期的预警系统对未来两型工程公共关系发展趋势做出预测；运用正确且合乎生态伦理道德的沟通技巧作为主要工具。

　　本章将就两型工程公共关系的要素、职能、工作程序、策略和决策支持展开讨论，确立两型工程公共关系管理的理论框架，探索两型工程公共关系管理的实践路径。

6.1　两型工程公共关系要素

　　两型工程公共关系由两型工程公共关系主体、客体和介体三个基本要素构成，在公共关系结构中，要素与要素之间相互作用，动态形成良好的公共关系状态，产生对两型工程积极的公共关系效应。

6.1.1　两型工程公共关系主体

　　公共关系主体是公共关系的构建者和承担者，公共关系的主体即相对独立地存在于社会之中的各种社会组织。不同的社会组织，或者处于不同发展时期或公共关系环境下的社会组织，具有不同的管理理念和行为，其公共关系的对象、目标、策略和方法也会有所不同。公共关系主体在公共关系中处于核心地位。

　　两型工程公共关系，即两型工程建设实施方与公众对象之间的关系。在这一关系的协调中，政府和企业作为两型工程建设实施方承担了两型工程的设计、实施、监管和评价，对两型工程公共关系管理起主导作用，政府和企业为完成两型工程建设所构建的社会组织形成了两型工程公共关系管理的主体。政府机构主要包括负责两型工程设计、实施、监管、评价的政府机构，如地方环境保护局、国土资源局、发展和改革委员会等相关部门；企业单位包括两型工程实施和维护的企业，其主要职责是严格遵守各项环境与资源保护法，积极参与两型工程建设，引领并主导行业两型升级。

1. 两型工程公共关系主体形成的条件

完成两型工程建设过程中的设计、实施、监管和评估的社会职能是两型工程公共关系主体存在的前提。政府机构和企业形成的社会组织作为两型工程公共关系的主体，其本质仍是一种社会组织，而社会组织作为社会的一个机构、人类交往的一种结合方式，它必然承担一定的社会职能，完成社会的特定任务，这是社会组织存在的前提，也是开展公共关系管理活动的客观依据。由于社会分工的不同，政府机构和企业在两型工程建设过程中有着自己特定的职能和任务，完成自身职能的同时也区别与其他社会组织的功能，体现自身的价值，推动社会的两型升级。

构建两型社会、引导社会完成两型升级的共同目标是两型工程公共关系主体维系的基础。负责两型工程管理的政府和企业构成的社会组织是多个机构的集合体，依靠共同目标作为维系组织的基础。目标相同性是建立组织的基本条件。两型工程公共关系主体有了共同目标，组织成员才会形成共同的生态文化理念，统一行动，产生较高的生态效益、社会效益和经济效益。

满足公众生态需求是两型工程公共关系主体价值的体现。两型工程公共关系管理的对象是与其发生密切关系的内外公众。两型工程建设必定拥有一定数量的内外公众，两型工程建设的成败与公众的生态需求有密切关系，内外公众生态需求决定了两型工程的发展方向、发展规模和发展结果。而两型工程的建设一方面要适应公众环境的生态需求，另一方面又能动地改变着公众环境，使两型工程建设与公众利益取得一致，这也是开展两型工程公共关系管理的基本动因。

2. 两型工程公共关系主体的特征

要想协调好两型工程公共关系，就必须认清两型工程公共关系主体的特征。作为两型工程公共关系主体，政府和企业组成的社会组织的基本特征有三个，即目的性、整体性、发展性。

1）目的性

作为公共关系主体的社会组织，其建立有着明确的社会目的，都有其自身的目标追求，社会组织存在的目的往往是通过自身的努力达到所期望的目标。社会组织存在的目的是确立其宗旨、原则与运行规范与条件的依据，是协调组织人力资源、发挥组织群体效应、实现组织目标的前提和基础，也成为区分不同社会组织的类别、性质和职能的基本标志。作为两型工程公共关系主体的社会组织主要为政府和企业，其目的就是要构建"资源节约型，环境友好型"的两型社会和两型企业，并以此确立各项职能规范，产生与公众的良性公共关系效应。

2）整体性

作为公共关系主体的社会组织是社会活动的一部分，有着严密的组织机构和足够数量的组织成员。组织内部各部门和各成员有明确的分工，构成了一个有机整体，组织成员有着共同的目标追求和利益保障。在社会形象塑造和传播过程中，应该充分认识到组织的整体性，注重组织的全方位和整体的形象管理，充分调动组织各部门及各方面成员的积极性。只有整个组织形象目标、形象识别系统统一，步调协调一致，全员积极参与，才能真正搞好公共关系工作。在两型工程公共关系管理过程中政府和企业虽然承担了不同的工作职责，但是其工作是一个整体，都是服务于两型社会构建的全过程。仅靠政府的顶层设计和监管，或者仅靠各企业独自的实施和维护都不能形成统一的形象识别系统，所以，政府和企业作为两型工程公共关系管理的主体天然是一个整体。

3）发展性

作为政府和企业公共关系主体的社会组织存在于各种复杂的社会环境中，社会发展及其相应的社会环境的变化对社会组织存在与发展必然产生一定的影响。组织的新生与消亡，在某些程度上，也往往取决于社会环境的变化。这就要求社会组织的运作方式要同一定的社会环境变化相适应，组织成员也要通过对现有的环境进行监测来选择、确定适合的运作方式和管理方法以谋求发展。为了更好地发展自己，组织还必须创造有利的环境以实现其目标。作为两型工程公共关系管理主体的政府机构和企业是在公民环保意识不断提高、环境问题日益严重的社会环境下完成其使命的，两型工程公共关系管理主体通过其自身努力持续改善社会环境，反过来社会环境要求作为两型工程公共关系主体的政府机构和企业不断提高构建两型社会的能力，在公共关系主体能力不断提高和社会环境持续改善的动态发展过程中完成整个社会的两型升级。

6.1.2　两型工程公共关系客体

任何关系都由主体和客体构成的，公众是公共关系活动的客体，是公共关系活动的对象。所谓公众，即与特定的社会组织发生联系，并对其生存发展具有影响的个人、群体或组织的总和，是公共关系传播沟通对象的总称。所以公共关系学上的公众，并不是广泛意义上的公众、民众，而是针对公共关系主体社会组织而言的公众。

　　就某一具体的社会组织而言，它的公众既包括与它有关系的个人，也包括与它有关系的其他社会组织。公共关系是由组织运行过程中涉及的所有个人关系、群体关系、组织关系所共同构成的；这些个人、群体和组织构成了组织的公众环境，组织的公共关系工作便是针对这个公众环境进行的。换句话说，公众的态度和行为是与特定的公共关系主体相关，与某一组织的公共关系传播行为相关。公众的态度和行为影响到该组织的目标、决策和行动；相反，组织的目标、决策和行为也影响公众的态度和行为。

　　作为两型工程公共关系客体的公众，不仅包括参与两型工程公共关系管理的政府和企业内部的每一个个人，还包括社会上现存的各类环境保护组织及个人，以及各组织机构与个人之间的关系。所以两型工程公共关系管理客体是一个复杂而庞大的有机网络，涵盖了许多网络节点和关系。

1. 两型工程公共关系客体的形成

　　作为两型工程公共关系客体的公众，共同的生态利益关系是其形成的基础。公众的形成是因为这类群体遇到了共同的生态环境问题，这一共同问题对他们有着共同的利益关系，而共同的利益关系使他们有了共同的生态目标，因此组织和公众连接在了一起，公众成了公共关系管理工作的对象，即客体。公众受时间、空间、利益关系的限制，共同利益是形成公众的基础。出于对"环境友好型，资源节约型"的两型社会的追求，各组织和个人形成利益共同体，即两型工程公共关系客体。

　　公众是因共同的利益关系而形成的群体，这种关系的产生和解除又与相关的社会组织有着密切的直接关系，没有公共关系主体社会组织的存在，也就无所谓与之相对的公众存在，也就没有形成公众这一群体的共同问题存在。所以，相关性体现为社会组织对公众这一群体所面临的共同问题的决策与行为。同样，因为公众对社会组织的态度与行为对社会组织的目标实现、社会组织的生存发展也有着重大的影响，所以两型工程公共关系管理主体必须十分重视相关公众的利益、公众的要求。随着政府和企业形成的社会组织对公众问题的解决、公众需求的满足，组织与公众的相关依存关系也就不复存在，这时，形成公众这一群人的共同利益关系因相关性改变而随之消失，公众群体和个人也就解体。所以，政府和企业就两型工程公共关系管理形成的社会组织与公众既是矛盾对立的双方，又是互为条件的，相关性使它们共同处于一个统一体之中。

　　人群和群体组织的集合是公众存在的形式。公众是一个集合的概念，它是人群和群体组织的集合体。维系公众关系这一群体的利益关系，不是个人的私人利益关系，而是代表和反映着相当一部分人的共同利益关系。只有具备了那种相对普遍的利益关系，才能产生公众这种人群结合的存在方式。

作为两型工程公共关系管理客体的公众是客观存在的。它作为社会组织传播交流信息的客体对象，与社会组织存在着客观的、不依赖主观意志转移的关系。这里，存在公众的客观性与组织的主观性相对应的问题，如果社会组织能够正确认识公众，主动协调公众关系，公众的客观性与组织的主观性能达到高度统一。相反，由于两型工程公共关系管理主体认识水平和工作能力的限制，无法正确认识与对待公众，或不能准确鉴定目标公众，必然使两型工程公共关系蒙受损失，甚至铸成大错。

2. 两型工程公共关系客体的特征

1）整体性

两型工程公共关系客体的整体性是指，公众不是单一的整体，而是与社会组织处在相关的整体环境。这里，既有与两型工程公共关系所处的社会经济、政治、文化相关的环境因素，又有社会公众舆论、公众关系形成的公众环境因素，社会组织面对这两种环境因素的影响应做整体思考，要用全面、系统的观点来分析和对待整体环境的影响。

2）共同性

两型工程公共关系客体的共同性是指，公众是因共同利益、共同问题、共同需求结合而成的群体。因而，这一群体必然产生对组织相同或相似的态度行为和决策。

3）相关性

两型工程公共关系客体的相关性是指，公众不是抽象的，总是与具体的、特定的组织相联系的，相对于一定的公众行为的社会组织而存在的。这种相关性是形成良好公众关系的关键。社会组织鉴定公众、分析公众的依据就是明确这种相关性，以此确定组织的工作目标，选择工作对策和行动方案。

4）可变性

两型工程公共关系客体的可变性是指，公众的态度不是单一的，而是复杂多样的，并且处于不断变化发展过程中。任何组织的公众，可能因面临的共同问题、利益关系的变化而变化，也可能因需要、情绪、态度的心理变化，使公众具有多种社会角色，形成多种公众关系。

6.1.3　两型工程公共关系介体

公共关系的介体是传播，两型工程公共关系的介体也不例外。公共关系传播，是信息交流的过程，也是社会组织开展公共关系工作的重要手段。离开了传播，公众就无从了解组织，组织也无从了解公众。如果我们把社会组织看成公共关系的主体，把公众看成公共关系的客体，传播就是二者之间的桥梁与纽带。组织与公众的沟通，很大程度上依靠信息传播，组织与公众之间的误解也往往是信息传播不畅造成的。因此，一个社会组织不仅要有明确的目标、符合公众利益的政策和措施，还要充分利用传播手段开展公共关系管理活动，赢得公众的好感和社会舆论的支持，获得良好的经济效益和社会效益。

1. 作为两型工程公共关系介体的传播内涵

两型工程公共关系管理的过程就是政府和企业构成的社会组织与公众发生积极有效的联系，而联系的建立正是通过传播媒介进行的。传播媒介常常直接体现社会组织的政策与意图，反映社会组织的文化素质，它是开展公关活动的最重要的组成部分。首先，两型工程公共关系社会组织可以通过传播媒介的报道向公众传递组织的信息，为组织的宗旨进行宣传，帮助组织把信息传播给公众。其次，两型工程公共关系社会组织可以通过传播媒介搜集各种信息，尤其是公众对组织的印象恶化、对组织的意见等方面的信息。最后，两型工程公共关系社会组织可以通过传播媒介的宣传，扩大公关工作的影响。

作为两型工程公共关系介体的传播，传播的内容是社会组织要向公众进行传递与交流的信息与观点。它的一个特点是分享，将少数人享有的信息与观点通过媒介手段向公众进行传播，使公众得以共享。由此可见，公共关系传播就是把社会组织的理念、所制定的政策、采用服务的举措向公众进行交流。因此，要求传播媒介要生动、全面、客观、准确地向公众传递各种观点与信息；传播的内容是沟通的信息，信息沟通的目的是更好地认识公众、说服公众、影响公众、赢得公众，同时也为社会组织决策和行动提供依据。

两型工程公共关系主体社会组织向公众进行信息或观点的传递，需要运用一定的手段。这些手段不仅包括面谈、书信、电话等私人模式，而且包括各类媒体传播途径，尤其是新媒体，如网络媒体、社交网站、微博、微信、各类展会等形式。公共关系传播主要就是运用大众传播媒介（包括网络媒介手段）进行实时信息和观点的传递与交流。大众传播媒介和网络媒介是公共关系沟通中最重要的工具，它的影响范围最为广泛，传播的速度最为迅速，是其他的传播媒介形式所不能比拟的。随着移动互联网技术和云计算的发展，大数据分析在两型工程公共关系管理中大有可为。借助社交媒体中公开的海量数据，通过大数据信息交叉验证技术、分析数据内容之间的关联度等，进而有针对性的面向公众开展公关，可以产生更大价值。

2. 两型工程公共关系介体的特征

作为两型工程公共关系介体的传播是具体的、客观的，具有互利性、双向性、情感性，以及扩散性、认可性、独立性。

1）互利性

两型工程公共关系介体的互利性是指，公共关系传播是一种信息传递和交流的活动，这种活动不能是单向的、不能只考虑社会组织自身的需要。一个成功的传播活动必须着力于寻找组织与公众双向之间利益的热点，找到热点抓住双向利益，再来开展传播活动，这样的活动效果才比较理想。要突出双向利益要求，就必须首先了解和掌握公众的利益需求心理，了解公众有哪些利益要求，再找到与此相关的组织利益热点，这样的传播活动才能被双方都接受。其次，注意搜集和研究公众信息反馈，把事前注意信息搜集和事后注意信息反馈结合起来，才能使传播工作抓住要点，使传播活动做到有的放矢。

2）双向性

两型工程公共关系介体的双向性是指，社会组织要建立和发展与公众良好的关系、创造最佳的公众环境，都要依靠有效的信息交流，而信息的交流实际上是社会组织与公众之间双向交流的过程，即社会组织将信息传递给公众，公众对信息的态度再次反馈到社会组织这两个环节。现代社会完整的信息传播系统结构，必然包括信息传递系统和信息反馈系统两个部分。在传播系统中，社会组织的意念、意图、决策是否正确和符合公众实际，要靠反馈来检验，来修正。没有社会组织的信息传递，便没有公众的信息反馈。只注意社会组织的信息传递，而不注意客体的信息反馈，则主体的预想、计划和决策就无法得到检验和修正，也就无法实现传播，沟通信息，达到组织与公众相一致的目的。

3）情感性

两型工程公共关系介体的情感性是指，情感在双向信息交流和沟通中起到润滑剂的作用。因为组织与公众都是人群结合概念，人总是有情绪、有情感的。在传播过程中，情感的特点表现在相互尊重、信任、平等式交流，也表现为互动、认可、合作式沟通，这种情感式的交流与沟通能起到良好的调节作用，有助于组织与公众双向互动关系的发展，如社会组织友好热情的感情能使公众给予积极的支持和合作；而且，一个组织对工作的态度和情感不同，本身就会形成公众对组织形象的看法和评价，等于向公众输出了组织的形象信息，它必然会直接影响社会组织形象的塑造。

4）扩散性、认可性、独立性

公共关系传播可以将社会组织所要传播的信息或观点扩散、扩大到全社会的范围，具有放大器的作用，尤其是大数据时代的来临，两型工程中新媒体（诸如数字化传播、社交网站、微博、微信等）的应用使得两型工程公共关系介体扩散性特征更为明显。由于传播媒介所具有的社会属性，其传播的信息应该是十分准确、可靠，是有所选择，有所需求的，所以信息有相当程度的社会认可度。由于传播媒介对于所接受的信息都根据传播主题、报道形式、社会需要等要求进行选择，所以具有自己的独立性。每个组织都希望通过新闻媒介把自己组织的良好形象扩大到全社会，提高声誉、获得信誉、赢得美誉。而传播媒介独立性又使得社会组织与传播媒介之间的关系呈现复杂化。因此，传播媒介的这些特点，是每个组织要认真对待并加以妥善处理的问题。

6.2　两型工程公共关系职能

两型工程公共关系以建立社会组织的良好形象为工作目标，围绕这一目标所开展的具体活动和工作便形成它的职能范围；同时，两型工程公共关系又是"内求团结，外求发展"的艺术，这门艺术必须有对内和对外两方面的作用。了解两型工程公共关系的职能和作用，对两型工程公共关系活动的正常而有效的开展十分重要，对于两型工程公共关系活动原则和规范、技术和方法的获悉也有很大帮助。本节主要探讨两型工程公共关系信息搜集、辅助决策、协调沟通和塑造形象的基本职能。

6.2.1　两型工程公共关系信息搜集的职能

两型工程公共关系在组织经营管理过程中，首先要发挥信息情报的搜集、整理、分析、评估的作用，充当组织的"耳目"，使组织"眼观六路，耳听八方"，对与组织相关的社会环境和公众舆论有高度的敏感性。

1. 两型工程公共关系信息搜集的内容

两型工程公共关系主体社会组织与公众环境之间存在着大量的信息交换行为。社会信息是组织赖以生存和发展的一种重要资源，从公共关系的角度去处理信息资源，主要包括以下两方面的内容。

1）两型工程公共关系中的形象信息

两型工程公共关系处理的信息是与组织的公众形象有关的信息，即了解公众对本组织的服务、政策、行为、人员等多方面的印象、看法、意见和态度，了解本组织在公众心目中的位置，了解本组织在公众中的形象。这种组织的公众形象信息具体分为服务形象要素和社会组织形象要素两方面。

（1）服务形象的信息。服务形象的信息包括服务形象的缩影、服务的知名度和美誉度。两型工程公共关系主体社会组织存在价值通过其服务被人接受和喜欢而得到确认，服务被人们认知和了解，这是两型工程公共关系社会组织传播活动的"原点"，即出发点。而美誉度是被公众喜爱、赞誉的程度，以及由此美誉而产生了接纳度，即被公众接受和需要的程度。一般来说，"顺意公众"在"知晓公众"中所占的比例越高，以及"行动公众"在"顺意公众"所占的比例越高，美誉度就越高，服务形象就越好。

（2）社会组织形象信息。两型工程公共关系主体的公众形象不仅反映在服务上，还反映在公众对组织的其他要素评价方面。比如，组织的方针政策、管理行为、管理水平、技术和人才实力、环境特色、人的精神风貌、对社区的参与、对社会的关怀等方面的印象评价，都是组织的公众形象的重要内容。组织的公众形象就是组织的整体素质和实际表现在公众心目中的认知和评价，也同样反映组织的知名度和美誉度。两型工程公共关系主体的知名度除了服务的品牌和社会认知率之外，还包括组织名称和标志的社会认知率、社会组织主要领导的社会知名度、对社会组织历史与现状的了解程度、组织政策和行为的知晓程度等。两型工程公共关系主体的美誉度是指公众对组织的信赖、支持、拥护程度，包括组织的相关方针政策、组织的活动和行为、组织的领导及其人员等，在社会公众中是否"得人心，受欢迎"。公众对组织的支持率是一个很重要的信号，它标志着组织在公众心目中的地位：地位的高还是低，重要还是不重要，正面形象还是反面形象，可信赖还是不可信赖，喜欢还是不喜欢，得到拥护还是遭到反对，等等，它预示着民心所向。只有得人心的政策活动，方能得到公众的拥护和支持。

2）两型工程公共关系中的公众环境信息

两型工程公共关系作为环境的"检测器"，要注意跟踪分析环境的变化动态，及时把环境中的各种"变数"反馈回来，把握环境变化中的各种潜在趋势，预报环境中各种潜在的问题和危机，提高组织对环境的应变能力。两型工程公共关系主体面对的环境是一个开放的系统，处于变化和发展之中，目标公众的性质、形式、数量、范围会不断调整和变化。公共关系的信息功能具有宏观性、社会性，即帮助组织了解社会各个方面的动态，包括社会政治动态、经济金融动态、文化科技情报、新闻舆论热点、时尚潮流变化等动态信息，并注意分析各种社会动态对组织的直接或间接影响，充分利用环境中的有利因素和有利时机，及时避免环境中各种不利因素的影响。从这个角度来讲，两型工程公共关系是一个组织的环境监测器和预警系统。

2. 两型工程公共关系信息搜集的渠道

为了搜集大量的信息，两型工程公共关系工作必须为组织建立和疏通各种信息渠道，开拓各方面的信息来源。

1）内源信息渠道

内源信息主要是指组织内部的信息渠道与来源，其中包括正式的信息渠道和非正式的信息渠道。

（1）正式的信息渠道是指按照正式的组织层级系统传递信息的渠道，是组织内部规范化、程序化的沟通渠道。任何组织为了达到管理的目的，都必须在组织内部建立有效的信息传播制度，如请示、汇报、指示、指令程序，制度化的例会，从中形成各种文件、简报、通讯，其中既有决策层的决策意见，又有具体职能部门的工作汇报、情况综合资料等。搜集和了解来自这些正式渠道的信息，对于公共关系部门把握组织的整体状况，及时了解决策层的意图和各职能部门的动态，是非常必要的。因为公共关系部门是组织正式授权的对外发言机构，如果不了解情况就没有足够的权威性和说服力。此外，党组织内部有关部门横向沟通不够的时候，公共关系部门需要出面协调，这也需要公共关系部门及时了解各部门的具体情况。

（2）非正式的渠道是指通过组织的人际传播传递信息的渠道。任何组织内部除正式的传播制度和体系之外，必然存在着非正式沟通渠道，这是组织内部人际关系活动的结果。组织成员的许多意见和看法，经常通过非正式的渠道相互交换和传递，从而形成某种人际舆论，对人们的态度和行为构成一定的影响。搜集这方面的信息，能够了解组织内部公众的情绪和需求，了解内部成员的凝聚力和向心力。

2）外源信息渠道

外源信息渠道是指组织外部的信息渠道与来源。其中包括公开的信息渠道和非公开的信息渠道两方面。

（1）公开的信息渠道主要是指经由大众媒介及其他方式公开发布的信息资料

来源。在当今"媒介爆炸"的年代，信息的公开化程度越来越高，一些有价值的信息在各种媒介都争先发布，通过各种有形无形的传播网络覆盖社会每一个角落。人们几乎都能平等地得到来自平面媒体、广播电视及网络媒体的信息。但并不是任何人都能准确地理解这些信息的含义，以及信息中预示着的变化趋势。公共关系部的责任在于从人们都知道的信息中洞察出尚不为人察觉或注意的微小变化或潜在危机，并及时分析这些变化或危机对组织的潜在影响，并为组织做适应性调整，提供信息和决策依据。

（2）非公开的信息渠道得到的信息往往是二手、三手信息，而大量一手信息常常不是公开的，而是通过非公开的特殊渠道传播的。关系越多，信息的来源越广泛；关系越活，信息就越灵通。两型工程公共关系管理部门要充分开发和利用各种社会关系，通过各方面的"消息灵通人士"搜集一手信息和动态，使组织保持信息资源方面的优势。

3. 两型工程公共关系信息搜集的意义

两型工程公共关系的信息搜集工作，是整个公共关系工作的重要基础，它在组织的运转中有着重要意义。

1）了解公众，监测环境

组织面对复杂的公众对象，需要随时了解各类公众对组织的态度和行为的变化，追踪和分析公众舆论的动态，使组织对外界环境保持高度的敏感性，以便组织能够有针对性地制订自己的公共关系传播策略与方案。公共关系的信息工作可以有效地发挥这种功能。

2）评价效果，分析形象

两型工程公共关系的信息工作是一种信息反馈机制，对于所施行的政策和方法的效果进行跟踪反馈，及时了解宣传和外交活动的社会效果，分析组织形象状态的变化，如知名度提高多少、美誉度改善多少等。只有对公共关系工作的效果进行评价，才能检验策略和方法是否正确和适当，才能及时发现公众形象存在的问题和差距。

3）预测趋势，咨询决策

组织面对变动不定的复杂环境，需要充分运用公共关系的信息手段，预测各种社会因素的变动、组合与发展趋势，评价这种趋势对组织的利益和目标的影响，为组织进行战略决策提供意见。从这一方面上讲，两型工程公共关系的信息工作是为了决策服务，因此也是决策咨询职能的一部分。

6.2.2　两型工程公共关系辅助决策的职能

两型工程公共关系在组织的运营决策中，发挥着咨询、建议、参谋的作用，协助决策者考虑复杂的社会因素，平衡各类复杂的社会因素，从社会公众和整体环境来评价决策的社会影响，预测决策的社会后果；帮助决策者在决策组织中将组织的利益和公众利益结合起来，将近期目标和长远目标统一起来，将生态效益、经济效益与社会效益统一起来；使组织的决策方案具备较强的社会适应力和社会应变力；使决策目标的实现能赢得良好的社会评价和社会影响。

1. 两型工程公共关系辅助决策的范围

两型工程公共关系对决策的辅助和咨询工作，与技术、经济和其他职能部门不同，不是从技术的、经济的、业务的，人事的角度为决策提供意见，而是从社会的角度、组织形象的角度和传播沟通的角度为决策提供辅助性服务。

1）辅助确定目标公众对象

两型工程公共关系的辅助决策工作首先是要为组织识别和确认公众对象，搞清楚自己的公众在哪里，公众环境有何特点；哪些是首要公众，哪些是次要公众；哪些是内部公众，哪些是外部公众；哪些是顺意公众，哪些是逆意公众，哪些是边缘公众；哪些是周期公众，哪些是稳定公众；哪些是知晓公众，哪些是行动公众；等等。组织面对的社会关系千头万绪，两型工程公共关系部门要帮助决策者梳理出头绪来，清晰地解释各类公众对于组织的利害关系，揭示出组织与各类公众对象之间关系的性质、程度，提供一个有效的组织公众关系档案库，以备决策者随时检索查询。因此，两型工程公共关系人员是组织决策者的社会关系顾问。

2）辅助设计组织的公众形象

两型工程公共关系的辅助决策工作也表现在设计组织形象，规划公众形象的各种要素使各种形象要素按照既定的形象方案组合成一个整体的组织形象。利用两型工程公共关系的形象管理和传播职能，首先要帮助组织进行形象定位，即为组织在公众心目中和市场上选择一个适当的位置，确定一个具有个性和统一的形象，这是两型工程公共关系决策中的一个重要环节。

有的组织社会角色是明显和清楚的，只是要使他更鲜明、更富于社会吸引力。对此，两型工程公共关系决策工作集中于各种形象标识的统一设计、制作和统筹安排，如研究和推敲组织的标示图案、专用字体、专用色彩等形象传播符号，并延伸到组织经营活动的各种物质载体上去，如宣传品、办公用品、产品包装、人员服装、车辆装备、环境装修、广告媒体等，使组织形象在视觉上更具有强大的聚焦效果和冲击力。

而有的组织的社会形象是不清楚、模糊的、难以界定的，甚至是完全不符合组织身份的，混淆和混乱的。在这种情况下，公共关系决策工作首先是为组织界定角色、明确身份、重塑形象或改造形象。

3）辅助制订组织的传播策略与方案

两型工程公共关系辅助决策职能还表现在为组织制订公共关系传播的策略与方案。两型工程公共关系要运用各种外交和宣传手段去沟通公众、树立形象，在投入公共关系资源和实施传播沟通之前，首先要制订完善的公共关系策略与方案，包括：制定目标——"对谁说"；设计内容——"说什么"；选择媒介——"用何种方式"；策划时机和地点——"何时何地"；预算费用——"准备投入多少资金"；等等。这些问题未解决之前，两型工程公共关系工作不可能正式纳入经营管理轨道和科学运作。

4）辅助制定两型工程公共关系对策

两型工程公共关系的辅助决策职能在变化和动荡的环境中显得更为突出和迫切。国际公共关系界在 20 世纪 70 年代末以来特别强调"问题处理"和"危机处理"这两个概念，就充分说明了这一点。"问题处理"指两型工程公共关系部门对于那些有争议的，将要进入立法程序的问题及这种问题对组织潜在影响进行分析、预测并制定应对对策和方案，使组织在社会活动中保持主动性和应变力。这说明公共关系在"事发之前"就必须启动其决策机器，发挥"超前管理"的功能。而"危机处理"是指发生突发事件、面临危机的时候公共关系的应变对策，如何帮助组织在社会动荡中保持平衡状态，渡过危机。这是公共关系决策的又一典型项目。可见，两型工程公共关系人员是组织领导的应变智囊团。

2. 两型工程公共关系辅助决策职能的方式

两型工程公共关系的辅助决策职能贯穿于决策的全过程，在决策的每一个环节都发挥作用。从决策目标的确立、决策信息的搜集、决策方案的选择到决策效果的评估，都需要辅助服务和咨询建议。

1）为确立决策目标提供咨询建议

两型工程公共关系的咨询建议作用，首先表现在为制定目标提供咨询建议。各职能部门专家或管理人员从技术、财务、认识等专业角度出发给目标制定提供参考意见,而两型工程公共关系则从社会公众角度去评价决策目标的社会制约因素和社会影响效果,努力地使决策目标与公众利益和环境因素相容。各职能部门专家或管理人员将焦点积聚于具体部门,容易忽视从整体、全局的角度对目标制定提供咨询建议,而两型工程公共关系则站在公众和社会的立场上,综合评价各职能部门的决策目标可能引起的社会问题,从公众利益角度去观察组织的缺陷,敦促有关部门或决策当局,依据公众需要和社会价值及时修正可以导致不良社会后果的决策目标,使组织决策目标既反映组织发展要求,也反映社会公众的需求,使两型工程公共关系本身成为整体决策目标系统中的组成部门。

2)为决策者提供信息服务

两型工程公共关系的辅助决策职能还表现在为决策者提供各种社会信息,完善各种公众咨询渠道,建立各种信息来源,包括广泛的外源信息和及时的内源信息,并根据决策目标将各种信息整理、归类、分析、概括,提供给最高管理层或各个专业部门作为决策的依据。

3)辅助拟订和选择决策方案

决策方案是实现决策目标的各种方法和措施总和。两型工程公共关系的辅助决策职能表现在运用公共关系手段,为决策者评价、实现和实施有关的决策方案,特别关注决策方案在生态效益、经济效益和社会效益方面的统一和协调,敦促决策者重视决策行为的环境影响、社会影响和社会效果。同时,调动公共关系手段,广泛征询各类公众对象的意见,促使决策过程的民主化和科学化。

4)从公众关系角度评价决策效果

两型工程公共关系辅助决策职能也表现在分析、评价决策实施的公众影响和社会效果,以及这种后果对决策目标的制约作用。运用公众网络和公共关系渠道,对那些辅助与实践的决策方案进行追踪和反馈,使组织能够及时了解情况,并根据反馈的情况来调整决策目标,进一步完善决策方案。

3. 两型工程公共关系辅助决策职能的作用

在两型工程公共关系管理过程中,公共关系主要从宏观和客观的角度,帮助组织解决以下问题。

1)平衡部门利益和整体利益

两型工程公共关系组织分工越来越专业化,各业务部门和职能部门也越来越专门化,各专业部门的负责人往往都是其业务专家,习惯从自己专业角度考虑问题，维护部门利益，容易忽略整体的协调和整体目标。而公共关系部门超脱于各专业的业务部门之外，站在宏观的角度考虑问题，提出的决策意见有利于平衡部门与整体之间的利益。虽然平衡部门与整体的利益关系是最高决策者的职责，但公共关系部门的"非专业化"意见在一片专业化的呼声中显得较为超脱和客观，最能帮助最高决策者注意到各专业化部门容易忽视的那些边缘性问题，确定决策的平衡点。

2）平衡近期目标和长远目标

两型工程公共关系特别关注那些趋势、前瞻性问题，关注环境变化的动态和种种潜在因素，其决策眼光不拘泥于眼前的得失。因此，两型工程公共关系的辅助决策职能要帮助组织关照长远利益和长远目标，并将这种长远利益和长远目标与组织的近期利益和近期目标联系起来。

3）平衡组织自身利益与社会公众利益

两型工程公共关系是两型社会谋求发展的一种策略。而公共关系发展观认为，组织的任何发展都必须与自己的公众环境的发展相协调。任何损害公众利益的发展，只不过是为将来设置陷阱，任何促进公众利益的发展，才是符合组织的根本利益的。所以组织的决策目标要反映公众利益和需求。

4）平衡经济效益与社会效益

两型工程公共关系部门要为促进组织的社会效益服务，但同时，公共关系在经济组织中又是最重视经济效益的一种职能。两型工程公共关系本身的性质决定了它必须关注公众的利益，将经济组织的社会效益摆在重要位置，通过良好的社会效益去促进长远的经济效益。两型工程公共关系的真谛在于社会性与盈利性的平衡。因此，在决策过程，公共关系部门总要站在社会公众的角度去评价决策目标的得失，尽可能维持两种效益的平衡。

6.2.3　两型工程公共关系协调沟通的职能

两型工程公共关系是组织与社会环境之间的一种沟通协调机制，即运用各种协调、沟通手段，为组织疏通渠道，发展关系；为组织减少摩擦，调节冲突。通过发挥协调沟通的职能，使两型工程公共关系成为组织运转中的润滑剂、缓冲器，成为组织与各类公众交往的桥梁，为组织的生存发展创造天时、地利、人和的环境。

1. 两型工程公共关系协调沟通的范围

组织与公众的关系较复杂，既有内部的关系对象，又有外部的关系对象，因此协调沟通的范围和对象既包括内部的协调沟通，也包括外部的协调沟通。内求团结，外求和谐，是两型工程公共关系协调沟通工作的宗旨。

1）内部的协调沟通

两型工程公共关系组织内部关系状态直接反映着组织的内部凝聚力。管理阶层与全体成员之间的关系，组织内部各个职能部门之间的关系，是组织内部形象的试金石。内部关系和谐融洽，意味着认可度高，信赖度高；关系紧张和摩擦，意味着管理阶层或组织的政策不得人心，不受欢迎。在决策层、管理层和广大员工之间，存在着如何加强沟通、联络感情、增进了解、互相配合的问题。解决这个问题应该是两型工程公共关系工作的一部分。

两型工程公共关系工作将自身成员视为"公共关系的对象"，尊重组织成员分享信息的权利，即知晓权和了解权。通过建立和完善组织内部的各种传播沟通渠道和协调机制，促进组织内部的信息交流、上情下达、下情上传、横向联络、分享信息。在充分的信息交流与分享基础上，促进全体成员思想上的认同和行为上的一致，提高组织的向心力、凝聚力。如果内部传播有障碍，沟通不灵，组织的成员对组织的信息没有了解的优先权，甚至外部社会早已纷纷扬扬，自己成员还蒙在鼓里，就会在组织内部产生麻木不仁、忧虑不安、交际烦恼、猜疑传言等消极情绪和现象，从而形成隔阂冷漠、离心离德的状况。

2）外部的协调沟通

在两型工程公共关系对外交往方面，公共关系承担着组织"外交官"的繁重任务，要运用各种交际手段和沟通方式，热情地迎来送往，积极地对外联络，为组织开拓关系，广结良缘，为组织的生存和发展减少各种社会障碍，增加各种有利机会，创造和谐的公众环境。

任何组织的发展都离不开社会各方面的配合与支持。组织从自身利益出发，首先，要处理好各类直接的业务往来关系，诸如与服务对象的关系、原材料与能源供应关系、银行信贷与投资人的关系等，保证组织日常人、财、物与技术的经营运转。

其次，要妥善处理好组织与各种权力制约部门之间的关系，如政府各职能管理部门，像工商管理局、税务局、审计局、公安局、司法部等，还有目前体制下存在的各业务部门，争取这些职能部门的理解支持是非常重要的。

最后，还要主动建立和发展各种非业务性的社会关系，如社区关系、新闻界关系、社会名流关系、社会团体关系等，尽可能扩大组织的公共关系网络。公共关系的一项重要任务就是努力和社会各方面友好交往，联络感情，发展友谊；有了矛盾主动进行协调磋商，妥善处理，消除抵触，化解冲突。通过争取公众的好感和支持，为组织的生存和发展奠定"人和"的基础。

2. 两型工程公共关系协调沟通职能的方式

面对错综复杂的社会矛盾，公共关系的协调沟通工作包括与所有公众交往、组织交往和个人交往的活动，从不同的层面去处理矛盾，沟通关系，如图6-1所示。

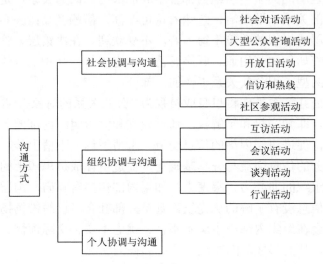

图 6-1　两型工程公共关系协调沟通职能的方式

1）社会协调与沟通

当一个组织面临的公共关系问题涉及广泛的社会公众，需要与社会各方面的人士进行协调的时候，便要采取社会性的沟通方式。即组织直接与社会各界人士接触、交流，直接与广大公众沟通。具体形式也是多种多样的，包括社会对话活动、大型公众咨询活动、开放日活动、信访和热线、社区参观活动等诸多活动。

（1）社会对话活动就关切的社会热点问题，组织官员或专业人士利用公众活动的形式和场合，直接征询公众的意见，回答公众的问题，解释有关的政策和行为，寻求共识。

（2）大型公众咨询活动是在重大政策出台之前，策划主题活动，发动成千上万公众参与这一主题的讨论，群策群力，集思广益，并增加组织与公众之间的双向了解和理解。

（3）举办开放日即组织定期向社会各界人士开放，接待各界人士参观机构运作过程，接待各种咨询、投诉、来访，提供各种便民、实惠的服务，以增进了解和友谊。

（4）信访和热线电话。除了传统的来访和来信形式之外，利用现代通信手段设置市长电话、市长专邮、热线服务项目，以及官员接待日、现场办公服务等，这些都是加强社会协调沟通的具体形式。

（5）社区参观活动，组织机构积极参加社区的公益活动，支持社区的物质文明和精神文明建设，或利用地方性节日与社区举办联欢活动等，以进行感情投资。

2）组织协调与沟通

两型工程公共关系协调沟通工作的一个重要内容就是协调好本组织与其他社会组织与团体的关系，如与政府职能部门之间的关系、与其他商业部门的关系等。因此，要运用组织对组织的协调沟通方式，一般有下面四种。

（1）互访活动。组织与组织的领导人或有关人员之间进行互访、会谈，不仅是一种礼节性的活动，而且有利于促进互相之间的了解、信任与合作。

（2）会议活动。如果同时涉及多个组织之间的关系，通过安排多方"圆桌会议"平等地进行对话交流，也有助于组织与组织间的沟通协调。

（3）谈判活动。谈判是就一些双方共同关注又比较棘手的问题安排谈判，这也是组织对组织的一种常规性的沟通协调活动。

（4）行业活动。即参与行业协会或跨行业组织。当今社会的协作关系日益广泛，一个组织可充分利用各种协作性、交流性的社会团体活动，去发展组织之间的联系。

3）个人协调与沟通

两型工程公共关系的协调沟通工作也要利用个人的人际关系作用，如交际、游说等。特别是在中国的文化背景下，比较重视个人的关系，组织的公共关系工作中伴随着较浓的人情关系因素，包括地域关系和私人关系。人际关系不同则公共关系不达甚至组织信誉也往往由个人关系来担保。虽然其中有许多东西与国际公共关系惯例不符，但却是一种中国的国情。因此，公共关系的协调沟通工作也要充分注意个人作用，充分利用人际关系网络，为组织的公共关系服务。

3. 两型工程公共关系协调沟通职能的目标

在复杂多变的社会公众环境中，公共关系的协调沟通工作主要是要实现以下两个方面的目标。

（1）减少摩擦，化解冲突。组织的社会关系越来越广泛，产生矛盾和摩擦的机会就越多。运用各种协调沟通手段就有助于组织减少各种社会摩擦，减少各种社会冲突。矛盾和差异是客观存在的，处理不当就可能转化为冲突和对抗；而处理得当也可能化干戈为玉帛。从这个角度来说，公共关系是组织的润滑剂、缓冲器。

（2）广结善缘，借力发展。在现代社会，关系本身就是一种财富，朋友越多，关系越好，发展机会就越多，事业就越容易成功，运用公共关系的各种协调沟通手段广交朋友，广结善缘，能够借助社会公众的力量来发展自己，促进事业的成功。

6.2.4　两型工程公共关系塑造形象的职能

两型工程公共关系组织形象关乎组织在公众中的知晓程度和美誉程度，在公众心目中所留下的印象。良好的知名度和美誉度是组织安身立命的重要条件。但组织形象和信誉并非天然产生，而是经过公关人员和全体成员的持久努力建立起来的。

1. 两型工程公共关系组织形象的内涵

两型工程公共关系组织形象是社会公众及一般舆论对两型工程组织机构的全部看法和评论。

从实质上看，组织形象是客观的。它是以客观存在的两型工程组织的存在、行为为依据的，离开了某一组织本身的状况，就不可能产生关于这一组织的组织形象。因此，组织形象首先涉及的便是组织本身状况。如果组织本身状况较好，组织形象就可能向好的方向发展；反之，如果组织状况不佳或者根本无暇顾及组织形象问题，组织形象就不可能向好的方向发展。公共关系工作就是力图团结组织的全体成员，根据社会公众的需求，提高组织素质，搞好自身的发展，为建立良好的组织形象奠定客观基础。

从形式上看，两型工程公共关系组织形象又是主观的。它是社会公众对组织状况的主观反映，以人们的看法和评价表现出来。人们头脑中所反映的组织形象并不能完全等同客观存在着的组织状况。主要原因：一是社会公众是从不同的角度，站在不同的利益基础上，在不同时间、空间条件下观察和了解某一组织状况的，从而对组织形象有不同反映；二是因为社会组织和社会公众的沟通程度不同，公众对组织形象的了解和反映也不同。一般来讲，公众对某一组织状况了解较多时，对其组织形象的反映就比较接近实际情况。因此，两型工程公共关系工作要及时、准确、全面地将社会组织的工作情况、发展前景等传播给社会公众，使社会公众头脑中的组织形象尽可能接近组织的实际状况。当公众感到某一组织形象的确真实可信时，组织在公众心目中便留下了良好的印象。

2. 两型工程公共关系塑造形象职能的原则

为了履行塑造组织形象职能，两型工程公共关系人员在公众心目中建立和维护组织形象时，还必须遵循整体性、社会性、真实性和艺术性原则。

（1）整体性原则。通过两型工程公共关系意识教育，在内部公众中树立起与组织休戚相关的整体意识，由全体内部公众共同努力来完成树立组织良好形象的艰巨任务。通过形象系统的整体功效，多层次地增强社会组织的影响力，其关键是要完善管理、服务、品牌，提高知名度、美誉度、和谐度、支持度、信任感等形象体系结构要素。充分考虑各种传播的性质和机制，精心遴选合适的传播媒介组成复合媒体，发挥有利于社会组织的整体宣传效应。合理、有序地开展传播宣传，使公众接受和认同组织的完整形象，避免以偏概全的负面影响。

（2）社会性原则。作为两型工程公共关系的目标对象，公众人群既有自然属性，又有社会属性，因此组织形象的塑造需符合社会性原则。组织为同时满足公众的物质需要和精神追求，公共关系的塑造形象职能也必然要考虑物质和精神的双重效应。既为公众提供更多、更好的产品和服务，提高社会群体的生活品质，同时对整个社会的经济结构和生活方式产生潜移默化的深远影响。

（3）真实性原则。塑造良好的组织形象还要奉行真实性原则，任何虚假手段都会得不偿失，适得其反。在公共关系的形象宣传中，要实事求是地根据组织服务反映真实的信息，才能使公众对组织及其产品产生依赖感。相反，任何言过其实的造假一旦被揭露，组织的损失成本更大，从而原有的形象效果也难以维系。

（4）艺术性原则。在组织形象塑造和宣传中融入艺术性原则，将有可能达到的事半功倍的成效。公共关系的形象塑造是一门艺术，应灵活借助语言、文字、色彩、图像、荧屏、声响等各种形式和手段提高组织形象的感染力。

在现代社会，组织的良好形象是最重要的无形资产，所以任何一个社会组织要在经济社会中生存和发展，就必须时刻关注自己的声誉和信誉，建立有利于组织发展的良好形象。

3. 两型工程公共关系的综合形象塑造

两型工程公共关系的基本目标是为两型工程组织树立良好的形象。这个组织形象就是比较完整的、包括各个项目形象的综合形象，它是在公众与组织的经济、技术、社会各方面交往过程中产生的关于组织的总体评价，不仅是社会组织服务、技术等经济素质的评价，还包括对组织道德素质、发展前景、社会责任履行状况等的评价。组织形象和服务形象相比较，服务形象是较低层次的形象，组织形象则是较高层次的形象。

随着社会经济状况的发展和文明程度的提高，公众对社会组织的评价角度发生了变化，从单纯针对服务，扩大到组织活动的各个方面；从仅仅涉及现时的既得利益，到关系长远的各种社会后果。同时，社会组织之间的竞争激烈程度日益加剧，从服务在质量、技术方面的竞争，上升到组织形象方面的竞争。因此，树立良好的综合形象便成为社会组织求生存、争发展的主要方法。如果树立服务形象是创名牌，那么树立组织形象就是创立名牌组织。

1）形象识别系统的塑造

两型工程组织形象识别系统（corporate identity system，CIS）包括三部分：理念识别（mind identity，MI）、行为识别（behavior identity，BI）、视觉识别（visual identity，VI）。

理念识别显然是将组织的宗旨、原则、规划、观念、意识等显现出来，使其能向公众传播。理念识别所对应的是组织形象理念层面的内容，包括组织的经营思想、价值观念、发展原则、策略规划、道德理念、审美意识等。根据理念无形的特点，理念识别的操作必须借助于物质行为或载体。所以，理念识别一方面可以通过宣传手册、口号、标语等物质形式显示出来，另一方面通过影响组织成员行为显示出来。

行为识别所对应的是组织形象行为形象层的内容，包括经营行为、职业道德行为、工作作风、服务态度、社会责任行为及活动等。行为识别就是要使以上的行为规范化、统一化，使其在操作过程中有利于社会公众识别，在公众心目中留下整齐统一的形象。当然规范、统一的识别也便于组织管理、提高效率。行为识别规范化、统一化的标准就是理念识别所反映的精神。行为识别的操作分为对内和对外两部分：对内包括教育训练、专业训练、礼仪训练（服务态度、电话礼貌、接待技巧等）、研究开发、福利制度、环境规划等；对外包括公共性活动、公益性活动、市场策略、营销策略、沟通对策等。

视觉识别则是将组织形象的外观形象层的内容统一化、具体化，使其能直接作用于公众感官，产生具体的形象感。视觉识别是 CIS 中分列项目最多、层面最广、效果最直接的向社会传递信息的部分。视觉识别有三方面的操作：第一是基本设计，包括组织标志、产品名称、标准字体、色彩计划、象征图案、标准规范等；第二是系统应用，包括事务用品、广告设计、传播媒体、交通工具、衣着制服、办公器具、招牌标识、建筑外观等；第三是辅助系统，包括特殊使用规格、样本使用法、其他附加使用。

CIS 中的三大部分相互联系各司其职，共同向社会展示一个组织的综合形象。我们利用图 6-2 来表示 CIS 的结构。

在 CIS 的三个部分中，理念识别处于基础或核心地位，理念识别形成以后，它从内容和形式都影响和推动着组织的行为形象和外观形象的发展，随着行为识别和视觉识别的统一具体化，一个完整的 CIS 就形成了。

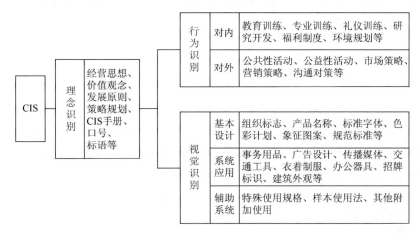

图 6-2　CIS 的结构

2）CIS 的实施

对于一个社会组织来讲，建立一个完整的 CIS 涉及组织的方方面面。和组织形象中的项目形象相比，CIS 的实施需要付出更大的努力、更多的投入。当然，CIS 实施的成功也将给组织树立一个良好的综合形象，带来良好的效益。

首先，CIS 的实施需要经过四大步骤。第一步是成立专班，调查组织形象状况。调查内容涉及组织的各个项目形象和综合形象的历史和现状、内外公众对组织形象的期望和要求、同类组织发展趋势等。第二步是分析汇总、制订 CIS 计划。计划包括建立 CIS 的理由、条件、总体目的、规划原则、具体项目及程序时间表、人员安排、经费预算等。第三步是具体操作、落实计划。这一步实施的专业性较强，理念识别既要以载体表现出来，又要让内部员工接受并用其规范行为，还要让外部公众知晓并认同；行为识别要通过训练落实到人，通过规章规范到位，通过活动影响公众；视觉识别则要通过整齐一致、独具醒目的奇妙构思、工艺制作将组织所有的外观附上一层直观的形象感。同时，这一步骤还有一项主要任务，就是利用有利时机，运用各种传播媒介，对 CIS 进行传播。第四步是检查结果、评估调整。建立 CIS 工作一旦基本结束，就应及时检查结果，对公众或舆论进行调查分析，对组织形象状况进行评估，对出现的问题及时调整，使 CIS 更加完善。

其次，CIS 的实施需要确定时机。抓住机会就可能取得成功。一般来讲，组织初创时期是实施 CIS 的最佳时期。对于创建多年的组织来讲，组织形象可能会有许多不完善的地方，如名称陈旧、标识不统一、知名度低、形象不能完全被公众认同、形象受损等。而组织转型发展的节点正是实施 CIS 的最好时机，如组织快速扩张、现存的组织架构不适合发展需要而进行组织架构重建的时候，此时实施 CIS 计划可以使公众加深对组织的进一步了解。

6.3　两型工程公共关系工作程序

两型工程社会组织和公众的联系是复杂多样、千变万化的，要使组织的各种公共关系工作和活动具有高度的计划性、连续性和节奏性，就必须遵循一定的程序。两型工程公共关系的工作程序一般包括相互衔接、彼此协调的四环节——调查分析、公共关系策划、方案实施、评估调整。

6.3.1　调查分析

两型工程公共关系调查分析，是指两型工程公共关系管理人员对自己或服务组织的公共关系状态进行的情报搜集与分析工作，即运用一定的理论、方法和技巧，揭示其发展趋势并提出改进措施或意见的一种调查分析活动。两型工程公共关系调查分析是两型工程公共关系管理的基础工作。

1. 两型工程公共关系调查分析的内容

两型工程公共关系调查分析的内容，包括两型工程公共关系的主体——组织情况的调查，两型工程公共关系客体——组织的公众舆论调查，以及同两型工程公共关系的主客体密切相关的两型工程公共关系活动条件的调查。

1）组织情况的调查

两型工程公共关系调查应从组织情况着手，因为组织形象的好坏关键在于组织自身的状况。组织情况调查包括下列内容。

（1）组织的自然状况，如组织的地理位置、外观、名称、性质、机构设置、法人代表、成员数量、文化、年龄、性别、职称等状况。

（2）组织的社会情况，如组织的管理模式、业务范围、社会效益和经济效益、内外政策、文化内容、优势、存在的问题、潜在的危机等。

（3）组织的历史情况，如组织的知名度、服务的满意度、信誉及社会需求等。

（4）组织的未来情况，如组织的发展前景、近期目标和长远规划等。

需要说明的是，两型工程组织的自然和社会情况与组织的历史、现实、未来情况是两种不同的分类方法，在一起列出是为了详细掌握组织情况调查内容的整体性。

2）组织的公众舆论调查

公众舆论调查是两型工程公共关系调查的主要内容，其调查结果决定公共关系的效果、对策和发展。公众舆论调查包括组织形象、公众动机、活动效果、传播效果和内部公众舆论等。

（1）组织形象。组织形象是社会公众对一个组织的认识、看法和评价。组织形象一般包括组织成员形象、组织管理形象、组织实力形象、组织服务形象等方面。

（2）公众动机。公众动机是造成公众如何评价组织的主要原因。一般而言，不同的公众，由于动机不同，对组织的评价往往见仁见智，印象不同，评论各异。公众动机调查，包括公众对组织是否抱有偏见或特殊的喜欢，该组织的工作方式、社会活动、产品服务等方面是否与公众某种成见相冲突，或与公众的某种嗜好相吻合，或与某种社会上流行的东西相一致等。

（3）活动效果。了解公众对两型工程组织公共关系活动的评价。活动效果的好坏，标志着公共关系活动成功与否。每一位公共关系人员或每一个公共关系组织，每举办一次公共关系活动，都希望取得满意的效果。活动结束后，公众是否满意、满意程度如何、公众如何评价，都需要通过调查得到答案。

（4）传播效果。公共关系的传播效果调查，是了解组织通过传播媒介（主要是宣传和新闻媒介）进行内外传播的效果，也就是公众接受传播信息后，在感情、思想、态度和行为等方面所发生的变化，包括调查某种媒介的覆盖面、受众构成、对传播内容的态度和产生的行动等。

（5）内部公众舆论。内部公众舆论调查是组织内部公共关系的主要内容。重视内部公众舆论，才能促进组织的合作和团结，才能有助于内部公众组织发展、人人关心重视组织利益、人人珍爱组织形象和信誉，使组织在发展中处于有利地位。内部公众意见包括对本组织及本组织工作的评价、人际关系评价、领导行为评价、公众需要等。

3）两型工程公共关系活动条件的调查

两型工程公共关系活动条件的调查是指与组织有关的各类公众和各种社会条件的总和，它影响着组织的生存和发展。两型工程公共关系部门和人员进行社会环境调查的目的就是协调组织与社会环境的关系，使组织适应社会环境的变化，从而促进组织发展。社会环境调查包括政策环境、社会环境和其他组织公共关系情况调查。

（1）政策环境。政策环境调查就是了解与组织有关的方针、政策、法规，遵循并运用它为自己的组织服务。两型工程公共关系人员就要研究环境与资源保护法等政策法规，并密切注意现实环境的变化。

（2）社会环境。社会环境包括政治、经济、文化、思想、技术等方面的内容，它对公众意见具有很大的影响力，甚至关系到一个组织或一个行业的发展与消亡。

（3）其他组织信息。调查国内外其他两型工程组织的信息，可以获得其他组织在公共关系方面的经验，并根据自己的实际情况加以借鉴，不但避免走他人失败之路，而且容易创新自我，互助共进。

2. 两型工程公共关系调查分析的过程

两型工程公共关系调查过程大体分为以下三个步骤。

1）调查准备

专门的调查分析需要周密的计划：确定调查的问题；确定调查采取的手段和方式；确定调查范围；确定调查动用的人员所需经费；确定调查所需的时间和分析整理时间。

在这里我们主要谈谈调查问题的确定。确定调查问题一般分为两个阶段进行。第一阶段，明确调查目的，提出调查问题设想。重大的公共关系调查一般都是在组织内外部出现了新情况或新问题的条件下进行的。在这一阶段，要尽量掌握组织内外部出现的新情况中的核心问题，了解公共关系调查的真实意图，弄清"为什么要调查"的问题，然后，在此基础上提出比较抽象的、可能是多个或不成熟的调查问题。第二阶段，分析论证，筛选调查问题。对多个或不成熟的问题，要经过分析论证，必要时还可以组织非正式的试探性调查，以明确问题的症结所在，从而筛选出针对性强的、恰当的课题。一般来说，所确定的调查课题越具体、越明确越好。

2）调查实施

调查实施是整个两型工程公共关系调查工作的重点，它的主要任务就是按计划的要求与安排，系统地收集各种资料（包括数据和调查者的意见）。调查资料一般分为两类：一类是原始资料，也称一手资料，这是调查人员通过各种调查方法进行实地调查所获得的资料；另一类是现成资料，也称为二手资料，这是由他人收集的现有资料。一般来说，现成资料容易取得，花费较少；而原始资料取得难度较大，花费较多。因此，在资料收集时，要充分利用现成资料，能够取得真实可靠现成资料的，尽量不再去费力收集原始资料。当然，就一项较大规模的调查而言，现成资料是不够的，它的主要资料还是源于实地调查。可以说，原始资料的收集是重点。至于原始资料与现成资料的收集次序，一般可以以先收集现成资料，再收集原始资料为宜；在现成资料的来源比较清楚的情况下，两种资料的收集可以同时进行。

3）结果处理

对调查结果进行整理分析，以便引出调查结论，确定组织面临的问题。具体内容如下。

（1）检查核实。整理中，要检查资料是否齐全而无遗漏，是否有重复与矛盾，甚至有与事实不符合的情况。调查中检查核实的部分工作是在收集资料时就要完成的。一边收集，一边检查核实，这样便于及时进行订正和补充。

（2）分类汇编。资料经过检查核实后。为了便于归档查找和统计方便，还应该按照调查的要求进行分类汇编，即进行分类登录，然后按类摘抄、剪贴、装订、归档，以备查询，还要将整理后的信息录入电脑。整理资料数据要做到准确、清楚、及时，这是衡量信息资料价值的重要标准。

（3）分析论证。对分类汇编的资料进行分析，得出结论，并依据资料所得出的结论进行论证。分析一般包括定性分析和定量分析。所谓定性分析，是以资料或经验为依据，主要运用演绎、归纳、比较、分类和矛盾分析的方法找出事物本质特征或属性的过程。所谓定量分析，就是运用概率论和数理统计的测量、计算及分析技术，对社会现象的数量、特征、数学关系和事物发展过程中的数量变化等方面进行描述。为了取得比较符合实际的结论，不仅要进行定性分析，而且要进行定量分析，要在定性的基础上尽量根据不同要求把资料量化，制成统计表或统计图。然后运用这些量化资料进行分析，力求对调查事物形成较深刻的认识，并把有关材料迅速提供给领导部门，作为决策的依据。

（4）撰写调查报告。在调查报告的基础上，写出调查报告。报告是全部调查工作过程和工作成果的总结，也是公共关系活动方案制订的客观依据。

3. 两型工程公共关系调查分析的基本方法

两型工程公共关系调查分析方法是指用以保证公共关系调查目的得以顺利实现的途径、方式、手段、措施等。两型工程公共关系调查方法对于公共关系调查任务的顺利完成具有极其重要的作用。

两型工程公共关系调查的方法是多种多样的，可以从多角度、多方面进行分类。根据两型工程实践性的特点，我们从资料收集方式角度来对调查方法进行介绍。

1）科学观察法

科学观察法是指两型工程公共关系调查者根据一定的调查目的和调查任务要

求，亲临现场，具体观察调查对象的行为表现和所处的状态，以收集所需公共关系信息资料的调查方法。科学观察法有多种类型：根据观察者是否参与被调查者的活动，可分为参与观察与非参与观察；根据观察内容是否有统一设计的、有一定结构的观察项目和要求，分为结构观察和非结构观察；根据观察对象所处的环境状态特征，可分为自然状态中的观察与人为情境中的观察。这些不同的观察方法都有着各自不同的适用范围，在一般情况下，公共关系调查者往往可以综合运用这些方法，以达到快速、准确地收集公共关系信息资料的目的。科学观察法大多情况下观察对象只能了解被观察对象的表面现象和行为活动，而不能看出被观察对象的内部特征，尤其不能看出被观察者的内心世界和了解被观察对象的行为动机、态度、打算等，因而调查深度往往显得不够。

2）询访调查法

询访调查法是两型工程公共关系调查中常用的信息资料收集方法之一，它是指公共关系调查者根据一定的调查目的和调查任务的要求，通过向调查对象提问、与调查对象交谈获得公共关系信息资料的公共关系调查方法。询访调查法按照其所采用的信息媒介与手段区分，可分为面谈询访、书面询访、电话询访、电子邮件询访等；按其有无固定的询访内容结构区分，可分为有结构询访和无结构询访；按其询访意图的显隐性情况区分，可分为公开的询访和隐秘询访；按一次询访人数多寡区分，可分为个体询访和集体询访。

3）问卷调查

问卷调查方法是指由两型工程公共关系调查者向调查对象提供问卷并请其对问卷中的问题作答而收集公共关系信息资料的调查方法。问卷是用于收集信息资料的一种重要工具，它的形式是一份精心设计的问题表格。问卷依据问题的构成特点分为封闭式问卷和开放式问卷两种。封闭式问卷的提问是在提出问题的同时，还给出了若干备选答案，要求被调查者选择其中一个或几个作答；开放式问卷的提问时只提出问题，不提供具体答案，而由调查者自由填答。此外，问卷还可依发送方式分为邮寄问卷和送达问卷两种。从问卷的结构来看，一般问卷往往都包括封面信、指导语、问题、答案、编码等几个部分，其中问题和答案是问卷的主体。在问卷的设计过程中，关键是要设计好问卷的问题和答案。

4）量表测量法

量表测量法是指两型工程公共关系调查者根据一定的调查目的和调查任务的要求，借助测量量表对调查对象的主观态度和潜在特征进行测量，以收集公共关系信息资料的公共关系调查方法。量表是适用于较精确地调查人们主观态度和潜在特征的调查工具，它由一组精心设计的问题构成，用以间接测量人们对某一事物的态度、观念和某一方面的潜在特征。人的态度、观念和潜在特征都具有隐匿性和模糊性，有时连自己也难以发现或精确描述，因而调查人们的态度、观念和潜在特征并非易事，尤其以直接的方式很难达到目的，这就需要采取量表测量法这种间接的方式。量表也具有多种类型，按其测量的内容分，主要有态度量表、能力量表、智力量表、人格量表、意愿量表、人际关系量表等；按其作用分，主要有调查量表和测验量表；按其设计方式和形式分，则有总加量表、累积量表、社会关系量表和语义差度量表等。公共关系调查者可以根据不同的目的、要求，结合实际情况选用。

5）文献信息法

文献信息法是指公共关系调查者根据一定的调查目的和调查任务的要求，通过对现有文献的收集来获取公共关系资料的调查方法。根据文献记录技术的不同，可把文献分为手书类文献、印刷型文献、音像型文献、缩微型文献、机读型文献五种；根据文献的加工程度及在信息交流过程中作用的不同，可把文献分为一次文献、二次文献、三次文献等；根据文献的编写方法和出版方式的不同，可把文献分为图书、期刊、报纸、政府出版物、会议文献、科研报告、学位论文、专刊文献、档案、内部资料等。文献中包含社会组织公共关系工作所需要的信息资料。利用文献信息法收集公共关系信息资料，具有简单、快速、节省调研费用、不受时空限制等特点，尤其适用对历史资料和远程区域信息资料的收集。它既可作为一种独立的调查方法运用，也可以作为实地调查等方法的补充。利用文献信息法进行公共关系调查一般有两个特定步骤：一是文献载体的采集；二是信息资料摄取。文献载体的采集主要可以采用借阅、购买和交换等方法进行。信息资料的摄取则分为两条途径：一是通过浏览、阅读各种文献从有关文献中摘取信息资料；二是通过检索工具从有关信息文档中查检信息资料。在当今社会，由于计算机技术和通信技术的飞速发展，人们已能通过高速信息网络检索各种文献信息资料，这可以说是文献信息法在当今社会的有利延伸和巨大进步。

6.3.2　公共关系策划

策划是指策划者利用手中拥有的资源去创造性地谋定有效而可行的实施方案，以期实现组织预期目标的思维全过程。所谓公共关系策划，则是指公共关系策划者，为实现组织的公共关系目标，对公共关系活动的性质、内容、形式和行动方案进行谋划与设计的思维过程。

1. 两型工程公共关系策划的作用

由于两型工程公共关系策划在两型工程公共关系中处于核心地位，发挥着承上启下的功能，其作用就显得特别重要。围绕两型工程公共关系工作的特征，公共关系策划的作用大致分为四个方面。

1）整理思路

两型工程公共关系策划既然是一种对未来公共关系行为进行布局的思维过程，就要求我们必须具有明确的思维目的、严密的思维逻辑及系统的思维结果。策划本身就是为了避免未来行为的盲目、随意、无序混乱，因而，策划的作用首先就在于帮助我们在纷繁的信息中去整理思路、找出头绪、明辨方向、把握节奏，使未来的公共关系行为能主次有序、轻重有别、环环相扣、层层相接。

2）指导行为

两型工程公共关系策划的第二个作用，表现在对未来公共关系行为的事前设计和规定。为了达到预期的策划目标，策划必须对未来两型工程公共关系行为的每一步骤、每一行动细节做好安排和设定，对两型工程公共关系行为的方向、方法、度量做出统一的规定和要求。这才能保证未来的两型工程公共关系行为不至于出现仓促应付、随心所欲、偏离目标、各自为政、主次不分、前后失序、节度不明、张弛失控等弊病。

3）开启创意

两型工程公共关系不是简单地临摹，不应是照本宣科、依样画葫芦。每一个两型行业都有自身的特征、资源的个性和环境的差异，更是有其不同的公共关系预期。这就要求策划人员的工作必须是一种创造型劳动，追求的是"人无我有，人有我优""不求唯一，但求第一""欲与天公试比高"的境界。两型工程公共关系策划因此也具有开启思维、促进创意、不断进取、追求卓越的作用。

4）咨询决策

两型工程公共关系策划的第四个作用是在组织管理中，对公共关系决策的咨询和支撑。应当说两型工程公共关系策划是两型工程决策中不可缺少的一环，它是整个决策过程中决策者方案选择的依据，是决策者最后决断的前提。可以说没有策划便没有对行动实施的部署和安排，从确定两型工程公共关系目标到进行公共关系策划，从进行公共关系策划到优选方案再到最终实施，可谓层层相连、环环相扣。没有了公共关系策划，公共关系决策变成了空中楼阁、断线风筝，毫无意义。

2. 两型工程公共关系策划的基本要素

1）目标确立

两型工程公共关系策划是一种思维性活动，是一个寻求完美答案的过程。两型工程公共关系策划应当事前将公共关系策划的基本要素加以组合，在头脑里搭造一个严谨周密的思维构架，以避免经验和直觉办事的随意性和盲目性。所以在确立两型工程组织公共关系活动的目标时应注意以下四点。

（1）目标必须是具体的。目标不应是一个抽象的概念或空洞的口号，如"良好形象""真诚奉献"。它应当是组织在内外环境条件下必须达到的实际结果，如"在某区域提升组织认知度 5 个百分点""内部公众和谐度提高 3 个百分点"等。

（2）目标必须是可测量的。两型工程公共关系认知度、美誉度、和谐度这三大目标均是可以测量的，因此，目标不应是模糊含混的。比如，"使员工的参与意识得到极大提高"中，"极大"便是难以准确把握的，应将目标改为可以通过计算得到明确结果，如"使 80%员工参与到组织的这次活动中来"。

（3）目标应当是能够达到的。在确立目标时，必须考虑在组织现有条件下，能否解决问题、实现目标，能在多大程度上解决问题、实现目标。目标过高，必然导致失望和沮丧；不考虑自身条件而盲目蛮干，也只会以失败告终。

（4）目标必须有时间限制。两型工程组织公共关系活动要实现的目标，必须是在规定的时间里应当达到的结果，既非遥不可及，也不是遥遥无期。确立两型工程公共关系策划目标的思路，大约是这样一个过程：通过调查研究获得组织内外环境与资源的大量材料，以材料去推断组织的优势与劣势、机会与风险、资源与条件；通过对这些推断的分析，找出组织的公共关系问题所在；再根据问题的轻重缓急，排出问题的先后次序，并提出和界定首要的问题；然后通过对这一最重要问题产生原因的探索，寻出问题的症结，根据组织的特质和组织的需要，最后确立组织公共关系策划的目标。

2）主题提炼

主题是指两型工程公共关系活动中连接所有项目，统率整个活动的思想纽带和思想核心。提炼两型工程公共关系活动的主题是公共关系策划过程中一个极其重要的环节，提炼和确定主题应当注意以下四个方面。

（1）主题的一致性。提炼主题是为了更好地凸显两型工程公共关系的目标，主题必须与公共关系活动的目标保持一致，主题必须服务于目标。偏离目标的主题会给公众造成错觉，从而起到误导的作用，策划者不可不慎。

（2）主题的实效性。好的主题不在于辞藻华丽、技巧娴熟，而在于产生的实效。主题的实效一是表现在是否合乎公共关系活动的客观实际，不能说得好听实际却做不到；二是要能真正打动公众的心扉，切中公众心愿；三是要考虑社会效果，一味哗众取宠的主题是不可取的。

（3）主题的稳定性。主题一经确定，就应贯穿公共活动始终，不能半途而废、中途改换，以免造成公众感知的混乱。

（4）主题的单一性。一次性公共关系活动只应有一个主题，一般不得出现多个主题。对于大型综合性公共关系活动，虽然也可以设计一些次主题，但不能喧宾夺主，造成主题的杂乱无序。

3）公众认定

组织公共关系活动目标的差异性，决定了公共关系活动对象的区别性。在公共关系策划过程中，我们必须根据实现目标的需要，去认定哪些是两型工程公共关系活动必须关注、交流和影响的目标公众。

4）项目设计

项目设计指围绕两型工程公共关系目标而确定的，在不同时期进行的各种形式的活动。要实现两型工程公共关系目标，只有通过一个个公共关系项目的实施去逐步接近，直至完成。没有公共关系具体活动的开展与公共关系项目的完成，组织的公共关系目标就永无实现之日。

5）媒体整合

媒体即公共关系信息传播的载体。两型工程公共关系工作的复杂性、公共关系传播内容的广泛性和传播形式的多样性，决定了两型工程公共关系传播媒体的包容性。也就是说，只要用心设计，从语言到文字，从声音到画面，从形体到实物，从表情到服饰，无一不可成为两型工程公共关系传播的媒介。

6）经费预算

经费预算既是两型工程公共关系策划的"目标"，也是对实施经费开支的控制。策划中的精打预算，既可使实施者心中有数，也可使决策者认可策划方案。

7）人员分配

再好的公共关系策划最终是靠人去实施和完成的。因此，在策划时就应对将来的实施人员做一个考虑和安排。

对人员安排的策划，一般要考虑以下三个步骤。

（1）人员挑选。两型工程组织根据公共关系活动规模的大小、内容的简繁、层次的高低、经费的多少等因素，为达到活动开展的效果，先要对活动实施的人员进行量和质的挑选。

（2）人员培训。对于选出的人，为保证策划方案的有效实施，组织在策划时便需要考虑如何对其进行培训，就策划的目的、宗旨、方法技巧、应急措施等方面准备一套行之有效的培训计划。

（3）人员分工。两型工程组织要根据将来活动中的各个岗位，事先对现有人才或培训人才做一个量才施用的考虑，尽量根据其过去的表现和经验，使之能做到人尽其才，既能发挥人员特长，又能完成任务。

3. 两型工程公共关系策划的主要方法

1）制造新闻

制造新闻是社会组织或个人在尊重事实、不损害公众利益的前提下，有目的地策划、组织、举办具有新闻价值的事件，制造新闻热点，争取报道机会，通过新闻媒介向社会传播，以达到吸引公众注意力，扩大组织知名度和影响力的目的。

2）借冕增誉

借冕增誉是指两型工程组织在策划公共关系活动时，将组织及其产品与声望高、权威性强的名人、知名组织、有影响的事物事件联系起来，借助他们的名望、声望及权威来扩大组织的影响及知名度，从而达到事半功倍的效果。

3）小题大做

小题大做指在与公众交往中，两型工程公共关系组织要注意细节，在小事上发掘大道理，在小事上展示自己的大观念，从而有效地强化自己的形象。

4）以攻为守

以攻为守指当组织与社会环境发生矛盾，环境对组织的生存发展构成严重威胁时，组织不应消极观望等待，而应主动出击，积极对环境施加影响，从而变被动为主动，化不利为有利。

5）以诚换诚

以诚换诚是指当公众对社会或个人产生不满、误解、抱怨之时，社会组织或个人要首先摸清情况，对社会、公众做出善意的解释，提出相应措施，以实际行动换取公众的谅解。

6.3.3　方案实施

通过两型工程公共关系调查分析和策划确定方案后，结束了公共关系活动前期的准备工作，实施方案进入了公共关系活动的具体实施阶段。

所谓两型工程公共关系实施，就是两型工程组织为了实现既定公共关系目标，依据和利用现实公共关系实施条件，按照公共关系创意策划方案，进行公共关系实施策略，手段、方法设计，并据此进行实际操作与管理的过程。通过公共关系实施，经由选定的传播渠道，把必须、应该向公众传播的信息传递给公众，进行必要的反馈调整，加强与公众的联络、联系、沟通，影响或改变公众对社会组织的态度和行为，从而创造对社会组织有力的舆论环境，在公众中树立起社会组织的美好形象。

1. 两型工程公共关系实施的原则

1）控制原则

控制原则包括：一是社会组织确保公共关系实施的活动围绕着公共关系计划的目标进行，不使其偏离既定的目标或超越特定的范围；二是社会组织根据整个公共关系计划和目标的需要，按照一定的程序，掌握工作的进展速度，使公共关系实施中的各项工作同步进行。前者是目标控制原则，即社会组织利用目标对整个实施活动进行引导、制约和促进，以掌握实施活动的方向；后者又称控制进度原则，即社会组织对整个实施活动中的各项工作的进度经常检查，及时发现超前或滞后的情况，通过协调使各方面的工作平衡发展。

2）协调原则

协调原则就是两型工程公共关系方案实施的过程中"使工作所涉及的方方面面达到和谐、合理、配合、互补、统一的状态原则"。它强调实施过程中的各个环节之间、部门之间及实施主体与其公众之间互相配合，不发生矛盾或少发生矛盾；当矛盾发生时，也能及时加以调解解决。实际工作中常见的协调主要有两类：一类是纵向协调，即上下级之间的协调；另一类是横向协调，即同级部门或实施人员之间的协调。

3）调整原则

调整原则是指两型工程公共关系管理人员在实施方案的过程中，往往由于目标公众和公众环境的变化而不断地把公关方案在客观环境中实施的情况与公共关系目标相对照，并针对出现的偏差及时调整计划、目标、方案和行动原则。公共关系人员要善于依靠各种形式的信息反馈渠道，把方案实施的各种信息及时、准确地搜集汇总上来，把信息的数量特别是发送信息的数量、信息被传播媒介所采用的数量、接收到信息的目标公众数量和注意到信息的公众数量统计上来，经过研究分析，作为采取调整行动的依据。

4）时机原则

时机是指人们对事物发展过程中呈现出来的特殊态势和情况的认识和利用。任何时机，都处在特定的时间和空间之内。就实施两型工程公共关系方案的过程而言，时机是指在一定的实践和空间内，所出现的有利于组织传播信息的各种客观条件的综合利用。

2. 影响两型工程公共关系计划实施的因素分析

影响两型工程公共关系计划实施的因素是众多而复杂的。一般来说，主要来自三个方面，即方案本身的目标障碍、实施过程的沟通障碍及突发事件的干扰。

1）两型工程公共关系计划中的目标障碍

所谓两型工程公共关系计划中的目标障碍就是指在公共关系计划中由于所拟定的公共关系目标不正确或不明确、不具体而给实施带来的障碍。在公共关系计划的实施过程中，无论实施的动态性多么突出，但是实施的过程基本上是要根据计划方案所规定的内容进行的，否则，它就不是公共关系计划的实施了。因此，公共关系计划的实施必然要受到计划方案的多方面影响。如果计划目标不正确或不明确具体，那么，尽管实施人员尽心尽力，也得不到预期效果。

2）两型工程公共关系计划实施中的沟通障碍

两型工程公共关系计划的实施过程实际上主要是进行传播沟通的过程。实施过程中的传播沟通并不是一帆风顺的，它常常会因传播沟通工具运用不当、方式方法不妥、渠道不畅等而使实施工作不能如愿以偿。

在实施过程中，常见的沟通障碍大致有以下四种。

（1）语言障碍。语言是以语音为外壳、以词汇为建筑材料、以语法为结构条理而构成的符号体系。语言与思维不可分离，为人类所独有，是一种特殊的社会现象。语言是一种复杂的工具，掌握运用语言的技巧不是一件轻而易举的事。由于语言方面的原因而引起的沟通麻烦到处可见。

（2）习俗障碍。习俗即风俗习惯，是在一定文化历史背景下形成的、具有固定特点的、调整人际关系的社会因素，如道德习惯、审美传统等。习俗世代相传，是经过长期重复出现而约定成俗的习惯法。虽然习俗不具有法律一样的强制力，但通过家族、邻里、亲朋的舆论监督，往往迫使人们入乡随俗，即使圣贤也莫能例外。忽视习俗因素而导致沟通失败的事例也屡见不鲜。

（3）观念障碍。观念属于思想范畴，由一定的经验和知识沉淀而成，是一定社会条件下人们接受、信奉并用以指导自己行动的理论观点。观念本身是沟通的内容之一，同时又对沟通有巨人作用。有的观念能成为促进沟通的强大动力，有的观念则会阻塞沟通。因此，在消除语言和习俗障碍的同时，有必要认真对待观念障碍。

（4）组织障碍。组织障碍主要表现在：一是传递层次过多造成的信息失真，在组织机构上减少层次，简化信息传递环节，尽量保证沟通的真实有效；二是机构臃肿造成的沟通缓慢；三是条块分割造成沟通"断路"，条块分割的组织结构，信息很难畅通无阻，经常是一关通不过就不能实现沟通；四是沟通渠道单一造成信息不足。

3）两型工程公共关系计划实施中突发事件的干扰

对两型工程公共关系计划实施最大的干扰莫过于重大的突发事件。这里所说的重大突发事件大致分两类：一类是人为的危机，如公众投诉、新闻媒介的批评、不利舆论的冲击等事件；另一类是不以人的意志为转移的灾变危机。这些事件来势凶猛，常常令人措手不及，如果不善于处理突发事件，那么不但会使整个公共关系计划难以实施，甚至影响组织生死存亡。面临突发事件应当保持头脑冷静，防止感情用事，认真剖析原因，正确选择对策。

3. 两型工程公共关系实施的运作模式

1）两型工程公共关系实施的目标模式

（1）建立性目标模式。两型工程公共关系组织创办时，它还未能与社会各界建立广泛联系，未能被社会所认识，在社会上基本没什么声誉。这就要求两型工程组织在创办之机进行自我介绍、宣传，通过公共关系实施与潜在公众和公众环境建立广泛联系，特别要接触新闻媒体、政府部门，以使两型工程组织自身及其服务在公众头脑中留下印象，争取提高组织的知名度。

（2）维系性目标模式。在两型工程公共关系组织稳定发展阶段，为维护自身信誉，开展多方面的、经常性的公共关系活动，对公共关系能够起到一种潜移默化的作用，能够维系、稳定与公众原有的关系。

（3）建设性目标模式。两型工程公共关系组织的形象，大体上是用知名度和美誉度衡量的。建设性的两型工程公共关系目标模式就是大力提高社会组织的知名度和美誉度。提高社会组织知名度的主要途径是强化公众对社会组织的印象和增进公众对社会组织的了解。公众作为两型工程公共关系组织的相关环境中的重要制约力量，对社会组织的了解和认识是一个由浅入深、由表及里的深化过程，强化公众对社会组织的影响和增进公众对社会组织的了解，对于一个社会组织赢得公众格外重要。提高社会组织美誉度的主要途径是改善公众对社会组织的态度和加深对社会组织的感情。因此，两型工程公共关系组织要通过开展公关活动，不断向公众提供新证据、新观点，证实其原来的认识和看法的正确性，引导公众感情的倾向，增进公众感情的深度，并提升感情的效能。

（4）矫正性目标模式。当公共关系状态恶化，两型工程组织形象已受到严重损害时，及时采取措施，做好善后工作，可以挽回影响，重振声誉。两型工程公共关系必须以事实为依据，查清公共关系状态恶化的原因，查清事实、正视事实、揭示事实、加强沟通是解决问题的关键；说明真相，挽回影响是解决问题的必要条件；承担应负责任是解决问题的前提。

2）两型工程公共关系实施的活动模式

（1）宣传型活动模式。宣传型两型工程公共关系是指两型工程组织运用大众传播媒介等手段，向公众作自我介绍，以期吸引公众，获得公众的信任和支持的活动模式。两型工程组织要想生存和发展，就要让公众了解自己，以求在公众心目中树立自己的良好形象；并让公众了解自己的产品，进而形成有利于两型工程组织发展的社会舆论、获得公众的青睐。宣传性活动的特点就是：主导性强、时效性强、传播面广、推广组织形象效果快。从许多社会组织的经验中可以归纳出宣传型公共关系活动模式常有三种宣传方式：公关广告、新闻发布、展览会。

（2）服务型活动模式。服务型活动模式是一种以优质服务来提升社会组织与公众之间关系的公共关系模式。目的是以实际行动来获取社会的了解和好评，建立自己的良好形象。优质的服务不能仅靠公共关系部门的工作，而是需要依靠社会组织中所有成员、所有部门的共同努力来实现。因此，它是一种最实在的公共关系。

（3）社会型活动模式。社会型公共关系是社会组织利用举办各种社会性、公益性、赞助性活动来塑造组织形象的模式。其目的是通过积极的社会活动，扩大社会组织的社会影响，提高其社会声誉，赢得公众的支持。其活动形式主要有邀请社会各界参加社会组织自身的重要活动；赞助与业务相关的社会福利、慈善事业，资助公共服务设施的建设；资助大众传媒举办各种活动；等等。其效果从近期看，往往不会给社会组织带来直接的效益，但从长远来看，它却为社会组织建立了较完善的社会形象。

（4）征询型活动模式。征询型公共关系是以采集社会信息为主的公共关系模式。其目的是通过信息采集、舆论调查、民意测验等工作，了解社会舆论，为组织机构的经营管理决策提供咨询，使组织行为尽可能与国家总体利益、市场发展趋势，以及民情、民意一致。其活动形式很多，如民意测验、意见征集、建立信访制度等，征询型公共关系特点是长期、复杂、艰巨，需要公关人员具有智慧、耐力和诚意。

6.3.4　评估调整

两型工程公共关系评价是两型工程公共关系"四部工作法"的最后一步。它在公共关系实践中起着不可低估的作用。两型工程公共关系评估调整是改进公共关系工作的重要环节，是开展后续工作的必要前提，同时，它可以使组织的领导人看到开展公共关系工作的明显效果，从而更加自觉地重视公共关系工作。

1. 两型工程公共关系评估的内涵

所谓两型工程公共关系评估，就是两型工程组织采用各种形式和各种方法，对阶段性公共关系活动进行调查研究、分析评价，总结成功的经验，评估取得的成绩，寻找工作中的失误或不足，发现新的问题，以便不断调整两型工程组织的公共关系目标、公关决策和公关行为，使两型工程组织的公共关系工作走上健康的、可持续发展的轨道。两型工程公共关系评价具有以下四点意义。

（1）总结经验，以利再战。任何社会组织开展公共关系活动，都不可能是短期性的、一次性行为，而是一项比较长期的、相对连续性的活动。要增强连续不断公共关系的有效性，必须不断总结、借鉴既往公共关系的经验和教训。两型工程公共关系评估，正是为了达成这个目的。两型工程公共关系评估既是上一轮公共关系活动的总结，又是下一轮公共关系活动的起点，它实际上起着承上启下的作用。公共关系活动实施完成后应及时进行总结，包括公共关系活动过程中取得的成效和经验，以及当前应汲取的教训，工作中的优点和存在的不足，为后续开展公共关系活动提供参考和借鉴。

（2）收集资料，提供决策。每次公共关系活动，公共关系人员都可以收集许多信息和资料。比如，公共关系活动实施后，在社会上造成了什么影响，产生什么效果，内部员工反应如何，已经解决了什么问题，又出现了什么问题，等等。通过评估，可以将这些信息和资料汇总起来，撰写成报告，提交至两型工程组织决策机构，为决策提供可靠的信息。

（3）鼓舞士气，激励干劲。两型工程公共关系评估不仅可以为决策机构提供信息资料，还可以将成果向内部成员展示，使两型工程组织清楚地认识到外界对自己组织的评价，了解组织在公众心目中的形象和地位。这都有助于鼓舞内部员工士气，激励他们的干劲，并有助于增强两型工程组织内部员工的凝聚力、向心力，使他们自觉地将实现本组织的战略目标与自己的本职工作紧密联系起来，并积极支持、主动参与公共关系工作。

（4）宣传报道，扩大影响。两型工程公共关系评估总结出来的成果和经验可以及时提供给新闻传播媒介进行宣传报道，这样可以进一步扩大两型工程组织在社会上和外部公众心中的影响力。

2. 两型工程公共关系评估的分类和内容

全面的两型工程公共关系效果评估工作，可以分解为诸多方面分别加以研究，然后具体分析各自的绩效，最终形成评估成果报告。

1）两型工程公共关系工作程序评估

两型工程公共关系工作程序评估就是对两型工程公共关系工作的各个步骤的合理性做出客观评价。公共关系评估是一个连续不断的活动，一旦进入公共关系工作过程，评估活动也就开始了。评估内容及要点如下。

（1）调查研究过程的评估。评估要点包括：两型工程公共关系调研的设计是否合理；两型工程公共关系工作信息资料搜集是否充分、合理；获得信息资料的手段是否科学；两型工程公共关系调研对象是否具有典型性、代表性；两型工程公共关系调研工作组织实施的合理程度；两型工程公共关系调研的结论分析是否科学；信息的表现形式是否恰当。

（2）计划制订过程的评估。评估要点包括：各项准备工作、沟通协调工作是否充分；计划目的是否科学；计划实施的总体安排、步骤是否可行；日程安排是否合理。

（3）实施过程的评估。评估要点包括：信息内容准确度如何，信息发送数量如何；信息被传媒采用数量如何，质量如何；接收信息的目标公众有多少，成分如何，和组织关系有多大；注意该信息的目标公众数量。

（4）实施效果的评估。评估要点包括：了解信息内容的公众数量；改变观点、态度的公众数量；发生期望行为与重复期望行为的公众数量；达到的目标与解决的问题；对社会经济与文化发展产生的影响。

2）两型工程公共关系活动类型评估

按两型工程公共关系活动形式可把公共关系划分为日常公共关系活动和专项公共关系活动。按两型工程公共关系计划指定的时间长短，可把公共关系划分为年度公共关系活动、长期（3~5年）公共关系活动。评估内容及要点如下。

（1）日常公共关系活动效果评估。评估要点包括：组织全体员工的公共关系运作；领导者内外部公共关系活动的开展情况；全体员工的公共关系意识和行为表现；组织的各部门在经营管理各环节上的公共关系投入；公共关系网络构建；内部公共关系协调状况；日常的组织沟通；人际协调；组织的外部公共关系；知名度、美誉度；公共关系人员的工作状况；公共关系人员与领导工作配合和沟通程度。

（2）专项公共关系活动效果评估。评估要点包括：项目的计划是否合适；其目标与组织总目标、公共关系战略目标是否一致；项目的目标是否已经实现；传播沟通策略、信息策略是否有效；公共关系协调状况如何；对公众产生哪些影响；组织的形象有何改变；项目预算是否合理；组织管理工作成效如何。

（3）年度公共关系活动效果评估。评估要点包括：年度公共关系计划目标是否实现；年度公共关系计划方案是否合理；实现状况如何；年度日常公共关系工作成效如何；年度单项公共关系活动的类型、数量及成效分析；年度公共关系经费预算使用情况及合理化研究；内外部公共关系的开展和成效；公共关系机构与人员的绩效；组织的公共关系应变能力。

（4）长期公共关系活动效果评估。其包括两型工程公共关系项目及公共关系长期工作的成效分析，它是一个总结调整的过程，需要将日常工作评估结果、专项活动评估结果、阶段性工作评估结果一并吸收进来，进行系统分析，从而获得一个总的结论。另外，还包括对公共关系活动的经历进行客观评估。同时，应将前几种公共关系活动效果评估的内容要点加以归纳整理和分析研究。但是，要特别注意公共关系战略的得失问题、公共关系变动规律问题、公共关系与经营管理的关系问题。

3）两型工程公共关系状态评估

对主要公众关系状态进行评估研究，旨在通过各类公众关系的变化来评估以往两型工程公共关系工作的成效，公众关系状态分析应分两步进行：内部公众关系与外部公众关系。

（1）内部公众关系评估。内部公众关系评估的内容要点：组织的政策在沟通中被全员接受的程度；员工的士气；组织的凝聚力；组织中的各种工作关系处理情况和趋势；双向沟通带来哪些生机和活力；影响员工关系的因素测评；沟通渠道需做哪些改进；传播策略及目标有何欠缺；公共关系贯通于各种经营管理活动的各个环节中有无障碍等。

（2）外部公众关系评估。外部公众关系评估的内容要点：与公众关系评估，看清公众的态度、行为变化特点，评估组织对消费者关系的传播沟通及人际协调方面的工作成效；媒介关系评估，看清态度冷漠还是热情、积极支持与否，采取何种沟通策略及成效；社区关系评估，了解各类社区公众对自己及有关活动的看法；政府关系评估，了解政府的支持情况、组织与政府的沟通效果、政府关系的沟通协调策略等。

4）两型工程公共关系机构工作绩效评估

对公共关系机构的工作绩效进行评价，便于清点公共关系机构人员的工作效率、实际能力、策略手段等。定期对此做出评估分析，对改进机构工作效率和提高水平很有帮助。评估主要包括：市场营销分析、广告研究、新闻宣传、专题活动、管理绩效。上述两型工程公共关系评估类型内容上有交叉，区别只是评估角度不同。公共关系评估工作可视需要，选取其中一类或几类进行。

3. 两型工程公共关系评估的方法

两型工程公共关系评估的方法有很多，按照评估实施者的不同分为自我评估法、专家评估法、公众评估法、实施人员评估法四种；按照评估所需的材料来源分为新闻媒介推断法、外部信息反馈法等。

（1）自我评估法，指开展两型工程公共关系的组织对自己所开展的公共关系活动效果进行的评估。通过比较计划与实际绩效进行评估；通过观察公众言行举止变化进行评估；通过搜集对比各种统计数据进行评估。这种方法的优点是，有利于提高公共关系管理人员专业技术水平，缺点是可能产生不真实的测量结果。

（2）专家评估法，即邀请有关专家对组织开展公共关系活动的效果进行评估。采用专家同时评议、开座谈会等方法，来审定公共关系计划，观察计划的实施，鉴定公共关系活动的成效。专家评估法的价值，完全取决于专家是否具备专门知识，因此，采用此方法时一定要聘请那些知识丰富、熟悉情况的专家。

（3）公众评估法，即通过公众意见调查来间接推断公共关系活动的效果。可通过科学的舆论调查技术来展开调查研究，提出评估问题、进行问卷设计、对公众进行大规模的抽样调查，可以召开公众代表座谈会，深度访问有关公众，还可以通过互联网搜集网上公众的观点和意见等形式进行评估。

（4）实施人员评估法，即两型工程公共关系计划的实施人员对公共关系计划和实施情况进行评估。这种评估能够及时、充分地利用实践过程中的实际情况对该项活动影响效果进行判断。

（5）新闻媒介推断法，即通过新闻媒介的报道和传播来间接评估组织开展公共关系活动的效果。具体方法是通过统计新闻报道的数量，推断新闻界对本组织的关注程度；通过分析新闻媒介的级别层次，推测本组织的影响范围；通过研究新闻报道的方法，推测所产生的社会效果；通过新闻报道后的反响程度和方向，推测组织在各类公众中的知名度和美誉度。

（6）外部信息反馈法，通过外部环境对组织的信息反馈评估出两型工程公共关系的效果。例如，利用公众意见簿、采访记录、电话访问登记记录、外部公众行为变化等途径反馈对组织公关活动的评价。

6.4　两型工程公共关系策略

两型工程公共关系管理作为一项系统性工程，其实施需要主体、客体和介体的相互作用，需要政府、企业、媒体和非政府组织充分履行自己的责任和义务，采用各种不同的公共关系策略才能保证两型工程公共关系管理的良性发展。

6.4.1　政府公关策略

政府的概念有广义和狭义之分。广义的政府指行使国家权力的所有机关，包括国家立法、司法与行政机关，其中立法机关负责制定法律，行政机关负责执行法律，司法机关负责运用法律审判案件。狭义的政府仅指国家的行政机关，即根据宪法和法律组建的、行使行政权力、执行行政职能、推行政务、管理公共事务的组织体系，是国家权力机关的执行机构。由于各类公众的不同构成和不同的利益诉求，政府组织面对不同的公众有不同的公共关系责任和义务。

1. 对公众的策略

政府组织面对的首要目标公众就是人民群众，群众是社会的主体，是两型工程的利益相关者，尤其是在两型工程公共关系爆发危机时，群众由于其特殊性，其生活方面和心理方面都会产生严重影响，其生命、财产、生存环境都受到威胁。在生态危机中政府与群众处于一种常态管理的特殊环境下，群众对政府有一种特殊的期盼，对政府能力的预期要求较高，群众的知情权、财产权、人身权都需要得到保障，群众往往要求及时公布危机的相关信息和处理情况。同时，危机中受害的群众是利益直接受损者，他们需要政府的沟通、补偿和安抚。所以危机发生后，政府要处理好与人民群众的关系，争取群众的理解、信任、谅解、支持和合作，努力实现政府两型工程公共关系的目标。政府对群众的公共关系工作与职责包括以下内容。

1）沟通宣传

如果政府不能做好与群众的沟通，不能充分保障群众的知情权，群众就会缺乏对政府的信任，不能有效地配合政府的行为，也很难理解和支持政府所采取的政策和措施，两型工程公共关系目标就不可能实现。在两型工程公共关系过程中，政府要始终将维护社会公众的利益放在首位，一切以社会全体公民的利益为出发点，围绕预防危机，拓宽社会公众与政府的沟通渠道，使他们能及时、平等地参与到两型工程公共关系的构建中，同时也便于政府及时了解民情，以迅速、全面地搜集信息、传递信息和反馈信息，提高政府决策的实效性、准确性和全面性，使决策更加符合民众利益。

2）培训演习

政府是群众的政府，是社会的政府，近年来有关民众的两型工程公共关系事件频繁发生，政府作为"社会发展的领头羊"，是唯一能够化解危机的主体，如果政府缺乏预防危机意识，会直接影响到两型工程管理能力。政府应居安思危，利用各种形式对社会公众进行危机管理、知识和技能的传播和教育，让公众掌握应对危机的正确方法，通过对群众进行危机训练和培训指导，提高民众从容应对危机的能力。

3）舆论引导

两型工程公共关系管理过程中，政府要高度重视舆论导向，避免信息传播混乱，造成信息失真、谣言四起，群众心理失衡、情绪波动等现象。如果舆论导向把握不当很可能会影响社会稳定。所以政府要抓住先机、及早介入、迅速反应，在两型工程全过程发布权威信息，统一口径，增强群众对政府的信任，遏制谣言、安定人心。

4）取信于民

两型工程公共关系过程中，政府要树立诚信，以便加强群众对政府的信任力度。政府组织可以通过公开信息来及时稳定群众，增强群众信心，让群众能以客观公正的态度看待两型工程的实施。群众通过政府负责的态度、快速专业的反应及与群众及时有效的沟通，而感受到透明诚信、一心为民的政府形象。在两型工程公共关系管理过程中，政府始终处于主导、负责人的位置，在决策过程中应考虑群众的意愿，始终把群众的利益放在首位，只有这样，群众才会彻底相信并依赖政府，政府才能树立诚信、负责的良好形象。

5）参与配合

政府需要群众的参与和配合。良好的两型工程公共关系不仅需要一个成熟的政府，同样需要一个成熟的社会公众群体，因此更加强调政府与群众之间的相互理解、支持和配合。政府部门及时发布准确信息，做出明确的说明和解释会有利于良好两型工程公共关系的构建，群众在全面了解信息后表现出理解，进而支持政府采取有效措施，积极配合政府，参与两型工程的构建。

6）组织协调

有效组织、协调和调控是两型工程公共关系构建的重要保证。在两型工程实施过程中，政府要积极协调、组织、调配社会的人力、物力和财力，在最短时间内达到社会资源的整合配置，这在政府实施的两型工程公共关系中是最为关键的。动员各方面群众，组织协调调动社会各界力量，共同构建两型社会。

2. 对媒体的策略

在两型工程公共关系管理过程中，媒体也是政府的重要公众，由于媒体的身份极为特殊，它是政府和群众沟通的桥梁，所以，政府要高度重视媒体这一特殊公众。政府通过媒体获得信息和传递信息，政府通过媒体开展舆论监督活动，在规范社会公众、非政府组织行为的同时，也使政府行为受到公众媒体的舆论监督。这种舆论监督机制的意义在于：政府掌握着广泛的媒体资源，需要通过媒体将公众的舆论情绪引导到有利于两型工程公共关系目标实现的正确方向上来，在舆论的焦点中和媒体传播中树立政府的良好形象。政府对媒体的公共关系工作与职责如下。

1）相信媒体

政府作为两型工程公共关系的直接处理方，掌握的信息比媒体全面、广泛，在信息资源方面比媒体有优势，政府在面对媒体时，不能凭借既有的优势资源对媒体持打压的态度。新闻自由是公众言论自由的一种表现形式，也是媒体参与两型工程公共关系管理的重要保证。政府应该在法律许可范围内对媒体进行管理，要相信媒体，最大限度地实现媒体在两型工程公共关系管理过程中的新闻自由。

2）引导媒体

两型工程公共关系管理过程中，政府在信任媒体、保障媒体新闻自由的前提下，还要对媒体进行引导，保障媒体的作用正常发挥。两型工程实施过程中，尤其在发生生态危机时，媒体的报道中会出现不实、误报和假报现象，政府应充分运用主流媒体进行及时更正和澄清，引领媒体报道的走向和趋势，以避免各种虚假信息的蔓延。

3）支持媒体

及时向公众提供准确的信息是新闻媒体的基本功能，同时也是新闻从业者的天职，在两型工程公共关系管理中政府要大力支持媒体，通过媒体与公众进行沟通，为媒体提供便利条件。树立为媒体服务的理念，尽量公开政务信息，满足媒体的采访要求；为媒体工作提供政策、资金上的支持，推动媒体做大做强。

4）应对媒体

现代媒体信息传播速度快，传播面广，特别是在危机发生时，各种消息都是通过媒体的报道传播出去，因此政府对媒体普遍存在畏惧心理，担心自己的言行会被媒体歪曲、误解，对大众媒体产生"躲"的行为。首先，政府要有目的地选择危机事件的信息源和信息传播渠道，有效控制媒体传播的导向性。其次，政府对于两型工程公共关系信息的发布，必须掌握指导性原则，让媒体发挥正确的信息传输和舆论导向作用，引导公众选择正确的行为。

3. 对企业的策略

企业是从事生产、流通、贸易、服务等经济活动，以生产或服务满足社会需要，实行自主经营、独立核算、依法设立的一种营利性经济组织。在两型工程公共关系管理中，企业也是政府组织的重要公众之一，因为两型工程目标的达成需要企业的积极参与，企业需要政府政策上的支持和经济上的补贴，所以，政府对企业有一定的社会责任，两型工程公共关系管理中政府要给予企业正确的引导和鼓励，关心企业，服务企业。政府对企业的公共关系工作与职责如下。

1）管理企业

两型工程公共关系过程中，政府对企业的管理至关重要。政府是国家权力的执行者，对社会进行统一、有序的管理，任何组织都必须无条件遵守政府的法律与法规，服从政府及各职能部门的管理。政府必须加强对企业的管理，提升企业的社会责任感，让企业自觉参与到两型社会的构建中。

2）关注企业

企业作为盈利性社会组织，为国家创造了税收来源，增加了财政收入，特别是在当前就业压力较大的情况下，它们成为创造就业机会、吸纳城镇再就业人员、转移农村剩余劳动力的主要渠道，为确保社会稳定起着非常重要的作用。政府关注企业成长，促进企业发展，了解企业发展状况，支持企业更好地发展，使企业有能力更好地反馈社会，为两型社会的构建提供支持。

3）监督企业

两型工程实施过程中企业方可能爆发恶性事件，政府必须对企业实施外部监管，监管企业是政府的社会责任，目的在于让企业守法经营，保证生产服务符合各项法律法规，不破坏两型社会的构建。

4）指导企业

两型工程公共关系构建过程中，政府应指导企业树立危机意识，转变传统的环保理念，改变企业传统的生产方式，建设低碳型企业，发展低碳经济，倡导低碳生活，打造低碳城市，实现经济和社会的全面可持续发展。鼓励企业研发和推广低碳能源技术，从产业链的各个环节上，从产品设计、生产、消费的全过程中寻求节能途径，推广节能技术。对产业、能源结构进行梳理，对高能耗、高污染、高排放的项目予以限期整改或关停运转。

4. 对社会名流的策略

所谓社会名流在公众舆论和社会生活中具有较大影响。这类对象数量巨大、能量巨大，如果政府能够在两型工程公共关系中正确处理好与社会名流的联系，建立良好的名流关系，借助名流的知名度，不但能使社会名流发挥合理的作用，产生聚集效应，而且有利于政府公共关系网络的建立。所以，在两型工程公共关系管理中，政府应该注意到社会名流，如工商界、金融界首脑人物，科学界、教育界、学术界权威人物，文化、艺术、影视、体育等领域的明星，新闻出版界的名记者、名编辑等，并借助其力量不断丰满政府本身的形象，扩大自身的影响。政府对社会名流的公共关系工作与职责如下。

1）借用名人影响

两型工程公共关系中，社会名流的传播作用很大，影响力很强。通过社会名流去影响公众和舆论，效果往往事半功倍。与社会名流建立良好关系，充分利用他们的社会影响力做一些必要的宣传，借助他们较高的社会地位和某方面的权威性形成的公众信任度达到政府组织的宣传目的。

2）发挥舆论领袖作用

社会名流在公众心目中的知名度和认可度极高，所以在宣传中可以起到"舆论领袖"的作用。名人的舆论导向会吸引广大公众的目光，容易在群众中引起重大反响。

5. 对国际公众的策略

两型工程公共关系活动对象不仅是整个中国社会的公众，还要与国外公众、国际组织进行交流合作。国际公共关系的一个显著特点就是了跨文化传播，搞好国际公众关系的目的就是争取国际公众的支持，塑造良好国际形象，赢得良好国际声誉。政府对国际公众的公共关系工作与职责如下。

1）争取国际支持

两型工程公共关系构建中，政府组织与各类国际公众之间的交往中，不仅涉及国与国在政治、经济、文化、军事上的交往合作，也涉及生态环保技术的交流合作。面对两型社会的构建，政府组织不是孤立无援的，所有国际公众和组织都会协力解决环境保护和生态危机问题。所以政府在两型工程公共关系中应该充分利用国际资源，争取国际组织的合作与支持。

2）维护国际形象

国际形象是一个综合体，它是国家外部公众和内部公众对国家本身、国家行为、国家各项活动给予总体的评价和认定。两型工程的实施有利于资源节约和环境保护，这对国际形象的竖立有积极作用。所以政府要积极处理与国际公众的公共关系，为我国良好国家形象和国际声誉的传播奠定基础。

6.4.2　企业公关策略

企业是一种从事生产、流通与服务等经济性活动的营利性组织，它通过各种生产经营性活动创造财富，提供满足社会公众物质和文化生活需要的服务，在市场经济中占有非常重要的地位。在当今全球化的经济时代，任何企业都不是孤立存在的，它总是与社会中其他组织、群体及个人发生联系的。对于不同的对象有着不同的公共关系责任和义务。

1. 对员工的策略

员工是指企业中各种用工形式的人员，与以往相比，现今他们往往素质相对较高、知识性较强，具有更强的创造性、独立性和成就欲。对于企业公共关系来说，员工是企业生存发展的第一位的人力资源，是企业内部公众协调的首要对象。建立完善的沟通渠道是企业实施两型工程公共关系管理最重要的责任和义务。

沟通是影响员工关系的重要因素。如果员工不信任企业、不信任管理者，上行沟通将会受到阻碍；如果管理者不信任员工，下行沟通就受到影响。如果一个企业沟通不畅，企业的公共关系管理效率低下甚至出现负面影响，两型工程公共关系的目标实现也就无从谈起。

2. 对股东的策略

股东是企业的投资者，是企业的"财源"和"权源"，他们的态度关系到企业的生死存亡，依法对企业拥有管理权、监督权、股息权和股份公司的间接所有权。股东关系又称投资者关系，是近年来企业公共关系领域不断发展的一个崭新方面。在两型工程公共关系管理过程中，企业要尊重股东的"特权意识"，与股东保持经常的联系和沟通，通过各种渠道满足股东掌握信息、参与决策的愿望，让股东充分了解两型工程实施的意义及对企业长远发展的意义，让他们了解并信任企业，形成股东对企业发展前景积极乐观的态度，使他们愿意保持股票，甚至追加投资。

3. 对消费者的策略

所谓消费者关系，是指企业与其产品和服务的现实或潜在消费者之间所结成的社会联系，它是现代公共关系的重要组成部分。良好的消费者关系是企业以其符合消费者需求的良好行为而与消费者结成具有较大广度和深度的社会联系。企业在两型工程公共关系管理过程中有责任通过自己的良好产品和服务，满足消费者需求的同时，传递"环境友好，资源节约"的理念，力求消费者认可两型社会的理念，进而对企业留下良好印象。

4. 对媒体的策略

在两型工程公共关系管理过程中，领导人的态度、企业对两型工程的实施进程、相关人员应尽的职责都会通过媒体置于公众眼前，体现在社会舆论之中。一定程度上讲，两型工程公共关系管理的问题不仅是企业自身的问题，更是企业呈现在媒体上的问题。企业出现问题便可能损害自身及公众利益，影响两型工程公共关系目标的实现，导致公众对企业信任度的降低。因此，在两型工程公共关系过程中，一个无法回避的问题就是如何面对媒体。

1）保持媒体沟通

企业特别是规模型大企业应该组建公共关系部门，并重视起来两型工程的重要性，定期与媒体保持经常性工作，洞察先机防患于未然，同时得到两型工程公共关系管理的反馈信息。加强与公众媒体的有效沟通，利用媒体引导公众建立良好的公众形象。

2）悉心研究传媒

企业要自觉承担一项重要任务，就是在广大媒体群落中搜集一切企业和行业的相关信息，将信息进行分类整理并分析与研究，从而为两型工程公共关系管理奠定基础。借着前期社会关注较高的机会，企业可以加大在当地主流媒体进行品牌形象和企业形象的宣传，让更多人了解该企业在两型社会构建过程中所做出的努力，从而形成对企业的良好印象。

5. 对政府的策略

企业在两型工程公共关系管理中一定要构建强有力的外部支持力量，政府是不可忽视的外部力量，在很大程度上能左右企业两型工程公共关系管理的开展及效果。

1) 注重双向沟通，加强与政府的信息交流

企业与政府之间建立有效的沟通对于两型工程公共关系的开展十分重要且必要。当企业两型工程公共关系管理出现问题时，企业应当及时寻求政府帮助，保证与政府沟通过程中信息传递的准确性、及时性和有效性。通过双向沟通，使政府能了解企业的真实状况，从而获得政府信任。政府在信任的基础上，可以合理地消除政策上的障碍，推进企业两型工程公共关系管理进程。

2) 坚决支持和拥护政府工作

企业组织在追求利益的同时不仅要有承担社会责任的愿望，更要将其在决策和行动中表现出来，做一个两型事业的热心倡导者和积极拥护者，以此作为对政府工作的支持，以行动赢得政府组织的高度认同和厚爱。

3) 重新审视自身与政府的关系，实现互惠共赢

随着政府职能的不断转变，政府对于企业而言，既是监督者、管理者，也是服务者和利益共享者。因此，企业应当以全新的视角看待自身与政府的关系，不能一味要求政府提供政策支持，同时也要考虑政府需求和社会利益。

6.4.3　媒体公关策略

媒体是信息传播的介质，传统媒体从历史悠久的报纸、广播到电视，而在今天，逐步代替电视作为"第一媒体"的是 20 世纪末出现的互联网。近年来随着移动互联网的崛起，各类移动互联社交工具也成为重要的新媒体。

从不同角度出发，我们可以对媒体功能做出不同的解读。从过程角度出发，可以将媒体功能分为三部分。发布信息是媒体核心的一大功能，搜集和加工信息则是发布信息不可缺少的基础和前提。当媒体运用其三大功能时，其对社会的作用和影响是非常之大的。在搜集资料方面，媒体应该尽量接近于绝对真实性和客观性。在对社会进行调查、采访公众、采访领导等方面，坚持不歧视、不排斥的搜集信息原则。在对信息加工的过程中，媒体要服务于社会，媒体的利益必须基于最广大人民的利益。在两型工程公共关系管理过程中，媒体发布什么信息、怎

么发布信息和什么时候发布信息才对社会有积极作用应该是媒体重视的问题。有利于社会的信息发布必须是真实客观和及时的，这样的信息才能够提高社会群众对社会的了解，才能正确地引导舆论、影响政府和企业的决策。

1. 对政府的策略

　　政府工作是所有传播对象中最具社会权威的对象，在一定程度上，媒体的积极介入是政府两型工程公共关系管理的关键。在特殊情况下媒体是政府两型工程公共关系管理的组成部分，扮演着政府形象代言人的角色，是政府两型工程公共关系的形象塑造者。主流媒体要以国家利益和民众利益为重，这也决定了其在大多数时间里、大多数地方，媒体和政府保持着一种平衡状态。一旦平衡被打破，双方都会遭到很大的伤害。媒体和政府的理想关系应该是既相互依托又相互制衡，在涉及国家利益问题上应该相互协调。平衡不仅是政治艺术，也是媒体生存和发展的艺术。

1）监督政府行为

　　作为信息截取和监督工具的现代新闻媒体，信息传播和舆论监督是其重要的作用之一。当前社会中，民主和公共利益的观念日益增强，政府决策的一个重要原则是最大限度地尊重公众的利益。而确保公众利益的前提就是信息公开和信息渠道的畅通。媒体的作用正在于此，它承担了信息公开和信息沟通渠道的载体。

2）维护政府权威

　　权威是社会秩序维系的有机构件和必要机制，用来消除混乱、带来秩序，没有权威组织是无法实现组织目标的。政府作为拥有公共权力、管理公共事务、代表公共利益、承担公共责任的特殊社会组织，可以通过多种方式来调动各种力量达成社会和谐、实现社会目标。政府权威是一种公共权威，它在维护社会稳定和推动社会发展方面起着关键作用。因此，媒体组织必须要充分利用自己的特殊角色维护好政府权威。

2. 对企业的策略

　　在两型工程公共关系管理过程中，媒体与企业的关系错综复杂，从利益关系角度分析：一方面媒体要谋求公众对事件的关注度，做好受众的"眼球文章"；另一方面，媒体又要为企业着想，公正传播报道，帮助企业构建良好的公共关系。

1）如实、客观地报道企业情况

　　在两型工程实施过程中，媒体对企业的报道可能会触及企业的利益，进而发生冲突，媒体与企业的冲突本质上是社会公众利益与企业利益的冲突，媒体与企业的沟通障碍本质上是双方因判断危机的立场差异而引发的利益冲突。在企业与公众的天平上，媒体责无旁贷地倾向于后者，如实、客观地报道与公众利益相关的企业行为，真实客观地反映两型工程推进的程度。

　2）合理博弈，张弛有度

媒体关注企业两型工程实施的目的是维护社会公众利益、进行舆论监督，而不能存心抹黑企业，甚至把企业推向深渊。在企业两型工程推进不力的情况下，媒体对企业不能进行利益交换，也不要"穷追猛打"，而是合理博弈、张弛有度。在客观报道的同时，媒体更应该阐明企业的态度及企业的处理措施，形成公众对企业的支持和监督。

　3）精诚合作，互惠互利

媒体的特性和企业的本质决定了双方既对立又合作的复杂关系。因此，媒体其实是一把"双刃剑"，既可帮助身处两型工程公共关系管理困境中的企业提高问题处理能力，为企业创造良好的社会影响，也能瓦解企业声誉，把企业推向更危险的边缘。许多企业对媒体是又爱又恨、交而不亲、用而不重。但是无论如何，媒体和企业之间不应该是对立的。媒体与企业打交道更多的是合作，是双方资源的互动，加深在两型工程公共关系构建中的合作，不断创新，合力解决两型工程公共关系困境，实现共赢。

6.4.4　非政府组织公关策略

非政府组织是依法建立的、非政府的、非盈利的、自主管理的、非党派性的，并具有一定志愿者性质的、致力于解决各种社会问题的社会组织。非政府组织关注的往往是社会公众性的问题或者是人类共同性的问题，如贫民救助、贸易公平、环保、反战、反核等问题。这些问题所涉及的一般不是个人利益、组织利益或国家利益，而是社会的公共利益或人类的共同利益。非政府组织从事公益事业，提供社会公共服务，其涉及的领域非常广泛，其作为重要的社会组织形式，在现代社会中发挥着重要作用。

1. 两型工程公共关系危机发生前的公关活动

为防止两型工程公共关系危机的发生，非政府组织的公关活动主要以宣传教育形式为主，提高民众防范生态危机意识，保护环境。

1）传播生态文明，普及环保教育

中国非政府组织为中国乃至世界的环境保护事业做出了巨大贡献，在国内外的影响力日益增强。由于从普及环保意识入手进行环境教育是比较容易开展的领域，所以开展环境保护宣传教育，倡导生态文明，提高全民环保意识，这是我国非政府组织开展的最普遍的工作。尤其是我国的环保型非政府组织依据自身的特点在生态环境保护领域内开展了丰富多彩的活动，增强人们的环保意识，传播生态文明，倡导绿色生活方式。

2）组织志愿活动，推进民众参与

近年来们组织志愿者开展环境志愿活动，积极倡导公众以实际行动参与环保，已成为非政府组织开展生态环境宣传教育的重点，并得到了政府部门和广大群众的响应和支持。

3）开展社会监督，建言两型事业

中国非政府组织与政府开展两型工程，建设两型社会的目标是一致的，与国家的长远发展和人民的根本利益是一致的。作为民间力量，对政府与企业的环境责任开展社会监督，参与环境决策，积极建言献策，非政府组织为实现国家的两型工程事业发展起到了积极促进作用。

4）开展两型工程研究，促进技术发展

开展两型工程的科学开发与普及工作是我国非政府组织的一项重要任务。由一批与两型工程有关的管理、工程学会或研究组织开展这方面工作，他们集中了一大批国内相关学术领域的权威和精英，通过开展相关学科和技术的研究及其开发应用，积极推进两型工程建设。

5）建立两型基金，资助两型项目

主要由一批热心两型事业的国内或国外非政府组织和资助机构参与这方面的活动，包括为有关弱势群体开展的绿色慈善活动及为有关自然资源和环境保护的项目活动提供资金、设备、技术等方面资助或援助。

2. 两型工程公共关系危机发生时的公关活动

在两型工程公共关系发生危机时，仅靠当地政府组织很可能无法快速解决，非政府组织在危机管理过程中扮演着重要角色。按照危机发展的阶段来看，危机发生中非政府组织在解决过程中的活动体现在以下四个方面。

1）聚集资源，参与危机救助

大规模生态危机发生时，非政府组织可以广泛动员政府财政体系之外的社会公益资源向危机受害者提供援助，有效弥补政府应急资源的短缺。

2）服务受害者，进行物质和精神的帮助

随着生态危机问题的发展和由此带来的灾难，生态危机受害者作为特殊的弱势群体受到了关注。在物质救助方面，非政府组织在重大危机时开展救援最能体现其人道、支援、公益的活动目标和灵活、主动、快捷的行事风格，为受灾群众提供必要的生活物质。在精神救援方面，非政府组织注重与公众特别是受害者及家属的沟通，一方面开展心理康复的健康教育和宣传、高危群众心理疏导、灾后重建一线干部保健培训和心理减压工作；另一方面非政府组织积极主动加强与有关部门协调，建立灾后心理援助合作机制，选派精神卫生专业人员为灾后心理康复服务提供技术指导。

3）帮助政府和企业，动员民间力量

非政府组织植根社会基层，它的成员来自基层群众，是群众利益的代表，能更好地把民众各方面的诉求表达出来，从而架构起政府和群众沟通的桥梁。非政府组织熟悉和了解社会实际情况，而且它们的非官方身份在一些方面更容易开展工作，在动员社会各方面资源和战胜危机方面有政府组织无法替代的作用。

4）借助媒体，进行正面引导

非政府组织代表民间的声音，代表群众的诉求，在一定程度上非政府组织能起到政府无法起到的作用。非政府组织在危机处理中善用媒体的广大社会影响，澄清不准确消息，进行正面引导。

3. 两型工程公共关系危机发生后的公关活动

两型工程公共关系危机过后，要做好危机善后工作。对于两型工程公共关系处理不能急功近利，危机处理不能急于求成，危机解决后依然要加强沟通协调。其具体表现在以下两个方面。

1）生态危机灾后心理援助

非政府组织是危机后心理援助工作的重要力量，科学地开展灾后心理援助工作十分重要，灾后需要对心理援助进行大量宣传，并长期、大规模进行。灾后心理服务和普通心理服务有很大不同，第一是服务的人群不同，危机后心理服务面对人群范围广泛，其目的是让受害群众尽快恢复到危机前水平。第二是主动服务，确定不同人群有何种需要，防止焦虑情绪扩散。危机后心理服务虽然是专门的服务，但是它是整个善后救援、恢复、重建的一个重要部分，因此要配合其他救援工作同步展开。

2）加强国际合作，树立良好国际形象

进入 21 世纪，各类环境和资源问题有明显的全球化趋势。日益恶化的生态环境，要求整个人类必须加强国际合作，以控制和消除生态危机。生态危机往往造成国际范围内的灾难和影响，在善后工作中，国际间的合作非但是必要的，而且是重要的。非政府组织的公关活动包括：利用现代信息传播工具，与国外公众、社会组织和国际组织就遗留问题的解决进行沟通交流；继续加强在两型工程中科技、经济、卫生和生态方面的合作；调动世界范围内的人力、物力和财力共同防范危机，以抵御全球性危机。非政府组织可以与危机处理中的国际公众沟通协调，处理一些官方不便直接处理的事宜，更好地维护和树立本国政府及组织自身的良好国际形象。

6.5　两型工程公共关系危机应急决策冲突消解协调

两型工程公共关系危机事件的爆发，不但使两型工程建设受阻，而且给政府、企业和大众带来巨大的社会影响和经济损失。并且该类危机事件往往具有复杂性、突发性和高破坏性特征，因而建立合理、有效的两型工程公共关系危机应对方法成为两型工程公共关系管理中的重要内容。

由于两型工程公共关系危机应急管理涉及面广泛，需要发挥群体智慧，兼顾公共关系主体和客体多方面的利益。两型工程公共关系危机应急决策的决策群体除了包含各个学科领域、不同层次的专家学者，还要发挥公众参与的作用。由于不同层面的决策成员的学科背景不同、知识结构不同及自身利益的不同，期望不同，使两型工程公共关系危机应急决策中成员的组成结构更加复杂，决策成员之间不可避免地存在冲突。另外，鉴于两型工程公共关系危机应急决策事件本身的复杂性、时限性及不确定性，参与应急决策的成员在进行决策时会受到各种因素的限制，决策成员必须在信息不充分的条件下，在有限的时间内迅速做出合理可行的应急决策。与常规决策相比，两型工程公共关系危机应急决策中决策成员之间的冲突程度更大。因而，决策成员在做出最终的决策时，必须要先找出决策成员之间存在的冲突，并进行协调消解。因为如果不对决策成员之间的冲突进行协调消解，则可能使两型工程公共关系危机进一步升级，拖延决策时间和进度，从而可能降低决策效率，难以产生符合各两型工程公共关系利益主体的决策结果，

进一步扩大两型工程公共关系危机事件的危害。

在两型工程公共关系危机应急决策中，冲突消解协调的过程在本质上是多阶段交互的过程，即各个决策成员在决策时，需要相互协商讨论并使冲突得以消解，在这个过程中，需要通过一个冲突消解协调机制的运用来促使各个决策成员的偏好趋于一致。但是，在实际的两型工程公共关系危机应急决策过程中，要使得各个决策成员偏好完全达到一致没有必要，也不太可能。这一方面是因为一定程度的冲突水平能够起到对群体思维进行抑制的作用；另一方面，由于两型工程公共关系管理的主体和客体利益不同，所有决策成员的偏好也不太可能完全一致。所以可以结合实际情况，设置一个相对较为合理的群体冲突水平阈值（CL），该阈值可以采用协调方式，根据实际情况给定。为控制协调次数以避免拖延协调时间，可以设立冲突协调约束次数 T，首先设冲突协调次数 $t=1$，形成应急决策群体成员偏好原始集合；其次对各个决策成员偏好进行集结，形成一个临时的群体偏好；最后对各个决策成员的偏好与决策群体的偏好进行测度，将测度的距离用来表示实际的决策冲突水平。

本书中考虑两种常见的情况：①如果测度出的实际冲突水平是两型工程公共关系危机关系管理中决策成员不能接受的，即超过阈值水平 CL，则说明两型工程公共关系危机中各成员的偏好存在较大冲突，相互之间的意见差异性较大，这需要协调者进行冲突消解协调，组织决策群体成员进入到相互协商和反馈阶段，即进入下一轮冲突协调。置冲突协调次数 $t=t+1$，促使决策成员进一步协商讨论，修正并完善他们的偏好，形成新的决策成员偏好集。如此循环，直至实际冲突水平小于阈值 CL 或达到冲突消解协调约束最大次数 T。②若测度出的实际冲突水平在决策成员可以接受的范围内，则协调者进入选择过程，从而获得一个偏好一致性水平较高、冲突水平较低的最终满意群决策结果。该方法的特点是通过决策成员的偏好来设计群体冲突程度，从而在现实的冲突决策环境中能够掌握更多的辅助决策信息。另外，在两型工程公共关系危机应急决策中，应尽可能在事先设置的、规定的消解协调约束最大次数内，获得一个比较有效的冲突消解协调决策结果，同时还要保证每一次进行相互协调和进行反馈后的群体偏好冲突程度与上一轮次的偏好冲突程度相比要更小，以达到冲突收敛目的，这样才能节省冲突消解协调的时间，同时在较短时间内能够获得偏好一致性较高、冲突程度相对较低的群决策结果。因此，上述两型工程公共关系危机应急决策冲突消解协调方法可用图 6-3 表示。

为了更好地组织两型工程公共关系危机应急决策成员进入到相互协商和反馈阶段，我们需要了解公共关系管理中的冲突机制，并进行有效的冲突管理，引导决策群体实现冲突消解。我们给出如下冲突与冲突管理模型，以期对两型工程公共关系危机应急决策冲突消解提供支持（图 6-4）。

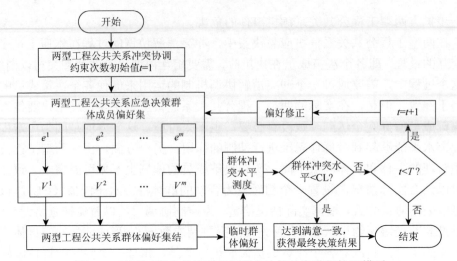

图 6-3　两型工程公共关系危机应急决策冲突消解协调模型

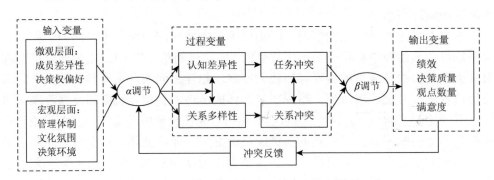

图 6-4　两型工程决策冲突与冲突管理模型

　　首先，从任务维度和关系维度来看，两型工程公共关系危机应急决策中的冲突可以分为两类，同任务相关的冲突和同关系相关的冲突。任务维度的冲突通常是面向任务的，包括在观点、想法和意见上的分歧，这种冲突也被称为功能性冲突；人际关系维度的冲突多表现在情感方面，指团队成员中存在人际关系不和，包括团队成员中存在的关系紧张、生气、厌恶等，这类冲突也被称为功能失调的冲突。

　　关于两型工程公共关系危机应急决策中冲突的诱因分为微观层面和宏观层面两部分。微观方面的诱因包括成员差异性和决策权偏好。成员差异性包括可见的差异性和深层次的差异性。可见的差异性多是指成员人口统计方面的差异，如性别、任期、职能背景、年龄、种族和文化等；而深层次的差异性则无法通过直接观察得到，如价值观。已有研究表明职能背景多样性同任务冲突正相关；性别、种族、文化及任期差异性同关系冲突正相关；也有研究表明团队成员价值观的差异性同任务和关系冲突均是正相关的。我们认为上述差异性首先引发深层次的多样性，进而引发任务和关系冲突。深层次的多样性有两种表现形式：认知差异性和关系多样性。其中，认知差异性是指团队成员对任务目标的信念和偏好的不同，关系多样性是指团队成员彼此间社会分类关系的不同，成员往往会依据这种社会分类关系形成子群体，进而形成深层次的人际关系。除了微观层面外，管理体制、文化氛围、决策环境等宏观因素也是冲突的诱因。例如，在两型工程建设中没有重视对文化和战略的建设，没有在内部形成统一的价值观。因而在两型工程公共关系危机应急决策中就缺乏一个共同的目标和方向作指导，从而引发成员间的认知差异，进而引发关系冲突。

诱因通过引发深层次的认知差异和人际关系的多样性来影响冲突水平。同时这些诱因与深层次的多样性之间受到调节变量 $\alpha=\{$决策技术，决策环境，组织环境，任务类型$\}$的调节作用。

在两型工程公共关系应急决策中冲突转化也是一种客观存在。现实中成员之间缺乏信任，常因意见上的分歧争执导致任务冲突向关系冲突转化，也会因为成员之间的敌对行为和派别不同而在讨论时去寻找他人观点上的错误，导致关系冲突向任务冲突转化。研究表明高度信任的氛围和高度的行为整合度能有效抑制任务冲突向关系冲突转化，因而在两型工程公共关系应急决策中建立积极的群体规范对于减少冲突转化具有重要的意义。

目前，关系冲突同决策绩效的负向关系已得到普遍认可，而任务冲突同决策绩效和满意度之间的研究结果并无定论。一些研究者认为，对于非常规的任务，适度的任务冲突能够发挥其正面效用，而对于常规的任务，任务冲突是有害的。然而，也有研究表明任务和关系冲突同绩效和满意度均是负相关的。一些学者将这些不一致归因于不同的情境，即在冲突影响绩效的过程中，存在一些调节变量。如果群体能够事先建立起高度信任的群体规范，并采取措施增加群体凝聚力就能够更好地发挥任务冲突的正面效用并减少关系冲突的负面影响。一些研究者也将冲突管理行为作为其中的调节变量。调节变量 $\beta=\{$群体规范，管理风格，凝聚力$\}$包括内部因素和外部因素两部分，内部因素主要是凝聚力，外部因素主要包括群体规范和冲突管理。凝聚力表现为成员的认知感、归属感，群体规范使成员的活动协调一致，提供了一种维持、巩固群体的决策机制。

冲突管理的目标可以分为最高目标和最低目标。最低目标即防止冲突升级，最高目标即将冲突的恶性循环转化为良性互动。我们认为应该从权变的观点出发来选择不同的冲突管理行为，并通过群内反思或者及时解决群内成员的矛盾来实现冲突管理的目标。

第7章　两型工程法律事务管理

两型工程管理与法律事务有非常密切的联系，上至国家法律、行政法规、部门规章，下至地方性法规、行业性法规、地方政府规章等。这些法律法规在两型工程管理的不同阶段和不同时期都发挥着重要功效，从法律风险识别、法律策划、法律控制及法律风险化解等方面保障了两型工程在不同条件下能够顺利推进。

7.1　法律专有名词解析

在我国，按照宪法和立法法规定的立法体制，法律位阶共分 6 级，它们从高到低依次是：宪法（根本法律）、基本法律、普通法律、行政法规、地方性法规和规章，如图 7-1 所示。

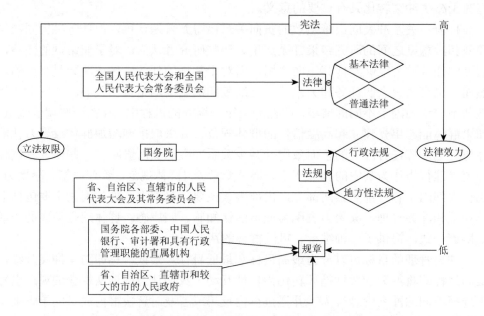

图 7-1　我国法律法规的法律效力和相应的立法权限分属

宪法是一个国家的根本大法，是特定社会政治、经济和思想文化条件综合作用的产物，它集中反映各种政治力量的实际对比关系，规定国家的根本任务和根本制度，即社会制度、国家制度的原则和国家政权的组织以及公民的基本权利义务等内容。宪法具有最高法律效力，一切法律、法规和规章都不得同宪法相抵触。

法律是社会规则的一种，通常是指由社会认可国家确认立法机关制定规范的行为规则，并由国家强制力（即军队、警察、法庭、监狱等）保证实施的，以规定当事人权利和义务为内容的，对全体社会成员具有普遍约束力的一种特殊行为规范（社会规范）。法律也分为基本法律和普通法律。基本法律，即全国人民代表大会制定和修改的刑事、民事、国家机构和其他方面的规范性文件。基本法以外的法律，即由全国人民代表大会常务委员会制定和修改的规范性文件。普通法律是以宪法为基础，由国家立法机关依一般立法程序制定、颁发的用以规范某种社会关系或社会关系某一方面行为规则的规范性文件。法律的效力高于法规和规章。

法规指国家机关制定的规范性文件。例如，我国国务院制定和颁布的行政法规，省、自治区、直辖市人民代表大会及其常务委员会制定和公布的地方性法规。省、自治区人民政府所在地的市，经国务院批准的较大的市的人民代表大会及其常务委员会，也可以制定地方性法规，报省、自治区的人民代表大会及其常务委员会批准后施行。法规也具有法律效力。法规也分为行政法规和地方性法规。行政法规的创制主体是中央人民政府即国务院。根据立法法规定，国务院根据宪法和法律，制定行政法规。行政法规可以就下列事项做出规定：一是为执行法律规定需要制定的行政法规的事项；二是宪法规定的国务院行政管理职权的事项。应当由全国人民代表大会及其常务委员会制定法律的事项，国务院根据全国人民代表大会及其常务委员会授权决定先制定的行政法规，经过实践检验，制定法律的条件成熟时，国务院应当及时提请全国人民代表大会及其常务委员会制定法律。地方性法规，指省级（省、自治区、直辖市）人民代表大会及其常务委员会根据本行政区域的具体情况和实际需要，在不同宪法、法律、行政法规相抵触的前提下，可以制定地方性法规。较大的市的人民代表大会及其常务委员会根据本市的具体情况和实际需要，在不同宪法、法律、行政法规和本省、自治区的地方性法规相抵触的前提下，可以制定地方性法规，报省、自治区的人民代表大会常务委员会批准后施行。行政法规的效力高于地方性法规和规章。

规章是行政性法律规范文件，之所以是规章，是从其制定机关进行划分的。规章主要指国务院组成部门及直属机构，省、自治区、直辖市人民政府及省、自治区政府所在地的市和经国务院批准的较大的市的人民政府，在它们的职权范围内，为执行法律、法规需要制定的事项或属于本行政区域具体行政管理事项而制定的规范性文件。省、自治区的人民政府制定的规章的效力高于本行政区域内的较大的市的人民政府制定的规章。部门规章之间、部门规章与地方政府规章之间具有同等效力，在各自的权限范围内执行。

本节仅介绍各层次法律法规之间在立法权限和法律效力上的区别，如需更详细的区别和解释，请参照最新的《中华人民共和国立法法》及中国法律信息网等。

7.2 两型工程主要法律法规构成

英国学者詹姆斯·汉密尔顿爵士在工程专业（engineering profession）中将工程主要分为化学工程、土木工程、电气工程、机械工程四种，旗下又涉及众多分支，如环境工程、海洋工程、生物工程、生态工程等。因此，工程领域涉及的法律是一个非常庞大和复杂的体系，其中大致可分为三个主要层面：一是行政层面，凡是涉及行政活动的，都会涉及行政层面的法律法规（以下将统称为行政法）；二是经济层面，凡是涉及经济活动的，都会涉及经济层面的法律法规（以下将统称为经济法）；三是专业层面，对应的是每种工程在运作和研究中遇到的法律法规（以下将统称为专业法），因此专业法会随着工程类别的不同而不同。本书主要从两型工程的角度介绍其相关的专业法。

两型工程中所涉及的各项法律与其他类工程大体相同，都是由全国人民代表大会或全国人民代表大会常务委员会制定并颁布，如《中华人民共和国环境保护法》《中华人民共和国水污染防治法》《中华人民共和国大气污染防治法》《中华人民共和国环境噪声污染防治法》等；所涉及的行政法规是由国务院制定并颁布，多为针对实际运作中的管理和许可证条例，如《中华人民共和国水污染防治法实施细则》《中华人民共和国自然保护区条例》等；所涉及的部门规章则是由国家环境保护部根据相关的法律和行政法规所颁布的一系列管理办法和管理规定，如《环境行政执法后督察办法》《环境行政处罚方法》《环境行政复议办法》等。

从图 7-2 中可以了解两型工程专业法的大致构成。需要说明的是，图 7-2 中仅罗列了两型工程相关的法律法规，并从法律效力的层次对相关法律法规进行划分，此外还有很多法律法规未列入其中。

7.3 两型工程法律法规体系

我国对环境保护和污染治理的立法工作十分重视，在《中华人民共和国宪法》

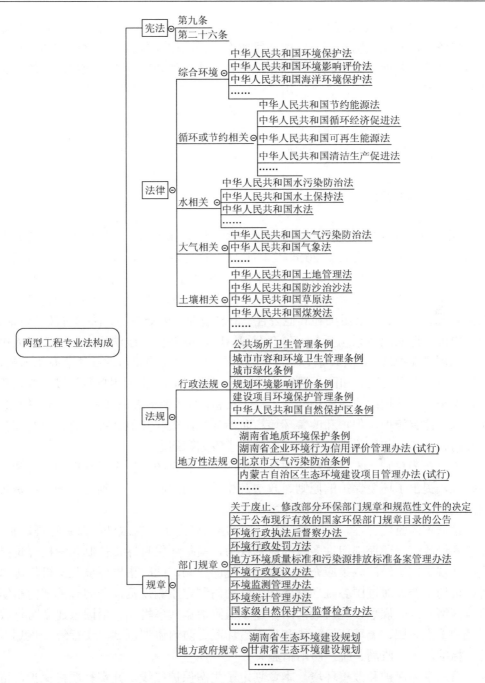

图 7-2　两型工程专业法构成

中第二十六条就明确规定"国家保护和改善生活环境和生态环境，防治污染和其他公害"，同时也在第九条中支出"矿藏、水流、森林、山岭、草原、荒地、滩涂等自然资源，都属于国家所有，即全民所有；由法律规定属于集体所有的森林和山岭、草原、荒地、滩涂除外。国家保障自然资源的合理利用，保护珍贵的动物和植物。禁止任何组织或者个人用任何手段侵占或者破坏自然资源"。

正因为两型工程与环境和生态之间的密切联系，因此其涉及相当庞大的法律法规体系。其相关的法律法规涉及环境和生态中的诸多领域，如大气、流域及相关的污染防治等。本节将会对两型工程所涉及的主要法律法规进行介绍。

7.3.1　环境保护法

《中华人民共和国环境保护法》已由中华人民共和国第十二届全国人民代表大会常务委员会第八次会议于 2014 年 4 月 24 日修订通过，自 2015 年 1 月 1 日起施行。至此，这部中国环境领域的"基本法"，完成了 25 年来的首次修订。修订后的《中华人民共和国环境保护法》分为七章共七十条，其中包括总则、监督管理、保护和改善环境、防治污染和其他公害、信息公开和公众参与、法律责任及附则。

中国环保法规体系包括 30 多部相关法律和 90 多部行政法规。当《中华人民共和国环境保护法》修订以后，环保各领域的单行法及法规与这部法律有出入的，将适应新《中华人民共和国环境保护法》，没有规定的，将适用单行法及法规。我国环保类法律法规的修改应该会逐步提上日程。新《中华人民共和国环境保护法》从总则、监督管理、保护和改善环境、防治环境污染和其他公害、信息公开和公众参与、法律责任及附则这七个方面进行了策划和规定。

第一章为总则。本章说明了本法制定的背景和目的，界定了环境的概念和适用领域，提出了环境保护的原则、政法及相关部门的职责，并确定保护环境是我国的基本国策，每年 6 月 5 日为环境日。

第二章为监督管理。从国家、省、市县层面确定了各级政法的监督管理职责，授予各级政府、环保部门许多新的监管权力，实行环保目标责任制和考核评价制度，并规定制定经济政策应充分考虑对环境的影响，同时指出环境监察机构可以进行现场检查。通过国务院环境保护主管部门制定监测规范，会同有关部门组织监测网络，统一规划设置监测网络，建立监测数据共享机制。由国家建立跨行政区域的重点区域、流域环境污染和生态破坏联合防治协调机制，实行统一规划、统一标准、统一监测、统一防治措施。

第三章为保护和改善环境。本章划定了生态保护红线，并实行严格保护，范围包括：具有代表性的各种类型的自然生态系统区域，珍稀、濒危的野生动植物自然分布区域，重要的水源涵养区域，具有重大科学文化价值的地质构造、著名溶洞和化石分布区、冰川、火山、温泉等自然遗迹，以及人文遗迹、古树名木等。

国家在重点生态功能区、生态环境敏感区和脆弱区等区域划定生态保护红线，实行严格保护。国家建立、健全环境与健康监测、调查和风险评估制度；鼓励和组织开展环境质量对公众健康影响的研究，采取措施预防和控制与环境污染有关的疾病。

第四章为防治污染和其他公害。本章要求建立资源环境承载能力监测预警机制，规定国家对重点污染物实行排放总量控制制度，其控制指标由国务院下达，省级人民政府负责分解落实。对超过国家重点污染物排放总量控制指标或者未完成国家确定的环境质量目标的地区，省级以上人民政府环境保护主管部门应当暂停审批其新增重点污染物排放总量的建设项目环境影响评价文件。对超过国家重点污染物排放总量控制指标或者未完成国家确定的环境质量目标的地区，省级以上人民政府环境保护行政主管部门应当暂停审批其新增重点污染物排放总量的建设项目环境影响评价文件。要求各级人民政府及其有关部门和企业事业单位，应当依照《中华人民共和国突发事件应对法》的规定，做好突发环境事件的风险控制、应急准备、应急处置和事后恢复等工作。要求各级政府、企业事业单位应当建立环境污染的公共监测预警机制；在环境受到污染，可能影响到公共健康和环境安全的时候，应当及时公布预警信息；应当及时启动应急措施，并组织实施，推动环境公共污染危险的减缓。

第五章为信息公开和公众参与。本章授予公民、法人和其他组织依法享有获取环境信息、参与和监督环境保护的权利。各级人民政府环境保护主管部门和其他负有环境保护监督管理职责的部门，应当依法公开环境信息、完善公众参与程序，为公民、法人和其他组织参与和监督环境保护提供便利。对污染环境、破坏生态，损害社会公共利益的行为，凡是依法在设区的市级以上人民政府民政部门登记，并专门从事环境保护公益活动连续 5 年以上且无违法记录的社会组织有权向人民法院提起诉讼，人民法院应当依法受理。提起诉讼的社会组织不得通过诉讼牟取经济利益。

第六章为法律责任。规定企业事业单位和其他生产经营者违法排放污染物，受到罚款处罚，被责令改正，拒不改正的，依法做出处罚决定的行政机关可以自责令改正之日的次日起，按照原处罚数额按日连续处罚。前款规定的罚款处罚，依照有关法律法规按照防治污染设施的运行成本、违法行为造成的直接损失或者违法所得等因素确定的规定执行。同时授权环保部门对造成环境严重污染的设施设备可以查封扣押，对超标、超总量的排污单位可以责令限产、停产整治。针对违法成本低的问题，设计了罚款的按日连续计罚规则；针对未批先建又拒不改正、通过暗管排污逃避监管等违法企业责任人，引入治安拘留处罚；构成犯罪的，依法追究刑事责任。本章也规定了对环保部门自身的严厉行政问责措施。

第七章为附则。规定了本法自 2015 年 1 月 1 日起施行。

7.3.2 大气污染防治行动计划

大气环境保护事关人民群众根本利益，事关经济持续健康发展，事关全面建成小康社会，事关实现中华民族伟大复兴中国梦。当前，我国大气污染形势严峻，以可吸入颗粒物（PM_{10}）、细颗粒物（$PM_{2.5}$）为特征污染物的区域性大气环境问题日益突出，损害人民群众身体健康，影响社会和谐稳定。随着我国工业化、城镇化的深入推进，能源资源消耗持续增加，大气污染防治压力继续加大。为切实改善空气质量，国务院于 2013 年 9 月印发《大气污染防治行动计划》（国发〔2013〕37 号）。

总体要求：以邓小平理论、"三个代表"重要思想、科学发展观为指导，以保障人民群众身体健康为出发点，大力推进生态文明建设，坚持政府调控与市场调节相结合、全面推进与重点突破相配合、区域协作与属地管理相协调、总量减排与质量改善相同步，形成政府统领、企业施治、市场驱动、公众参与的大气污染防治新机制，实施分区域、分阶段治理，推动产业结构优化、科技创新能力增强、经济增长质量提高，实现环境效益、经济效益与社会效益多赢，为建设美丽中国而奋斗。

奋斗目标：经过 5 年努力，全国空气质量总体改善，重污染天气较大幅度减少；京津冀、长三角、珠三角等区域空气质量明显好转。力争再用 5 年或更长时间，逐步消除重污染天气，全国空气质量明显改善。

具体指标：到 2017 年，全国地级及以上城市可吸入颗粒物浓度比 2012 年下降 10%以上，优良天数逐年提高；京津冀、长三角、珠三角等区域细颗粒物浓度分别下降 25%、20%、15%左右，其中北京市细颗粒物年均浓度控制在 60 微克/立方米左右。

本小节将分 10 部分介绍大气污染防治行动计划。

第一部分为加大综合治理力度，减少多污染物排放。加强工业企业大气污染综合治理，全面整治燃煤小锅炉，加快推进集中供热、"煤改气"、"煤改电"工程建设，到 2017 年，除必要保留的以外，地级及以上城市建成区基本淘汰每小时 10 蒸吨及以下的燃煤锅炉，禁止新建每小时 20 蒸吨以下的燃煤锅炉；其他地区原则上不再新建每小时 10 蒸吨以下的燃煤锅炉。推进挥发性有机物污染治理，在石化、有机化工、表面涂装、包装印刷等行业实施挥发性有机物综合整治，在石化行业开展"泄漏检测与修复"技术改造。深化面源污染治理，综合整治城市扬尘，加强施工扬尘监管，积极推进绿色施工，建设工程施工现场应全封闭设置围挡墙，严禁敞开式作业，施工现场道路应进行地面硬化。开展餐饮油烟污染治理，城区餐饮服务经营场所应安装高效油烟净化设施，推广使用高效净化型家用吸油烟机。强化移动源污染防治，加强城市交通管理。优化城市功能和布局规划，推广智能交通管理，缓解城市交通拥堵。提升燃油品质，加快淘汰黄标车和老旧车辆，加强机动车环保管理，加快推进低速汽车升级换代，大力推广新能源汽车。

第二部分为调整优化产业结构，推动产业转型升级。严控"两高"行业新增产能，修订高耗能、高污染和资源性行业准入条件，明确资源能源节约和污染物排放等指标。加快淘汰落后产能，结合产业发展实际和环境质量状况，进一步提高环保、能耗、安全、质量等标准，分区域明确落后产能淘汰任务，倒逼产业转型升级。对布局分散、装备水平低、环保设施差的小型工业企业进行全面排查，制订综合整改方案，实施分类治理。压缩过剩产能，加大环保、能耗、安全执法处罚力度，建立以节能环保标准促进"两高"行业过剩产能退出的机制。坚决停建产能严重过剩行业违规在建项目，认真清理产能严重过剩行业违规在建项目，对未批先建、边批边建、越权核准的违规项目，尚未开工建设的，不准开工；正在建设的，要停止建设。地方人民政府要加强组织领导和监督检查，坚决遏制产能严重过剩行业盲目扩张。

第三部分为加快企业技术改造，提高科技创新能力。强化科技研发和推广，加强灰霾、臭氧的形成机理、来源解析、迁移规律和监测预警等研究，为污染治理提供科学支撑。全面推行清洁生产，对钢铁、水泥、化工、石化、有色金属冶炼等重点行业进行清洁生产审核，针对节能减排关键领域和薄弱环节，采用先进适用的技术、工艺和装备，实施清洁生产技术改造；到 2017 年，重点行业排污强度比 2012 年下降 30%以上。大力发展循环经济，鼓励产业集聚发展，实施园区循环化改造，推进能源梯级利用、水资源循环利用、废物交换利用、土地节约集约利用，促进企业循环式生产、园区循环式发展、产业循环式组合，构建循环型工业体系。大力培育节能环保产业，着力把大气污染治理的政策要求有效转化为节能环保产业发展的市场需求，促进重大环保技术装备、产品的创新开发与产业化应用。

第四部分为加快调整能源结构，增加清洁能源供应。控制煤炭消费总量，制定国家煤炭消费总量中长期控制目标，实行目标责任管理。到 2017 年，煤炭占能源消费总量比重降低到 65%以下。加快清洁能源替代利用，加大天然气、煤制天然气、煤层气供应。到 2015 年，新增天然气干线管输能力 1500 亿立方米以上，覆盖京津冀、长三角、珠三角等区域。推进煤炭清洁利用，提高煤炭洗选比例，新建煤矿应同步建设煤炭洗选设施，现有煤矿要加快建设与改造；到 2017 年，原煤入选率达到 70%以上。扩大城市高污染燃料禁燃区范围，逐步由城市建成区扩展到近郊，结合城中村、城乡结合部、棚户区改造，通过政策补偿和实施峰谷电价、季节性电价、阶梯电价、调峰电价等措施，逐步推行以天然气或电替代煤炭。提高能源使用效率，严格落实节能评估审查制度。新建高耗能项目单位产品（产值）能耗要达到国内先进水平，用能设备达到一级能效标准。积极发展绿色建筑，政府投资的公共建筑、保障性住房等要率先执行绿色建筑标准。

第五部分为严格节能环保准入，优化产业空间布局。调整产业布局，按照主体功能区规划要求，合理确定重点产业发展布局、结构和规模，重大项目原则上布局在优化开发区和重点开发区。所有新、改、扩建项目，必须全部进行环境影响评价；未通过环境影响评价审批的，一律不准开工建设；违规建设的，要依法进行处罚。强化节能环保指标约束，提高节能环保准入门槛，健全重点行业准入条件，公布符合准入条件的企业名单并实施动态管理。优化空间格局，科学制订并严格实施城市规划，强化城市空间管制要求和绿地控制要求，规范各类产业园区和城市新城、新区设立和布局，禁止随意调整和修改城市规划，形成有利于大气污染物扩散的城市和区域空间格局。研究开展城市环境总体规划试点工作。结合化解过剩产能、节能减排和企业兼并重组，有序推进位于城市主城区的钢铁、石化、化工、有色金属冶炼、水泥、平板玻璃等重污染企业环保搬迁、改造，到2017年基本完成。

第六部分为发挥市场机制作用，完善环境经济政策。发挥市场机制调节作用，本着"谁污染、谁负责，多排放、多负担，节能减排得收益、获补偿"的原则，积极推行激励与约束并举的节能减排新机制。分行业、分地区对水、电等资源类产品制定企业消耗定额。建立企业"领跑者"制度，对能效、排污强度达到更高标准的先进企业给予鼓励。全面落实"合同能源管理"的财税优惠政策，完善促进环境服务业发展的扶持政策，推行污染治理设施投资、建设、运行一体化特许经营。完善价格税收政策，根据脱硝成本，结合调整销售电价，完善脱硝电价政策。现有火电机组采用新技术进行除尘设施改造的，要给予价格政策支持。实行阶梯式电价。推进天然气价格形成机制改革，理顺天然气与可替代能源的比价关系。按照合理补偿成本、优质优价和污染者付费的原则合理确定成品油价格，完善对部分困难群体和公益性行业成品油价格改革补贴政策。加大排污费征收力度，做到应收尽收。适时提高排污收费标准，将挥发性有机物纳入排污费征收范围。研究将部分"两高"行业产品纳入消费税征收范围。拓宽投融资渠道，深化节能环保投融资体制改革，鼓励民间资本和社会资本进入大气污染防治领域。

第七部分为健全法律法规体系，严格依法监督管理。完善法律法规标准，加快大气污染防治法修订步伐，重点健全总量控制、排污许可、应急预警、法律责任等方面的制度，研究增加对恶意排污、造成重大污染危害的企业及其相关负责人追究刑事责任的内容，加大对违法行为的处罚力度。提高环境监管能力，完善国家监察、地方监管、单位负责的环境监管体制，加强对地方人民政府执行环境法律法规和政策的监督。加大环境监测、信息、应急、监察等能力建设力度，达到标准化建设要求。加大环保执法力度，推进联合执法、区域执法、交叉执法等执法机制创新，明确重点，加大力度，严厉打击环境违法行为。对偷排偷放、屡查屡犯的违法企业，要依法停产关闭。实行环境信息公开，国家每月公布空气质量最差的 10 个城市和最好的 10 个城市的名单。各省（自治区、直辖市）要公布本行政区域内地级及以上城市空气质量排名。地级及以上城市要在当地主要媒体及时发布空气质量监测信息。

第八部分为建立区域协作机制，统筹区域环境治理。建立区域协作机制，建立京津冀、长三角区域大气污染防治协作机制，由区域内省级人民政府和国务院有关部门参加，协调解决区域突出环境问题，组织实施环评会商、联合执法、信息共享、预警应急等大气污染防治措施，通报区域大气污染防治工作进展，研究确定阶段性工作要求、工作重点和主要任务。分解目标任务，国务院与各省（自治区、直辖市）人民政府签订大气污染防治目标责任书，将目标任务分解落实到地方人民政府和企业。将重点区域的细颗粒物指标、非重点地区的可吸入颗粒物指标作为经济社会发展的约束性指标，构建以环境质量改善为核心的目标责任考核体系。实行严格责任追究，对未通过年度考核的，由环保部门会同组织部门、监察机关等部门约谈省级人民政府及其相关部门有关负责人，提出整改意见，予以督促。

第九部分为建立监测预警应急体系，妥善应对重污染天气。建立监测预警体系，环保部门要加强与气象部门的合作，建立重污染天气监测预警体系。制定完善应急预案，空气质量未达到规定标准的城市应制定和完善重污染天气应急预案并向社会公布；要落实责任主体，明确应急组织机构及其职责、预警预报及响应程序、应急处置及保障措施等内容，按不同污染等级确定企业限产停产、机动车和扬尘管控、中小学校停课及可行的气象干预等应对措施。开展重污染天气应急演练。及时采取应急措施，将重污染天气应急响应纳入地方人民政府突发事件应急管理体系，实行政府主要负责人负责制。要依据重污染天气的预警等级，迅速启动应急预案，引导公众做好卫生防护。

第十部分为明确政府企业和社会的责任，动员全民参与环境保护。明确地方政府统领责任，地方各级人民政府对本行政区域内的大气环境质量负总责，要根据国家的总体部署及控制目标，制定本地区的实施细则，确定工作重点任务和年度控制指标，完善政策措施，并向社会公开；要不断加大监管力度，确保任务明确、项目清晰、资金保障。加强部门协调联动，各有关部门要密切配合、协调力量、统一行动，形成大气污染防治的强大合力。强化企业施治，企业是大气污染治理的责任主体，要按照环保规范要求，加强内部管理，增加资金投入，采用先进的生产工艺和治理技术，确保达标排放，甚至达到“零排放”；要自觉履行环境保护的社会责任，接受社会监督。广泛动员社会参与，环境治理，人人有责。要积极开展多种形式的宣传教育，普及大气污染防治的科学知识。

7.3.3　水污染防治行动计划

水环境保护事关人民群众切身利益，事关全面建成小康社会，事关实现中华民族伟大复兴中国梦。当前，我国一些地区水环境质量差、水生态受损重、环境隐患多等问题十分突出，影响和损害群众健康，不利于经济社会持续发展。为切实加大水污染防治力度，保障国家水安全，国务院于 2015 年 4 月印发《水污染防治行动计划》（国发〔2015〕17 号）。

该行动计划总体要求：全面贯彻党的十八大和十八届二中、三中、四中全会精神，大力推进生态文明建设，以改善水环境质量为核心，按照"节水优先、空间均衡、系统治理、两手发力"原则，贯彻"安全、清洁、健康"方针，强化源头控制，水陆统筹、河海兼顾，对江河湖海实施分流域、分区域、分阶段科学治理，系统推进水污染防治、水生态保护和水资源管理。

工作目标：到 2020 年，全国水环境质量得到阶段性改善，污染严重水体较大幅度减少，饮用水安全保障水平持续提升，地下水超采得到严格控制，地下水污染加剧趋势得到初步遏制，近岸海域环境质量稳中趋好，京津冀、长三角、珠三角等区域水生态环境状况有所好转。到 2030 年，力争全国水环境质量总体改善，水生态系统功能初步恢复。到 21 世纪中叶，生态环境质量全面改善，生态系统实现良性循环。

主要指标：到 2020 年，长江、黄河、珠江、松花江、淮河、海河、辽河等七大重点流域水质优良（达到或优于Ⅲ类）比例总体达到 70%以上，地级及以上城市建成区黑臭水体均控制在 10%以内，地级及以上城市集中式饮用水水源水质达到或优于Ⅲ类比例总体高于 93%，全国地下水质量极差的比例控制在 15%左右，近岸海域水质优良（一、二类）比例达到 70%左右。京津冀区域丧失使用功能（劣于Ⅴ类）的水体断面比例下降 15 个百分点左右，长三角、珠三角区域力争消除丧失使用功能的水体。

本节将分 10 个部分介绍水污染防治行动计划。

第一部分为全面控制污染物排放。狠抓工业污染防治。取缔"十小"企业。全面排查装备水平低、环保设施差的小型工业企业。专项整治十大重点行业。制定造纸、焦化、氮肥、有色金属、印染、农副食品加工、原料药制造、制革、农药、电镀等行业专项治理方案，实施清洁化改造。集中治理工业集聚区水污染。强化经济技术开发区、高新技术产业开发区、出口加工区等工业集聚区污染治理。在城镇方面，强化城镇生活污染治理，全面加强配套管网建设，推进污泥处理处置；在农业方面，推进农业农村污染防治，控制农业面源污染，调整种植业结构与布局，加快农村环境综合整治；在船舶港口方面，加强船舶港口污染控制，增强港口码头污染防治能力。

第二部分为推动经济结构转型升级。调整产业结构，依法淘汰落后产能。严格环境准入，根据流域水质目标和主体功能区规划要求，明确区域环境准入条件，细化功能分区，实施差别化环境准入政策。优化空间布局，合理确定发展布局、结构和规模。充分考虑水资源、水环境承载能力，以水定城、以水定地、以水定人、以水定产。积极保护生态空间，严格城市规划蓝线管理，城市规划区范围内应保留一定比例的水域面积。推进循环发展，加强工业水循环利用。促进再生水利用，以缺水及水污染严重地区城市为重点，完善再生水利用设施，工业生产、城市绿化、道路清扫、车辆冲洗、建筑施工以及生态景观等用水，要优先使用再生水。推动海水利用。在沿海地区电力、化工、石化等行业，推行直接利用海水作为循环冷却等工业用水。

第三部分为着力节约保护水资源。控制用水总量，实施最严格的水资源管理。严控地下水超采，在地面沉降、地裂缝、岩溶塌陷等地质灾害易发区开发利用地下水，应进行地质灾害危险性评估。提高用水效率，建立万元国内生产总值水耗指标等用水效率评估体系，把节水目标任务完成情况纳入地方政府政绩考核。抓好工业节水，制定国家鼓励和淘汰的用水技术、工艺、产品和设备目录，完善高耗水行业取用水定额标准。加强城镇节水，禁止生产、销售不符合节水标准的产品、设备。发展农业节水，推广渠道防渗、管道输水、喷灌、微灌等节水灌溉技术，完善灌溉用水计量设施。科学保护水资源，完善水资源保护考核评价体系。加强水功能区监督管理，从严核定水域纳污能力。

第四部分为强化科技支撑。推广示范适用技术，加快技术成果推广应用，重点推广饮用水净化、节水、水污染治理及循环利用、城市雨水收集利用、再生水安全回用、水生态修复、畜禽养殖污染防治等适用技术。攻关研发前瞻技术，整合科技资源，通过相关国家科技计划（专项、基金）等，加快研发重点行业废水深度处理、生活污水低成本高标准处理、海水淡化和工业高盐废水脱盐、饮用水微量有毒污染物处理、地下水污染修复、危险化学品事故和水上溢油应急处置等技术。大力发展环保产业，规范环保产业市场。对涉及环保市场准入、经营行为规范的法规、规章和规定进行全面梳理，废止妨碍形成全国统一环保市场和公平竞争的规定和做法。加快发展环保服务业，明确监管部门、排污企业和环保服务公司的责任和义务，完善风险分担、履约保障等机制。

第五部分为充分发挥市场机制作用。理顺价格税费，加快水价改革。对于县级及以上城市应于 2015 年年底前全面实行居民阶梯水价制度，具备条件的建制镇也要积极推进。完善收费政策，修订城镇污水处理费、排污费、水资源费征收管理办法，合理提高征收标准，做到应收尽收。健全税收政策，依法落实环境保护、节能节水、资源综合利用等方面税收优惠政策。促进多元融资，引导社会资本投入的同时增加政府资金投入，积极推动设立融资担保基金，推进环保设备融资租赁业务发展。同时，建立激励机制，健全节水环保"领跑者"制度。鼓励节能减排先进企业、工业集聚区用水效率、排污强度等达到更高标准，支持开展清洁生产、节约用水和污染治理等示范。推行绿色信贷，积极发挥政策性银行等金融机构在水环境保护中的作用，重点支持循环经济、污水处理、水资源节约、水生态环境保护、清洁及可再生能源利用等领域。实施跨界水环境补偿，探索采取横向资金补助、对口援助、产业转移等方式，建立跨界水环境补偿机制，开展补偿试点。深化排污权有偿使用和交易试点。

第六部分为严格环境执法监管。完善法规标准，健全法律法规。加快水污染防治、海洋环境保护、排污许可、化学品环境管理等法律法规修订步伐，研究制定环境质量目标管理、环境功能区划、节水及循环利用、饮用水水源保护、污染责任保险、水功能区监督管理、地下水管理、环境监测、生态流量保障、船舶和陆源污染防治等法律法规。各地可结合实际，研究起草地方性水污染防治法规。完善标准体系，制修订地下水、地表水和海洋等环境质量标准，城镇污水处理、污泥处理处置、农田退水等污染物排放标准。同时，加大执法力度，所有排污单位必须依法实现全面达标排放。完善国家督查、省级巡查、地市检查的环境监督执法机制，强化环保、公安、监察等部门和单位协作，健全行政执法与刑事司法衔接配合机制，完善案件移送、受理、立案、通报等规定。严厉打击环境违法行为，重点打击私设暗管或利用渗井、渗坑、溶洞排放、倾倒含有毒有害污染物废水、含病原体污水，监测数据弄虚作假，不正常使用水污染物处理设施，或者未经批准拆除、闲置水污染物处理设施等环境违法行为。提升监管水平，完善流域协作机制，健全跨部门、区域、流域、海域水环境保护议事协调机制，发挥环境保护区域督查派出机构和流域水资源保护机构作用，探索建立陆海统筹的生态系统保护修复机制。完善水环境监测网络，提高环境监管能力，统一规划设置监测断面（点位），提升饮用水水源水质全指标监测、水生生物监测、地下水环境监测、化学物质监测及环境风险防控技术支撑能力。

第七部分为切实加强水环境管理。强化环境质量目标管理，明确各类水体水质保护目标，逐一排查达标状况。深化污染物排放总量控制，完善污染物统计监测体系，将工业、城镇生活、农业、移动源等各类污染源纳入调查范围。严格环境风险控制，防范环境风险。定期评估沿江河湖库工业企业、工业集聚区环境和健康风险，落实防控措施。稳妥处置突发水环境污染事件，地方各级人民政府要制定和完善水污染事故处置应急预案，落实责任主体，明确预警预报与响应程序、应急处置及保障措施等内容，依法及时公布预警信息。全面推行排污许可，依法核发排污许可证。2015年年底前，完成国控重点污染源及排污权有偿使用和交易试点地区污染源排污许可证的核发工作，其他污染源于2017年年底前完成。加强许可证管理，以改善水质、防范环境风险为目标，将污染物排放种类、浓度、总量、排放去向等纳入许可证管理范围。

第八部分为全力保障水生态环境安全。保障饮用水水源安全，从水源到水龙头全过程监管饮用水安全。强化饮用水水源环境保护，开展饮用水水源规范化建设，依法清理饮用水水源保护区内违法建筑和排污口。防治地下水污染，定期调查评估集中式地下水型饮用水水源补给区等区域环境状况。深化重点流域污染防治，编制实施七大重点流域水污染防治规划，研究建立流域水生态环境功能分区管理体系。加强良好水体保护，对江河源头及现状水质达到或优于III类的江河湖库开展生态环境安全评估，制订实施生态环境保护方案。加强近岸海域环境保护，实施近岸海域污染防治方案，并重点整治黄河口、长江口、闽江口、珠江口、辽东湾、渤海湾、胶州湾、杭州湾、北部湾等河口海湾污染。推进生态健康养殖，在重点河湖及近岸海域划定限制养殖区。要求严格控制环境激素类化学品污染。整治城市黑臭水体，采取控源截污、垃圾清理、清淤疏浚、生态修复等措施，加大黑臭水体治理力度，每半年向社会公布治理情况。保护水和湿地生态系统，加强河湖水生态保护，科学划定生态保护红线。保护海洋生态，加大红树林、珊瑚礁、海草床等滨海湿地、河口和海湾典型生态系统，以及产卵场、索饵场、越冬场、洄游通道等重要渔业水域的保护力度，实施增殖放流，建设人工鱼礁。

第九部分为明确和落实各方责任。强化地方政府水环境保护责任，各级地方人民政府是实施本行动计划的主体，要于 2015 年年底前分别制订并公布水污染防治工作方案，逐年确定分流域、分区域、分行业的重点任务和年度目标。加强部门协调联动，建立全国水污染防治工作协作机制，定期研究解决重大问题。落实排污单位主体责任，各类排污单位要严格执行环保法律法规和制度，加强污染治理设施建设和运行管理，开展自行监测，落实治污减排、环境风险防范等责任。严格目标任务考核，国务院与各省（自治区、直辖市）人民政府签订水污染防治目标责任书，分解落实目标任务，切实落实"一岗双责"。将考核结果作为水污染防治相关资金分配的参考依据。对未通过年度考核的，要约谈省级人民政府及其相关部门有关负责人，提出整改意见，予以督促；对有关地区和企业实施建设项目环评限批。

第十部分为强化公众参与和社会监督。依法公开环境信息，综合考虑水环境质量及达标情况等因素，国家每年公布最差、最好的 10 个城市名单和各省（自治区、直辖市）水环境状况。各省（自治区、直辖市）人民政府要定期公布本行政区域内各地级市（州、盟）水环境质量状况。加强社会监督，为公众、社会组织提供水污染防治法规培训和咨询，邀请其全程参与重要环保执法行动和重大水污染事件调查。构建全民行动格局。树立"节水洁水，人人有责"的行为准则，加强宣传教育，把水资源、水环境保护和水情知识纳入国民教育体系，提高公众对经济社会发展和环境保护客观规律的认识。

7.3.4　节约能源法

《中华人民共和国节约能源法》是为了推动全社会节约能源，提高能源利用效率，保护和改善环境，促进经济社会全面、协调、可持续发展而制定的。该法于 1997 年 11 月 1 日第八届全国人民代表大会常务委员会第二十八次会议通过，自 1998 年 1 月 1 日起施行，并在 2007 年 10 月 28 日中华人民共和国第十届全国人民代表大会常务委员会第三十次会议修订通过，自 2008 年 4 月 1 日起施行。

新的《中华人民共和国节约能源法》为我国科学发展再加法律利器，将有助于解决当前我国经济发展与能源资源及环境之间日益尖锐的矛盾。《中华人民共和国节约能源法》共七章，分别是总则、节能管理、合理使用与节约能源、节能技术进步、激励措施、法律责任、附则。本小节将对这七章进行介绍。

第一章为总则。本章说明了本法制定背景和目的，确定了节约能源是我国的基本国策。同时，界定了能源的概念和适用领域，提出并明确了节约能源的原则、政法及相关部门的职责、执法主体，强化了节能法律责任。指出了国务院和县级以上地方各级人民政府应当将节能工作纳入国民经济和社会发展规划、年度计划，并组织编制和实施节能中长期专项规划、年度节能计划。

第二章为节能管理。从国家、省、市县层面确定了各级政法的监督检查职责，强调了各级政府部门应当加强对节能工作的领导，部署、协调、监督、检查、推动节能工作。规定并授予县级以上人民政府管理节能工作的部门和有关部门应当在各自的职责范围内，加强对节能法律、法规和节能标准执行情况的监督检查，依法查处违法用能行为。通过国务院标准化主管部门和国务院有关部门依法组织制定并适时修订有关节能的国家标准、行业标准，建立健全节能标准体系，制定强制性的用能产品、设备能源效率标准和生产过程中耗能高的产品的单位产品能耗限额标准。同时，国家实行固定资产投资项目节能评估和审查制度。不符合强制性节能标准的项目，依法负责项目审批或者核准的机关不得批准或者核准建设；建设单位不得开工建设；已经建成的，不得投入生产、使用。对于不符合强制性能源效率标准的产品，国家将禁止使用。

第三章为合理使用与节约能源。对于用能单位合理用能的原则，管理和节能目标进一步提出了更具体的要求。为了进一步提高能源使用的效率和正确性，本章对于工业节能、建筑节能、交通运输节能、公共机构节能、重点用能单位节能提出了明确的要求和规定。指出用能单位应当按照合理用能的原则，加强节能管理，制订并实施节能计划和节能技术措施，降低能源消耗；应当建立节能目标责任制，对节能工作取得成绩的集体、个人给予奖励；应当定期开展节能教育和岗位节能培训；应当加强能源计量管理，按照规定配备和使用经依法检定合格的能源计量器具；应当建立能源消费统计和能源利用状况分析制度，对各类能源的消费实行分类计量和统计，并确保能源消费统计数据真实、完整。

第四章为节能技术进步。通过国务院管理节能工作的部门会同国务院科技主管部门发布节能技术政策大纲，指导节能技术研究、开发和推广应用。同时要求县级以上各级人民政府应当把节能技术研究开发作为政府科技投入的重点领域，支持科研单位和企业开展节能技术应用研究，制定节能标准，开发节能共性和关键技术，促进节能技术创新与成果转化。

第五章为激励措施。明确了国家实行促进节能的财政、税收、价格、信贷和政府采购政策，如对列入推广目录的、需要支持的节能技术和产品，实行税收优惠，并通过财政补贴支持节能照明器具等节能产品的推广和使用；实行有利于节约能源资源的税收政策，健全能源矿产资源有偿使用制度，促进能源资源的节约及其开采利用水平的提高；运用税收等政策，鼓励先进节能技术、设备的进口，控制在生产过程中耗能高、污染重的产品的出口；国家引导金融机构增加对节能项目的信贷支持，为符合条件的节能技术研究开发、节能产品生产及节能技术改造等项目提供优惠贷款；国家实行有利于节能的价格政策，引导用能单位和个人节能等。

第六章为法律责任。本章规定了 19 项法律责任，包括：未按规定配备、使用能源计量器具，瞒报、伪造、篡改能源统计资料或编造虚假能源统计数据，重点用能单位无正当理由拒不落实整改要求或者整改未达到要求、不按规定报送能源利用状况报告或报告内容不实、不按规定设立能源管理岗位，建设、设计、施工、监理等单位违反建筑节能的有关标准等方面的法律责任。

第七章为附则。规定了本法自 2008 年 4 月 1 日起施行。

7.3.5　环境影响评价法

我国是最早实施建设项目环境影响评价制度的发展中国家之一。1979 年，第五届全国人民代表大会常务委员会第十一次会议通过了《中华人民共和国环境保护法（试行）》，首次把对建设项目进行环境影响评价作为法律制度确立下来。以后陆续制定的各项环境保护法律，均含有建设项目环境影响评价的原则规定。我国环境影响评价制度的建立和实施，对于推进产业合理布局和企业的优化选址，预防开发建设活动可能产生的环境污染和破坏，发挥了不可替代的积极作用。

《中华人民共和国环境影响评价法》是为了实施可持续发展战略，预防因规划和建设项目实施后对环境造成不良影响，促进经济、社会和环境的协调发展而制定的。由第九届全国人民代表大会常务委员会第三十次会议于 2002 年 10 月 28

日修订通过，自 2003 年 9 月 1 日起施行。该法共五章，分别为总则、规划的环境影响评价、建设项目的环境影响评价、法律责任和附则。本小节将对这五章进行介绍。

第一章为总则。本章说明了《中华人民共和国环境影响评价法》的立法目的，并对环境影响评价的定义做出了界定，确定了环境影响评价的客观、公正、公开的宗旨。国家还将加强环境影响评价的基础数据库和评价指标体系建设，鼓励和支持对环境影响评价的方法、技术规范进行科学研究，建立必要的环境影响评价信息共享制度，提高环境影响评价的科学性。

第二章为规划的环境影响评价。本章指出法定应当进行环境影响评价的规划主要是：国务院有关部门、设区的市级以上地方人民政府及其有关部门，组织编制的土地利用的有关规划，区域、流域、海域的建设、开发利用规划（第 7 条）和国务院有关部门、设区的市级以上地方人民政府及其有关部门，组织编制的工业、农业、畜牧业、林业、能源、水利、交通、城市建设、旅游、自然资源开发的有关专项规划（第 8 条），至于政策和计划，并未纳入《中华人民共和国环境影响评价法》规定的环境影响评价对象。

第三章为建设项目的环境影响评价。本章指出国家根据建设项目对环境的影响程度，对建设项目的环境影响评价实行分类管理。规定了建设项目的环境影响报告书应当包括的内容。提出了相应的注意事项，包括应当注意避免与规划的环境影响评价相重复，以及环境影响评价文件中的环境影响报告书或者环境影响报告表应当由具有相应环境影响评价资质的机构编制等。对于建设项目的环境影响评价文件的审查部门、对象及审查结果，进行了明确的规定。

第四章为法律责任。本章规定了 7 项法律责任，对于违法、违规及政府部门失职行为规定了问责及处罚措施细则。

第五章为附则。指出了省、自治区、直辖市人民政府可以根据本地的实际情况，要求对本辖区的县级人民政府编制的规划进行环境影响评价。具体办法由省、自治区、直辖市参照本法第二章的规定制定。确定了本法自 2003 年 9 月 1 日起施行。

7.3.6　循环经济促进法

全国人民代表大会常务委员会 2008 年 8 月 29 日通过的《中华人民共和国循环经济促进法》，自 2009 年 1 月 1 日起正式施行。颁布实施《中华人民共和国循环经济促进法》，是深入贯彻落实科学发展观、依法推进经济社会又好又快发展的现实需要，是落实党中央提出的实现循环经济较大规模发展战略目标的重要举措。当前，贯彻实施《中华人民共和国循环经济促进法》，发展循环经济还将推动形成一批新产业和新产品，对拉动内需、创造新的就业岗位、解决民生问题具有积极的现实意义。

该法共七章，分别为总则、基本管理制度、减量化、再利用和资源化、激励措施、法律责任和附则。本小节将对这七章进行介绍。

第一章为总则。本章说明了本法制定背景和目的，界定了循环经济、减量化和再利用的概念和适用领域，提出了循环经济的原则、政法及相关部门的职责，并确定循环经济是国家经济社会发展的一项重大战略。

第二章为基本管理制度。本章指出循环经济发展规划应当包括的内容，如规划目标、适用范围、主要内容、重点任务和保障措施等，并规定资源产出率、废物再利用和资源化率等指标。规定了各级政府规划和调整本行政区域的产业结构所应当参考的依据。要求相关部门建立和完善循环经济评价的指标体系。

第三章为减量化。本章明确关于减量化的具体要求。对于生产过程，本章规定了产品的生态设计制度，对工业企业的节水节油提出了基本要求，对矿业开采、建筑建材、农业生产等领域发展循环经济提出了具体要求。对于流通和消费过程，本章对服务业提出了节能、节水、节材的要求；国家在保障产品安全和卫生的前提下，限制一次性消费品的生产和消费等。此外，还对政府机构提出了厉行节约、反对浪费的要求。

第四章为再利用和资源化。本章明确了再利用和资源化的具体要求。对于生产过程，本章规定了发展区域循环经济、工业固体废物综合利用、工业用水循环利用、工业余热余压等综合利用、建筑废物综合利用、农业综合利用及对产业废物交换的要求。对于流通和消费过程，本章规定了建立健全再生资源回收体系、对废电器电子产品进行回收利用、报废机动车船回收拆解、机电产品再制造，以及生活垃圾、污泥的资源化等具体要求。

第五章为激励措施。本章建立了激励机制，主要包括：建立循环经济发展专项资金；对循环经济重大科技攻关项目实行财政支持；对促进循环经济发展的产业活动给予税收优惠；对有关循环经济项目实行投资倾斜；实行有利于循环经济发展的价格政策、收费制度和有利于循环经济发展的政府采购政策。

第六章为法律责任。本章对有关主体不履行法定义务的行为规定了相应的处罚细则，以保障该法的有效实施。

第七章为附则。规定了本法自 2009 年 1 月 1 日起施行。

第8章 两型工程管理实践——以长株潭国家两型建设工程为例

8.1 长株潭国家两型建设工程概况

建设资源节约型和环境友好型社会是破解经济社会发展与资源环境矛盾，实现促改革、调结构、转方式、惠民生的根本途径。2007 年 12 月 14 日，长株潭城市群获批成为全国资源节约型和环境友好型社会建设综合配套改革试验区，率先在两型社会建设领域积累了重要经验。自成立 8 年来，长株潭试验区认真贯彻落实中央和省委、省政府有关精神，扎实推进两型社会建设，圆满完成了第一阶段总结提升和第二阶段布局工作，顺利实现了工作成功转段。随着全面深化改革和两型社会建设进入纵深推进阶段，开展两型社会建设综合评价已具备现实基础并且十分必要，对于引导推进长株潭试验区两型社会建设具有重要的意义。2013 年以来，长株潭试验区认真贯彻十八大、十八届三中全会和省委十届党代会精神，以两型社会建设为抓手，全面推进地区经济社会发展；资源节约水平不断提高，使用效率不断提升，环境保护力度加大，生态环境有所改善，主要污染物排放总量继续下降；在两型社会不断推向深入的同时，人民生活水平稳步提高。

长株潭国家两型工程的建设实践，给长株潭试验区两型社会试验区社会发展、产业结构、生态环境、民生福利带来了一系列深刻的变化。一是自然资源使用水平进一步提升。单位建设用地 GDP 达到 1.92 亿元/平方千米，提高 10%，比全省平均水平高 0.35 亿元/平方千米。单位 GDP 能耗 0.789 吨标准煤/万元，比上年降低 5.1%，与全省水平基本持平。规模工业增加值中六大高能耗行业占比 29.54%，比上年降低 0.16 个百分点，低于全省 31.62%的平均水平。2013 年人均综合用水量 547.2 吨，比上年增加 3 吨。二是社会资源利用进一步强化。全社会劳动生产率 7.43 万元/人，增长 9.3%，比全省平均水平高 22.1%；每万人据有公共交通车辆 3.41 标台，比上年增加 0.74 标台，比全省平均水平高 18.9%。三是资源循环利用水平高于全省平均。工业用水重复利用率 80.6%，比上年下降 4.4 个百分点，但高于全省平均水平 2 个百分点。工业固体废弃物综合利用率 78.2%，比上年提高 15.6 个百分点，高于全省 63.7%的平均水平。四是环境治理和保护投入加大。环境污染治理投资占 GDP 的比重为 0.58%，比上年提高 0.12 个百分点。城市污水处理率 90.17%，比上年提高 2.45 个百分点，高出全省平均水平 1.81 个百分点。累计水土流失治理面积占水土流失面积比率 63.09%，比上年提高 1.89 个百分点，但低于全省平均水平 2.59 个百分点。生态用地比例 62.41%，较上年降低 0.12 个百分点。主要农产品中有机、绿色及无公害种植面积占比 21.49%，比上年提高 2.98 个百分点，比全省平均水平高 3.08 个百分点。五是环境治理和保护效果明显。城市人均公园绿地面积 9.07 平方米，高出全省平均水平 0.08 平方米。湿地保护率 64.41%，比上年提高 7.55 个百分点，高出全省平均水平 3.35 个百分点。二氧化硫、化学需氧量、氮氧化物和氨氮排放总量均下降。水功能区水质达标率 90.11%，比上年提高 2.01 个百分点。森林覆盖率达到 51.86%，比上年提高 0.18 个百分点。森林蓄积量 19 787 万立方米，比上年增加 854.7 万立方米。六是科技支撑转型作用加强。R&D 经费投入强度达到 1.48%，比上年提高 0.02 个百分点，比全省平均水平高 0.15 个百分点。高新技术产业增加值占 GDP 比重 17.6%，比上年提高 1.3 个百分点，高出全省平均水平 1.3 个百分点。七是民生改善成效显著。人均 GDP47 142 元，比上年增加 4494 元，比全省平均水平高 28.2%。互联网用户入户率 40.1%，比上年提高 8.6 个百分点，高出全省平均水平 4.8 个百分点。城镇居民人均可支配收入和农村居民人均可支配收入分别为 24 701 元和 11 241 元。城镇化率提高 1.2 个百分点，达到 51.83%，高出全省平均水平 3.9 个百分点。单位 GDP 生产安全事故死亡人数由 2012 年的 0.044 人/亿元，下降至 0.032 人/亿元。

8.2　两型工程建设规划体系与标准体系构建

8.2.1　生态红线与生态绿心规划构建

生态红线是维护生态安全的生命线、维护公众健康的保障线、促进可持续发展的警戒线。科学、合理地划定生态红线区域，是加强生态文明建设的重要举措。用创新的思路处理发展与保护的关系，从根本上预防和控制各种不合理的开发建设活动对生态功能的破坏，构建生态安全格局，就必须从狠抓生态文明建设的基础性工程做起，划定生态保护红线，确保重要生态功能区域及主要物种得到有效保护，为提升生态文明建设水平、实现区域可持续发展奠定坚实的生态基础。长株潭两型试验区生态保护红线制度建设的实践与创新主要有以下两个方面。

1. 建立环境质量安全底线

一是明确和完善环境质量达标红线。根据不同地区环境系统结构与功能差异，结合经济社会发展战略布局，以水、大气、土壤等环境质量标准和区域环境容量为依据，综合考虑与合理确定区域环境功能，将区域环境功能要求与环境质量标准有机结合，形成该区域的环境质量达标红线，逐步建立环境质量安全评估体系及管理机制。二是进一步强化区域总量控制红线。以环境质量达标为基本要求，结合现有污染物排放总量控制政策和各个区域的不同特性，根据污染物排放对环境质量的输入响应关系，确定分区污染物排放总量，进一步科学制定区域减排指标，实施更加严格的排放标准，执行污染物特别排放限值。三是努力构筑环境风险防控红线。根据环境功能区环境质量目标和区域特征，加强区域环境风险预警，切实保障城乡饮用水水源地环境安全，有效控制重金属、持久性有机污染物、危险化学品、危险废物污染，建立环境与健康风险评估体系，完善突发环境事件应急管理体系，健全突发性污染事故应急响应机制和环境事故处置和损害赔偿恢复机制，推进环境风险全过程管理。

2. 建立自然资源利用上线

为切实加强自然资源产权管理和用途管制，应尽快推动完善自然资源利用上线，争取建立生态环境保护综合协调制度，在调整和实施相关资源利用上线具体要求时进一步与区域生态功能保护和环境质量要求相结合，制定严格的能源矿产、水资源、土地资源等管理与利用强度限制要求，努力形成三者有机统一的、更加科学有效的国家环境质量保障和生态安全格局联动体制，促进自然资源科学、环保、可持续利用。

从空中俯瞰，被森林和水体包裹的长株潭城市群"绿心"，好似一个陆地上的葱茏"绿岛"。依托湘江和山体绿地的延伸，"绿心"与长株潭三市原有生态系统有机相连。长株潭城市群"生态绿心"面积约 545 平方千米，包括一批森林公园和水库，9 个自然保护区及风景名胜区，拥有丰富的生态资源。地处长株潭城市群交叉处的"绿心"，既是区域协调的焦点，也是利益与矛盾集中的难点。此前，由于"绿心"地区的保护与发展缺乏统一规划，在长株潭城市群加快推进融城的同时，这块极富地理和生态优势的"新城中心"，曾一度被各自为政的次区域规划、乡镇规划"蚕食瓜分"。长株潭两型社会综合配套改革试验区获批之后，率先凸显规划"两型"特色，将国家主体功能区划分的单元从县区细化到乡镇；对"生态绿心"实施"土地先行冻结—高层次规划—保护性开发"的模式。8448 平方千米核心区，禁止开发面积占 48%；522 平方千米绿心，禁止和限制开发面积占 89%。

2010 年 4 月开始，湖南省面向全球为长株潭城市群"绿心"空间发展战略规划征集方案，同时邀请国内规划、生态、环保、交通等方面高层次专家，对公开征集的 7 个规划方案进行了评审，遴选出其中优秀方案。同时，通过国际招标整合"绿心"地区项目国际咨询成果，推进总体规划工作进行。省委省政府先后出台了一系列保障措施，深入落实《长株潭城市群资源节约型和环境友好型社会建设综合配套改革试验总体方案》、《长株潭城市群区域规划（2008—2020 年）》和

《长株潭城市群生态绿心地区总体规划（2010—2030 年）》的规划内容，科学引导长株潭城市群生态绿心地区的生态保护和永续利用，大力促进生态绿心地区持续快速健康发展。

长株潭城市群生态绿心的建设目标是：以科学发展观和"四化两型"建设为指导，以生态环境保护为根本，以确保城市群生态安全为抓手，坚守生态底线，提升生态功能，将生态绿心地区建设成为长株潭城市群生态屏障和具有国际品质的都市绿心。具体来说可以分为以下四个方面。

（1）生态建设目标。生态环境质量稳步提升、生态格局更趋安全、生态资源得到有效保护、生态系统功能持续改善、生态服务高效、人与自然和谐共生。通过生态绿心地区的生态枢纽作用，将长株潭三市有机地融合成为现代化生态型城市群。

（2）社会发展目标。基本公共服务均等、公共服务设施完善、邻里意识显著增强、社会秩序安定和谐。

（3）文化发展目标。以湖湘文化为主题，以名人文化、伟人文化、民俗文化和生态文化为载体，融合地方文化与国际文化，促进多元化和国际化发展。

（4）城乡统筹目标。共建共享区域公共服务与基础设施，实现交通同网、能源同体、信息同享、生态同建、环境同治；促进城乡融合，探索与创新城乡统筹、新农村建设新模式。

总体发展战略主要包括以下三个方面。

（1）高端占领、主动保护。实现"被动生态保守"到"主动生态保护"的转型，调整产业结构，设置产业进入门槛，以高端低碳第一、第三产业占领生态绿心地区，促使生态绿心地区从"单一自然生态系统保护"向"复合生态系统保护与发展"转型，促进经济、社会、人口、资源与环境的可持续协调发展。

（2）创新发展、整体提升。创新产业发展模式，引入高端低碳产业，加强与长株潭产业互动，综合提升整体区域职能；创新土地利用模式，防止土地空间过度开发，优先建设生态基础设施（尤其是生态屏障），确保生态安全，提供优质、多样、充足的生态服务。

（3）资源整合、城乡统筹。重点挖掘与整合区域自然生态资源、旅游资源、水资源、基础设施资源、社会设施资源和历史文化资源，构建城乡一体的生态保障体系、城乡一体的产业体系、城乡一体的公共服务设施体系、城乡一体的基础设施体系、城乡一体的劳动就业体系、城乡一体的社会管理体系，实现区域城乡统筹。

遵循生态优先、高端占领、城乡统筹、转型创新、"两型"建设原则，转变发展方式，调整产业结构和土地利用结构，优化居住人口结构，整合生态空间结构，创新利用生态资本，引导重大综合生态项目落户。使生态绿心地区具有强劲的生态服务功能、有效的健康与素质提升功能、鲜明的生态文明示范功能。将生态绿心地区建设为具有地域特色和国际品质的城市群绿心、共享生态服务的示范窗口。

在保护第一、高端占领、转型创新理念的指引下，以满足生态安全格局为前提，实施周边式、组团状空间布局，规划形成一心六区多点的空间结构。

（1）一心，即以规划设立的昭山国家森林公园为核心。范围包括昭山风景名胜区（昭山森林公园）、东风水库森林公园、石燕湖森林公园、嵩山寺植物园和九郎山森林公园。

（2）六区，即昭山、暮云、洞井—跳马、柏加、白马垅和五仙湖 6 个组团。

（3）多点，即规划设置 8 个乡村中心社区和 22 个乡村一般社区。

总建设用地规模控制在 66.99 平方千米。其中，各组团建设规模 58.14 平方千米（满足 20 万城镇化人口的建设用地 20 平方千米和创新提升功能用地 38.14 平方千米），乡村社区建设规模 8.85 平方千米。

8.2.2　两型工程建设标准管理实践

2007 年 12 月以来，在省委、省政府的要求和指导下，长株潭两型社会试验区以构建两型的空间结构、产业结构、生产方式、生活方式为目标，在全国率先制定两型系列标准，始终坚持以标准体系和考核评价体系建设为着力点，不断推进两型社会建设政策、法规、标准体制机制创新，逐步形成了两型导向突出、两型目标明确、覆盖范围全面、评价措施到位、考核机制健全、监管机制有力的两型社会建设规范和引领机制，为加快全省绿色发展和生态文明建设发挥了重要的保障、促进和示范作用。主要做法与成效有以下三个方面。

（1）以标准体系建设促进两型社会建设标准化、规范化和科学化。围绕两型经济发展、两型城乡建设、两型公共服务三个关键领域，先后研究、制定和试行了 16 项两型标准和 5 项公共机构用能标准。一是制定和试行经济领域两型标准。制定了两型产业、企业、园区等标准。其中，两型产业标准，提出了两型产业分类标准和产值、增加值的核算办法，明确了产业"两型化"发展水平评价标准和两型技术与产品认定标准，重点突出促进传统产业的"两型化"改造和两型产业的规模化发展。两型"企业"标准，包括"资源节约、环境友好、企业绩效、创新能力"四个一级指标，其中，"资源节约"包括"万元工业增加值能耗、工业固体废物综合利用率、节能技术进步和节能技术改造"等 8 项二级指标，"创新能力"包括"研发经费占销售收入的比重、新产品销售收入占总销售收入比重"等 4 项二级指标。运用该标准，有效促进企业在设计、生产、销售等环节全面体现资源节约、环境友好。二是制定和试行城乡建设领域两型标准。主要制定了两型县、镇、村庄建设标准和两型建筑、交通建设等标准，明确了不同层次的行政区域在资源、环境、经济、社会四个核心要素方面应达到的要求。例如，环境指标体系的设计，农村环境改善重点在于农业生态和居住环境，因此采用了农作物秸秆综合利用率、规模化畜禽养殖废弃物综合利用率、森林覆盖率、垃圾集中回收站个数、化肥施用强度和主要农产品农药残留合格率等指标；城镇环境改善侧重市容市貌，相应选用了污水处理率、噪声污染指数、空气污染指数、建筑环保材料使用率和绿化覆盖率等指标。三是制定和试行公共服务领域两型标准。主要制定了两型机关、学校、医院、社区、家庭、旅游景区等标准，特别对机关、学校等公共机构明确了用能标准（图 8-1）。例如，两型社区标准体系，设置定量指标 12 个，其中核心约束性指标 8 个，主要是室温控制、噪声控制、绿化率、清洁能源普及率等，以达到促进居民提升两型意识、培养低碳生活方式的目的。

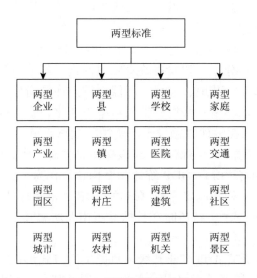

图 8-1 两型标准体系框架

在系统构建两型标准体系基础上，强力推进两型标准实施，促进"两型社会"改革建设见成效、现效应、上水平。以标准体系促进产业升级，严格限制"两高一资"和投资过热的行业进入，经济效应凸显，2012 年全省 6 个高耗能行业占规模工业比重相对 2007 年降低 6.4 个百分点，高新技术产业增加值占全省 GDP 比重达到 15%。以标准体系促进节能减排，开发全国首个综合性节能减排监管平台，实现机关、商场、医疗机构、高等院校等公共机构每年减少综合能耗 4.6 万吨标煤、节约用电 2.4 亿千瓦时以上。以标准体系促进技术研发和推广，培育建设"两型社会"协同创新中心、亚欧水资源研究和利用中心、国家重金属污染防治工程技术研究中心等重大创新平台，自主研发出了污泥常温深度脱水、餐厨垃圾处理、废旧冰箱无害化处理等一批环保技术，有效带动了新能源、节能环保等战略性新兴产业的加快发展。以标准体系促进两型项目、两型企业、两型机关、两型学校、两型社区等示范创建，累计有342个单位或项目获得全省两型示范创建称号，推出108个示范创建典型，在全社会成功营造了日益浓厚的两型文化氛围，使得两型生产方式和消费模式不断深入人心。

（2）以两型社会综合评价考核为抓手凝聚改革合力、增强发展动力、激活内在潜力。把创新两型社会改革建设目标考核机制作为推进工作的指挥棒、方向机，不断探索形成两型突出、目标明确、相辅相成的试验区综合评价考核与统计体系。一是联合研发两型社会建设综合评价指标体系。联合省统计局等有关部门，按照科学性、代表性、简洁性、前瞻性、可行性、系统性的原则，充分考虑反映两型社会建设成效的各个方面，形成了包含资源节约、环境友好、经济社会发展等三个领域（一级指标），39个具体指标（二级指标）的两型社会建设综合评价指标体系，对全省及长株潭等市州两型社会建设数据进行测算。二是创新两型社会建设评价考核制度。建立两型指标统计、发布制度，分年度、季度、月度发布信息。建立两型重点工作责任分工、省委省政府专项督查、年度绩效考核、年度述职等情况，并将节能、节水、节地、节材、环保等重点评价指标的完成情况纳入全省绩效考核。资源节约、环境友好指标纳入新型工业化、新型城镇化考评体系，分值占比30%以上。积极探索建立领导干部资源环境离任审计、企业两型审计制度。三是推进绿色GDP核算研究与试点。积极探索将生态、资源效益纳入GDP核算机制，联合省统计局将"绿色GDP统计制度构建"作为全省2012年两型社会十大重点改革工作之一，初步制定完成《绿色GDP评价指标体系》，初步完成了长株潭等地区绿色GDP试算，将适时在长株潭三市及所属县市（区）试行绿色GDP评价体系。

（3）两型标准体系在推进产业升级、两型生活方式形成、节能减排、两型示范创建等方面产生了显著的经济社会效益。与此同时，两型标准体系引起了社会的巨大反响。一是得到党和国家领导人的高度肯定。近年来，习近平等20位党和国家领导人考察两型社会改革建设，对两型标准体系等成果予以高度肯定。其中刘延东同志批示两型学校建设标准中提出的"从娃娃抓起"的理念："教育一个学生，带动一个家庭，影响一个社区，辐射整个社会"的两型教育实践值得推介。2012年10月，全国人民代表大会常务委员会副委员长、中华全国妇女联合会主席陈至立出席湖南两型社区节暨两型示范家庭评选活动。二是获得国家部委的高度评价。国家发展和改革委员会评价："湖南以标准来规范、保障和促进'两型社会'建设，不仅有利于试验区在制度和机制层面确保'两型社会'建设全方位推进，而且对全国其他地区具有示范引领作用"，并将两型标准体系指定为2012年全国综合配套改革试点工作座谈会、2013年全国经济体制改革工作会议的交流主题之一。三是国内外主流媒体积极跟踪报道推荐。新华社、人民日报、光明日报、中国日报、香港商报、大公报、联合早报等国内外主流权威媒体对两型标准体系的探索和实践多次给予报道。2011 年，人民日报头版头条刊出长篇报道《"两型"巨轮出湘江》，高度评价湖南构建起以两型标准为核心的绿色制度体系，护航绿色发展。2011~2012 年，《人民日报》理论版连续刊发了陈晓红教授的文章《科学构建"两型社会"标准体系》和《以体制机制改革创新推进"两型社会"建设》。

8.2.3　两型工程建设认证管理实践

为深入贯彻落实省委、省政府《关于加快经济发展方式转变、推进"两型社会"建设的决定》等文件精神，充分发挥政府采购政策功能，利用政府采购政策扶持推广先进、成熟、适用的资源节约型和环境友好型产品，促进我省两型社会建设，省财政厅、省长株潭"两型社会"试验区管理委员会、省科技厅联合制定了《湖南省两型产品政府采购认定管理办法》。

两型产品认定管理由省财政厅、省两型办、省科技厅负责。其中，省财政厅牵头两型产品认定及管理工作，负责发布《湖南省两型产品政府采购目录》和落实两型产品政府采购政策；省两型办负责《湖南省两型产品政府采购认定标准》编制及发布；省科技厅负责两型产品评审组织工作。两型产品认定工作遵循公开、公正、公平、科学的原则。经认定的两型产品，列入《湖南省两型产品政府采购目录》，向社会公布。两型产品认定工作遵循自愿申请的原则。

申请认定的两型产品，应符合以下条件：①符合国家法律法规、符合国家及湖南省产业技术标准及相关产业政策；②由申报主体生产，产品设计、生产、流通、消费等环节在资源节约和环境友好方面优势比较突出，市场前景广阔；③符合《湖南省两型产品政府采购认定标准》，符合国家、行业、地方相关质量标准，符合环保、安全、卫生等有关规定；④不少于 2 个用户应用该产品，且反映良好。

申请认定两型产品的单位，应符合以下条件：①依法登记注册的生产企业或高等院校、科研院所等事业单位，具有独立承担民事责任的能力；②具有良好的商业信誉和健全的财务会计制度；③具有履行合同所必需的设备和专业技术能力；④依法缴纳税收和社会保障资金；⑤近 3 年经营活动中没有违法记录。

省科技厅将根据具体情况组织专家对申报产品综合技术资料进行审查，并提出评审意见。省科技厅、省财政厅、省两型办组织两型产品综合评审会，专家组成员对申报的参评产品进行综合评审。将综合评审符合条件的产品名单向社会公示，公示期为 15 天。对公示期满无异议的产品，由省财政厅、省两型办、省科技厅联合列入《湖南省两型产品政府采购目录》；对有异议的产品，任何单位和个人可在公示期内向省科技厅实名书面申述，省科技厅根据情况进行调查，并反馈处理结果。省财政厅根据认定结果及时更新《湖南省两型产品政府采购目录》，并在湖南政府采购网站（www.ccgp-hunan.gov.cn）上向社会公布。两型产品认定有效期为 2 年。有效期满可按《湖南省两型产品政府采购认定管理办法》第九条重新申请认定。

对隐瞒真实情况、提供虚假材料或采取其他欺诈手段骗取两型产品认定的产品，由省财政厅、省两型办、省科技厅核实后从《湖南省两型产品政府采购目录》中剔除，取消其两型产品政府采购优惠待遇，并予以公告，5 年内不再受理该企业的两型产品认定申请。

8.3　湘江流域综合治理工程管理实践

湘江是长江中游的重要支流之一，它发源于广西壮族自治区灵川县海洋山西麓的海洋坪，自西向东北蜿蜒而下，斜贯湖南省境，从湘阴县芦林潭入洞庭湖。湘江干流在湖南省内全长 670 千米，沿途接纳了大小支流 2157 条，集雨面积 8.51 万平方千米，多年平均入湖水量 624 亿立方米，是洞庭湖水系中流域面积最大、产水最多的河流。

湘江是湖南的母亲河，是湖南人民赖以生存和发展的重要基础。湘江流域也是湖南省最发达的区域，流域面积占全省的 40.3%，跨永州、郴州、衡阳、娄底、株洲、湘潭、长沙、岳阳 8 个地市，流域内城镇密集、人口众多、工业集中。2008 年年末，流域内人口 4069 万人、GDP5738.88 亿元、工业增加值 1995.7 亿元，分别占全省的 59.5%、75.2%、76.4%。

湘江水域集饮用、灌溉、渔业、航运、工业用水、纳污等多功能于一体，是湘江流域居民生活及工农业生产的重要的保障。目前，沿湘江共设有 110 余个集中式饮用水取水口，约 2000 万人以湘江水体作为直接饮用水源；沿湘江 2000 万亩[①]耕地以湘江为直接灌溉水源；沿湘江自永州苹岛至岳阳城陵矶已全部成为航道，其中湘江苹岛至衡阳 278 千米航段为Ⅳ级标准，衡阳至城陵矶 439 千米航段为Ⅲ级标准。

湘江流域的自然资源丰富，以自然资源开发利用为对象的资源产业（资源生产和资源初加工产业）成为湘江流域产业的主体和主流，自然资源开发利用造就了湘江流域众多的资源型产业，并进而形成许多的资源型城镇。目前，湘江流域云集了电力、冶金、化工、煤炭、建材、纺织、食品、造纸等工业，这类工业的成长发展过程就是资源型城镇的形成过程，同样也是不断消耗自然资源并使景观

---

① 1 亩≈666.67 平方米。

生态不断受到侵袭和损害的过程。因此，湘江流域的自然资源禀赋造成了流域的产业结构具有高能耗、高物耗、高污染及生态环境受到破坏的基本特征。

近年来，随着我国经济建设的快速发展，湘江流域生态环境恶化问题日益突出，主要表现为流域陆生生态环境受到严重干扰与破坏，森林资源锐减，水土流失加剧、局部地质灾害频现；水生生态环境脆弱而退化、生物多样性不断减少、水生生物资源遭到严重破坏；湘江水体水质受到重金属、有机物和微生物等的复合污染，水体中汞、镉、氨氮、石油类、总氮及粪大肠菌群在沿线均有超标，而在衡阳松柏河、株洲霞湾港等江段重金属更是超标严重，湘江流域的总体水环境质量在逐年下降。同时，受全球气候变暖、三峡工程建设等综合因素影响，湘江水位近年枯水频率增多，湘江长沙站水位枯水位连创历史新低，沿江城市的供水、航运交通、工农业生产等均受到了较大的不利影响。

湖南省委、省政府高度重视湘江流域生态环境的治理，多年来已做了大量的流域生态治理工作。为彻底改善湘江流域生态环境，促进湘江流域社会经济的可持续发展、保障人民群众的切身利益与健康安全，省委、省政府决心结合国务院批准的《长株潭城市群全国资源节约型和环境友好型社会建设改革试验区》建设要求，系统性地进行全流域生态环境综合整治，并通过产业结构和能源结构的优化调整，对资源型产业和资源型城镇进行改造和变革，还湘江流域青山绿水。

湘江流域生态环境综合治理关系全省当前和长远可持续发展的重大战略决策，是一项民心工程、民生工程、德政工程，也是一项复杂的系统工程，只有充分运用工程管理思维，才能切实有效地开展湘江流域生态环境综合治理，湖南省已经在这方面做了许多有益的尝试并取得了初步成效。

湘江生态环境问题是由工业结构与布局不够合理、污染治理欠账多、城市环保基础设施建设滞后、农业水源污染控制难度很大、生态环境保护资金投入不足等长期、历史的积累所造成的。虽然近三年来国家和湖南省进行湘江水污染综合整治，湘江水质得以从Ⅴ类基本恢复到Ⅲ类，但随着城市化、工业化、畜禽养殖业规模化的加速推进，以及三者污染与历史遗留污染叠加，湘江环境污染问题变得更加复杂，湘江流域生态环境恶化问题日益突出，主要表现为流域生态环境受到严重干扰与破坏、森林资源锐减、水土流失加剧、局部地质灾害频现；水生生态环境脆弱而退化、生物多样性不断减少、水生生物资源遭到严重破坏；湘江水体水质受到重金属、有机物和微生物等的复合污染。受全球气候变暖、三峡工程建设等综合因素影响，湘江枯水期水位连创历史新低，河流生态需水、生态景观和航运功能丧失，这些严重影响到沿江城市的供水、航运交通、工农业生产，成为湖南经济发展的严重障碍。

因此湘江生态环境的治理任重道远，是一个复杂、庞大、长期的系统工程，只有科学、可持续发展的长期治理方案,才能实现"把湘江打造成中国的莱茵河"的东方之梦,才能实现湖南省委、省政府的建设河流安澜、保障有力、水域秀美、生态友好的湘江生态经济带的宏伟战略目标。

依据《国民经济和社会发展第十二个五年规划纲要》,在科学发展观、转变经济发展方式和环境友好型、资源节约型的"两型社会"的社会—经济—资源—环境协调发展的需求下,湘江流域的综合治理应借鉴莱茵河治理的成功经验,以全流域整体治理为首要理念,以改善湘江流域水环境质量、保障饮用水安全为核心目标,以有效控制工业污染、城市生活污染和农业污染负荷为治理重点,以解决洪涝干旱、进行河道整治、构建黄金水道为基础,以陆生、水生生态恢复为主方向,以多区域、多部门协调一致为关键,以高标准、严格的环境约束制度为保障,以生活治污与生产治污、源头预防与末端治理、河道治理与产业转型、水污染治理和管理控制的四方结合为基本原则,综合运用政策、经济、技术和必要的行政手段等多重手段,分阶段、分步骤、分任务,远近结合,标本兼治,统筹考虑防洪、供水、灌溉、发电、航运、旅游、清洁环境、生态等需要作为湘江流域生态环境治理的总体思路。

8.3.1　湘江流域环境治理模拟仿真平台构建

重点要健全环境检测体系,建立健全环境自动监测监控系统。一是要进一步提高湘江流域各级环境监测站能力,构建符合实际的环境监测业务体系,建设高效畅通的环境监测信息网络平台。二是要建设湘江流域城市、县自动监测监控分中心及交界断面水质自动监测站,完善水质监测系统。不断完善监测网络,加大环境监测力度,尤其是在出现水污染事故可能性较大的饮用水水源保护区,建立自动检测断面。对全省所有重点企业废水排出口建设重金属的在线监测设施,构建水质安全保障的监控与监督机制。

2011年,国务院正式批准《湘江流域重金属污染治理实施方案》,提出通过5~10年时间,投资590亿元,基本解决湘江流域重金属污染重大问题。为此,湖南省率先构建湘江流域环境治理模拟仿真平台(图8-2),一方面把项目的理论、方法和平台的研究成果应用到工程的实际决策中,验证成果的实践价值;另一方面,根据实际应用的效果,不断完善修正所得到的研究成果。案例研究拟从政府与企业两个层面展开。

1. 政府层面

对政府部门而言,环境治理的基本条件是对环境数据进行监测,只有及时掌握真实有效的数据,才能为各项环境治理决策提供依据。面向环境管理的嵌入式

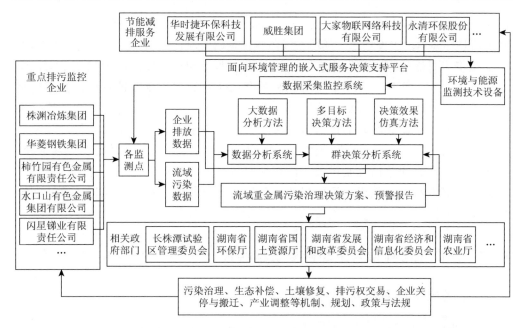

图 8-2 湘江流域环境治理模拟仿真平台方案

服务决策支持平台,利用嵌入式设备可以方便而及时地收集各个监测点的信息,如企业出水口排污数据、烟尘排放数据、工地扬尘数据等,节省人力物力。并且借助物联网和云计算技术,运用本项目提出的环境监测大数据分析方法和多目标决策分析方法,通过指标设置和模型构建,对采集的流域水污染监控数据及企业的排污数据进行实时而深入分析,可使政府部门对环境问题做出快速、正确的反应。通过数据分析、决策方案生成和决策效果的模拟仿真,为有关部门在罚款、勒令整顿、强制关闭、升级改造和整体搬迁等多种治理措施中选择适宜的决策方案。同时,根据对流域经济社会发展、产业结构、生态环境、科技创新、公众舆情等方面数据的动态分析,不断调整湘江流域周围产业升级、污染园区改造等规划及环境保护、生态补偿、排污权交易等政策措施和法规制度。

2. 企业层面

对企业而言,在越来越严格的环境管理政策的倒逼下,重点排污监控企业的发展面临越来越大的环境压力,也迫切需要更为有效的决策咨询服务帮助它们优化节能减排、污染治理的方案。为此,拟与株洲冶炼集团公司和长沙华时捷环保科技发展有限公司等企业合作开展案例研究。

株洲冶炼集团由株洲冶炼厂改制而成,主要生产铅、锌及其合金产品,并综合回收铜、金、银、铋等多种稀贵金属和硫酸等副产品,是亚洲最大的铅锌加工基地,同时也是湘江流域主要的废气和重金属污水排放企业。长沙华时捷环保科技发展有限公司是环境治理工程技术、环境在线监测仪器研发制造商和整体方案的提供企业。

　　拟将华时捷环保科技发展有限公司的烟尘监控和重金属污染检测技术与设备集成于平台中，构建平台的烟尘排放和重金属污染数据采集监控系统，并运用平台等项目研究成果为株洲冶炼集团等企业的废气排放和重金属污染防治工程提供嵌入式服务。帮助其实时监控排放的废水、污泥中的重金属含量和废气排放量及构成，对相关指标进行分析和预警，从而为生产调度、工艺设备改造、技术选择、治理方案筛选、应急措施制定及排污权交易等决策提供咨询服务，并通过分析平台的实际需求和应用效果验证成果的有效性，调整和修正相关的模型、算法和软件系统。

8.3.2　流域生态补偿与生态修复工程实践

1. 建立流域水质目标考核生态补偿机制

1）原则

　　（1）加强水源地财力补偿。按照水源地保护要求，将湘江流域上游水源地区纳入重点功能区生态补偿范围并给予适当倾斜。

　　（2）按绩效奖惩。根据水质考核结果进行奖补，污染者支付赔偿，污染越严重，赔偿越多；保护者获得奖励，保护越好，奖励越多。

　　（3）受罚地区限时治理到位。对水质目标考核不达标、水污染严重地区，要求限时治理到位，同时给予必要的资金支持。

2）实施范围

　　湘江流域生态效益补偿范围为湘江干流及舂陵水、蒸水、渌水、耒水、洣水、涟水等流域面积超过 1000 平方千米一级支流流经的市（指设区市本级）和县（包括县级市），涉及永州、衡阳、株洲、湘潭、长沙、郴州、邵阳、娄底 8 市相关区域。

　　（1）包括娄底、邵阳。娄底、邵阳虽分别只有湘江一级支流涟水、蒸水的部分区域位于湘江流域，但从保护湘江水环境的角度出发，应将其纳入考核范围，其中，邵阳地区涉流域两县实际均未能达到"超过 1000 平方千米一级支流"的入围标准，但考虑其作为邵阳地区的代表县，本次拟将邵阳市及下辖新邵县、邵东县纳入补偿（考核）范围。

　　（2）不含岳阳。虽然湘江在岳阳湘阴汇入洞庭湖，但洞庭湖汇集湘、资、沅、澧四水，再进入长江，因此无法确定湘江在岳阳出口断面水质的责任主体，故实施范围未包括岳阳。

（3）增加东江湖省控断面。鉴于东江湖作为湘江流域战略水资源储备的特殊地位，以及其对于下游水环境安全的重要作用，将东江湖出口（即头山断面）单列出来，视为郴州市的一个出境断面由省直接考核。

3）奖励与处罚

对湘江流域所有市、县实施水质优质奖励和改善奖励，以及水质超标处罚和恶化处罚。

（1）以Ⅲ类水质为基准目标，达到基准目标水质的地区不奖也不罚，水质达到Ⅱ类或Ⅰ类的地区分别给予一般及重点奖励，分月计算；水质在Ⅳ类、Ⅴ类、劣Ⅴ类时，按考核因子超标倍数累加处罚，分月计算。

（2）以入境断面水质为基准标准，出境水质较入境断面水质改善的，每提高一个等级，奖励一定资金；每下降一个等级，处罚一定资金。通过上述奖罚措施，进一步调动流域各级政府保护水环境的积极性，不断改善湘江水环境质量。

4）考核因子

根据近年湘江流域水环境监测结果，超标项目主要为氨氮、总磷、化学需氧量、石油类等；镉、砷等重金属指标也出现超标现象。由于技术上的原因，石油类的监测具有很大的偶然性，所以将主要考核污染因子定为化学需氧量、氨氮、总磷、镉、砷 5 个指标。辅助考核因子为 pH、溶解氧、高锰酸盐指数、五日生化需氧量、总氮、铜、锌、氟化物、硒、汞、六价铬、铅、氰化物、挥发酚、石油类、阴离子表面活性剂、硫化物等 17 种。

5）考核奖惩资金管理

生态补偿资金按月核算，按季通报，按年支付。省财政设立湘江流域生态补偿资金，包括水质目标考核奖励资金及水质目标考核处罚资金（即水环境保护资金）两部分。

（1）水质目标考核奖励资金。以一般性转移的方式对相关市、县（区）进行资金奖励，用于本地区湘江流域水污染防治、水土保持、生态保护、城乡垃圾污水处理设施及运营、安全饮水工程等项目。

对于该部分奖励资金，省财政每年年初将拟拨付资金规模函告相关市县，各市县应在收到省财政厅通知补助额度的 15 个工作日内，将资金使用方案，具体包括资金投向、项目基本情况、筹资渠道、预计进度、预期效果等，报省财政厅审核备案后，省财政厅再批复项目并下达资金。上年度资金使用绩效评估报告应于次年 10 月前报省财政厅备案。

（2）水质目标考核处罚资金。以抵顶一般性转移的方式对相关市、县（市、区）进行资金处罚，以专项转移支付方式下达。该部分因处罚等原因留在省财政的生态补偿资金，将按照地区污染程度、国土面积、流域长度等因素测算分配，重点用于受罚地区湘江流域水环境治理等方面。

2. 湘江流域生态修复工程总体布局与实践

1）水生生态修复工程实践

一是加强对流域重金属、底泥污染治理，重点是加强对受污染河道的综合整治和生态恢复，结合河道清障、截污、治污、清淤、堤防建设等，加强湘江的净化和美化，消除城市河段黑臭现象，逐步提高湘江水质和生态服务功能。二是加强对流域鱼类水生环境恢复，重点是恢复湘江流域特别是干流水域鱼类产卵及回游通道，使流域鱼类资源特别是"四大家鱼"生态环境明显改善。建立湘江渔业生态环境监测体系，常年监测湘江流域渔业生态环境。加强渔业行政管理，设置禁渔区、禁渔期，加大对非法捕捞的打击，坚决取缔各种电捕、迷魂阵、毒鱼、炸鱼等非法捕鱼行为。

2）湿地生态修复工程实践

重点是开展湿地生态治理，开展湿地调查、植物本底调查、动物本底调查，掌握湘江流域湿地现状。对湘江洲岛居民实行移民搬迁、退耕还林、还草，改造、重建、恢复湿地功能，并将重要的动植物栖息湿地划为湿地保护区。

3）陆生生态修复工程实践

主要是做好水源涵养林、生态林及沿江风光带的建设，加强对工矿企业重金属污染土壤的生态治理。一是要将湘江流域内干流、主要支流及部分土地条件较好、需要营建环境保护防护林带的溪、河、渠道和洲岛进行城市沿江生态林建设，同时考虑与城市防洪工程相结合，并衔接已建的防洪堤，向其上下游延伸，建设湘江干支流两侧防护林带，保护或改造两侧第一层山脊内的森林植被和自然、人文景观。要培育大径林木，大力发展以涵养水源保持水土为目的的防护林、以净化空气和释氧排炭为目的的环境保护林以及以提升视觉审美效果和提供旅游观光场所为目的的景观游憩林。要按景观需要，保护现有森林景观，减少人为破坏，逐步形成多树种、多层次、多类型、多风格的森林植被景观，提高观赏价值和防护功能。二是要根据各重点工矿区土壤受重金属污染程度轻重情况，采取积极有效措施，逐步恢复耕地的肥力和功能，将城郊区污染严重、治理困难的农业用地转变为城市建设用地，对农村地区污染严重、不宜继续耕种的耕地，实行退耕造林。针对湘江流域典型的土壤重金属污染，通过研制高效修复剂及其制备技术与工艺，研发砷、镉、铅等重金属复合污染土壤的生物、物化联合修复技术，开发植物修复收获物安全处理处置与资源化利用关键技术，发展重金属污染土壤的联合修复集成技术，并建立示范工程，制定相应的修复效率评价方法和修复技术规范。

8.3.3　湘江流域重金属污染治理工程管理实践

湘江流域涉重金属产业历史悠久，在长期的开采和冶炼中累积形成的重金属污染问题非常突出。近年来，由于布局和产业结构不合理、发展模式粗放及监督管理不到位等原因，重金属污染仍未有效缓解，成为影响人民群众身体健康和社会和谐稳定的突出问题。党中央、国务院和省委、省政府高度重视湘江流域重金属污染问题。2011 年 3 月，国务院正式批准《湘江流域重金属污染治理实施方案》，这是全国第一个由国务院批复的区域性重金属污染治理试点方案。全面开展湘江流域重金属污染治理，是贯彻落实科学发展观，维护湘江流域 4000 多万人身体健康的重要民生工程，是实现湖南经济社会发展转型的客观需要和长株潭城市群"两型社会"综合改革配套试验区建设的重要内容，对全国重金属污染治理具有重大的示范意义。

实施省政府"一号重点工程"第一个"三年行动计划"，完善投资项目环保硬约束监督管理和"一支笔"审批制度。完善湘江流域污染治理和环境保护管理体制，强化政府统筹、部门联动推动全流域多方协同机制，推进长株潭水务一体化。探索郴州三十六湾、衡阳水口山、株洲清水塘、湘潭竹埠港、娄底锡矿山、湘西"锰三角"等重点污染区域整治模式。开展全省耕地重金属污染调查，研究提出耕地重金属污染综合防治方案，启动长株潭地区重金属污染严重耕地修复及农作物结构调整试点。

工程目标：到 2015 年，湘江流域涉重金属企业数量比 2008 年减少 50%，重金属排放量比 2008 年减少 50%，环境质量得到改善，重金属污染的环境风险降低，重金属污染事故得到有效遏制。

工程内容：2011～2013 年，以产业结构调整为重点，开展涉重金属企业依法取缔关闭、淘汰退出和改造升级等工作，涉重金属企业数量比 2008 年减少 50%。2012～2014 年，在产业结构优化调整的基础上重点开展工业污染源控制项目，不断提升企业清洁生产水平，从源头减少重金属污染物排放量，启动治理条件成熟的历史遗留污染治理及底泥土壤治理试点示范、科技攻关等项目。2013～2015 年，重点开展历史遗留污染治理试点示范、科技攻关及能力建设、农产品产地土壤重金属污染治理，启动重点治理区的搬迁项目。省人民政府与各市州人民政府签订《湘江流域重金属污染综合治理目标责任书》，预计总投资 178 亿元，以相关企业和地方政府投入为主，中央预算内投资、重金属污染治理专项资金适当支持。其中，省财政安排 13 亿元。

湖南省以壮士断腕的决心，积极推进生态环境整治，着力抓好湘江流域水污染治理、重金属污染治理、农村环境污染综合治理等综合整治工作，取得了明显成效，主要体现在以下几个方面。

（1）湘江流域水污染综合整治取得明显成效。2008～2010 年，省委、省政府实施了湘江流域水污染综合整治行动，流域内三年共计完成整治项目 2064 个，完成投资 212 亿元，超过了省政府原定的目标。其中：关闭、退出、停产治理企业 765 家；限期污染治理项目 408 个，完成畜禽养殖污染治理项目 803 个；完成搬迁企业 11 家；新建 61 座污水处理厂，新增污水处理能力 249 万吨/天，实现了县城以上生活污水处理设施全覆盖的目标；建成城镇垃圾填埋场 14 个，新增生活垃圾处理能力 4949 吨/天；建成工业园区污水处理厂 3 个，处理能力 10 万吨/天。湘江水质改善效果明显，2012 年，湘江干支流 42 个监测断面及水域监测，Ⅰ-Ⅲ类水质断面比例达到 88.1%，比 2007 年提升了 5.6 个百分点。

（2）湘江流域重金属污染治理有序推进。党中央、国务院高度重视湘江流域重金属污染问题，2011 年 3 月，国务院批准《湘江流域重金属污染治理实施方案》。该方案以"保民生，控源头，还旧账，强监管"为主线，明确了"保障民生安全、控制工业污染源、治理历史遗留污染"三大主要任务，布局了一批治理项目，并从组织、资金、技术、政策等方面提出了保障措施。通过近三年的整治，截至 2013 年 6 月，湘江流域涉重金属企业较 2008 年减少 41.5%，共削减废气、废水中汞、镉、铅、砷、铬五种重金属排放量 359.03 吨，较 2008 年削减了 42.1%；环境质量进一步改善，2011 年湘江流域国控断面重点重金属污染物达标率为 99.36%，2012 年为 100%，且断面年均浓度值均呈现不同程度下降，湘江干、支流镉、砷的平均浓度分别比 2007 年下降 26.6%、38.9%；针对湘江镉污染，全省总计关停 20 多家涉镉企业，湘江自株洲以下基本解决了镉污染的问题。全省涉重金属环境违法事件明显减少，2012 年以来未发生重金属污染事件，这是我省重金属污染治理的一个标志性成绩。李克强高度肯定湘江流域重金属污染综合防治所取得的成效，批示要求"总结落实地方推进重金属污染治理的经验做法"。

（3）重点工业污染区整治取得重大进展。长沙市启动坪塘老工业区产业退出计划，通过强制关闭、升级改造、整体搬迁、企业转向等方式，到 2010 年，区域内 21 家企业全部退出、搬迁和完成升级转型。在产业退出的同时，生态修复工程同步启动，随着大王山旅游度假区、冰雪世界、体育休闲园等一批休闲旅游项目的陆续建成，曾经遍布灰尘的污染区，将成为长沙"山水洲城"特色美丽新区。株洲市启动清水塘老工业区污染企业的绿色搬迁，治理历史遗留污染问题。目前，已关闭湘江沿岸污染企业 162 家，新建了 7 座生活污水处理厂和 1 座工业废水处理厂，完成了 123 家 500 头规模以上的畜禽养殖场整治，湘江株洲段水质保持国家三级标准，涉重金属企业数量减少 50%，重金属污染物排放总量减少 50%。湘潭市强力实施竹埠港地区"退二进三"工程，截至目前，区域内 26 家企业中 9 家已停产，4 家半停产，年底所有化工企业将全面关停，竹埠港化工园将成为历史。同时，湘潭市按照"统一规划、统一开发、分片实施、同步推进"的工作思路，对竹埠港 33.36 平方千米的土地集约开发，拟将竹埠港地区建设成为生态环境良好、基础设施完善、产业布局合理、群众安居乐业的现代新城。

8.3.4　湘江流域水利与防洪工程管理实践

1. 湘江流域防洪工程管理实践

根据湘江流域洪水特性及防洪区的防洪特点，初步形成中、上游干支流兴建调洪水库，中、下游修建堤防与河道整治，以防洪水库、堤防、蓄滞洪区、治涝工程为主，加强水土保持、山洪防治及防洪非工程措施为辅的山丘区综合防洪减灾体系。在现有大中型水库基础上，近期扩建涔天河水库、青山垅水库，兴建 7 座中型防洪水库，共增加防洪库容 2.9 亿立方米，有效拦蓄、错峰支流洪水，构建流域防洪水库工程。近期以长沙市 200 年一遇，株洲、湘潭、衡阳市 100 年一遇，永州、郴州、娄底市 50 年一遇，其他县级市和县城 20 年一遇的堤防标准进行建设和加固堤防，近期建设 255 千米城市堤防（含防洪墙），229 千米农村堤防，加高加固 523 千米城市堤长，918 千米农村堤长，共计 1925 千米堤防工程，同时配合洪道与岸线整治及洪水科学调度来实现防洪要求。在湘江流域尾闾地区进行城西垸、北湖垸、金鸡义合垸蓄滞洪区工程建设，在长沙市附近拟建许家洲、回龙、胜利、翻身、水塘等堤垸作为备用蓄滞洪区，总蓄洪面积达到 196.4 平方千米，蓄洪量 12.8 亿立方米，构建洞庭湖沿湖城市和长株潭核心城市群的蓄滞洪区工程。采用 10 年一遇 3 日暴雨 3 日末排至田间作物耐淹水深（水稻 0.5 米）的排田标准，10 年一遇 15 日暴雨 15 日末排至控制水位的排内湖标准，设计洪水重现期 10 年一遇的撇洪标准的基础上，充分利用湘江流域现有排涝设施，结合渠系水网及水流流向，改造建设各堤垸排涝系统，构建堤垸独排、半垸高水高排的治涝工程体系。

2. 湘江流域抗旱工程管理实践

湘江流域连续四年来降雨量总体偏少，加之河床下切和用水量的急剧增加，使得出现每年 8 月高温季节性干旱和长达 5 个月枯水期，给居民生活、工农业生产造成严重影响，也成为湘江流域经济发展的重要制约因素。因此，通过兴修蓄水，改造农田水利，推广节水技术的工程措施，洪水资源化、水资源优化等管理措施，形成安全水利、民生水利、资源水利、生态水利和保障民生、服务民生、改善民生的生产、生活、生态全面抗旱的水利发展格局。在流域现有 5 座大型水库、145 处中型水利枢纽工程，以及 7 座中型防洪水库，形成解决农业灌溉、生活供水的抗旱蓄水工程布局。通过流域内 300 多万处的小型农田水利工程改造，渠道衬砌化处理，200 多万塘坝清淤扩容增蓄 30%～40%，增加小微型集雨工程和小泵站工程，3400 多座的各类病险水库的除险加固，机电排灌站更新改造的各种工程，构建降低渗漏、扩大灌溉、解决乡村饮水、增加水源水量的农田水利工程体系。通过调整农业种植结构，改进灌溉技术，城市供水管网更新改造，推广节水型用水器具等手段，形成灌溉水利用系数 0.6 以上、城镇供水管网漏失率 10% 以上、节水器具普及率 90% 以上的长期节水技术工程体系。

在汛期末湘江上游的大型水库抓住"洪尾"有效蓄水 80%～90%，以达到蓄洪补枯的洪水资源化管理措施。根据水量分配方案、流域和区域年度水量分配及各地来水的实际情况，严格取水许可制度，加强供水管网调度，采取分时分片供水措施，形成以需水为目标的水资源管理制度。

3. 湘江流域航运工程管理实践

综合开发湘江水资源，应确立以建设湘江黄金水道为龙头的水运发展战略。针对湘江水资源管理部门多，各部门按行业分工管理体制分散、多头管理、职能交叉，管理中缺乏一定的协同性和整体性的情况，要成立以航运为主的湘江水资源统一协调管理机构，加强湘江流域水资源的综合开发和管理。建立统一的湘江干流梯级调度中心，大力加强对已建枢纽（船闸）运行调度管理，充分考虑航道通航要求，减少船舶待闸时间。航道、港口岸线等是不可再生的重要稀缺资源，要切实加强保护，科学合理地开发利用。湘江沿线城市建设规划特别是长株潭地区要充分考虑港口发展需要，有效保护港口岸线资源和港口建设用地。

具体而言，湘江沿线港口要从发展综合运输枢纽的角度统一规划、协调建设，要根据沿江产业布局和物流状况，明确各港口的发展方向和职能，构建起布局合理、分工明确、功能完善，与区域经济发展水平相适应，与综合运输体系有机衔接的港口体系；要拓展港口功能，由传统单一的装卸、运输向综合物流领域拓展，业务范围不局限于港区范围，要向上、下游行业延伸；要高度重视港口物流园区建设，利用产业转移机制，发展临港工业，建设特色产业园区、工业园区和保税物流园区，形成现代港口物流中心；要加强港口集疏体系的建设，发展港口多式联运，以港区为节点，实现铁路、高速公路、城市道路、水路等各种运输方式有机衔接，大力发展公水、铁水、水水和江海直达等多式联运，构建公、铁、水路现代综合交通网络；要加快湘江航运信息化进程和海事支持保障系统建设，全面提升海事监管能力和水平，加快航道水上服务区建设，增强水运服务保障能力。

8.4　大气污染防治工程管理实践

近年来全国各地城市严重雾霾天气频现，2013 年 100 多个城市雾霾天数与 $PM_{2.5}$ 日最高浓度创下"历史记录"，其中空气质量恶化程度最为严重的是一些依赖重化工业的中小城市。2014 年 1 月 8 日全国重点城市空气质量指数排行显示，210 个城市中 27 个轻度污染、13 个重度污染、10 个重度污染，3 个严重污染，而长沙、株洲、湘潭、武汉均属于重度污染之列。《环境空气质量标准》（GB3095—2012）自 2012 年实施以来，对应的空气质量评价体系也由传统的"污染指数"转变为"质量指数"。按照世界卫生组织的评价标准，如果将 $PM_{2.5}$ 纳入国家环境质量监控体系，全国空气质量达标的城市会从现在的 80% 下降到 20%。

$PM_{2.5}$ 是指大气中直径小于或等于 2.5 微米的颗粒物，也称为可入肺颗粒物。与较粗的大气颗粒物相比，$PM_{2.5}$ 粒度小，比表面积高，容易附着有毒有害物质；且有害物质在大气中的停留时间长，输送距离远，容易进入人类呼吸系统深处，对人体健康和大气环境质量的危害更大。如何切实有效地实施 $PM_{2.5}$ 污染防控已成为我国工程管理领域的研究热点与前沿方向之一。

8.4.1　大气污染实时预报预警平台构建

国务院近期出台的《大气污染防治行动计划》提出，建立监测预警应急体系，妥善应对重污染天气。目前，虽然我国许多城市都对 $PM_{2.5}$ 浓度进行了实时监测，截至 2013 年 9 月底，开展环境空气质量新标准第一阶段监测的 74 个城市的 496 个国控监测站点中，已有 138 个站点开展监测并发布数据，但大多数站点仅对 $PM_{2.5}$ 浓度数据归纳整理，并没有形成有效的实时预报与防控手段。目前国内使用较为广泛的美国环境保护局空气质量模式主要应用于区域尺度的模拟研究，城市尺度的模拟应用相对较少。主要原因是区域性问题研究时要求的排放源的空间分辨率较低，而环境监测部门提供的用于城市尺度空气质量研究的排放源空间分辨率较高，同时又仅能提供排放源高度等基本信息，无法提供如烟气温度、烟道口径等详细描述信息，使得排放源模拟生成十分困难，常常需要理想化设定有关参数，导致模拟结果偏差。因此，有必要建立一套适用于我国城市尺度的 $PM_{2.5}$ 预报模式。

长株潭城市群是国家两型社会综合配套改革试验区，近年来 $PM_{2.5}$ 污染较严重，对其进行联防联控已引起湖南省各级政府的高度重视。2014 年 2 月，在湖南省第十二届人民代表大会第三次会议上，提出将加大雾霾防治的工作力度、投资力度和政策力度，推进重点行业、重点区域大气污染治理。长株潭城市群从 2013 年 1 月 1 日起正式按《环境空气质量标准》（GB3095—2012）开展环境空气质量监测，新增了 $PM_{2.5}$、CO 和 O_3 三项指标。三市共布设 24 个环境空气自动监测点位（图 8-3）。本节在分析所获得的自动监测数据基础上，引入包括温度、大气压力、风速、风向、相对湿度、混合层高度等影响颗粒物浓度的气象条件，进一步分析 $PM_{2.5}$ 的形成与气象因子的定量关系，并运用多元逐步回归法建立预报模型，为政府部门设定应急预案防控 $PM_{2.5}$ 的污染提供科学依据。

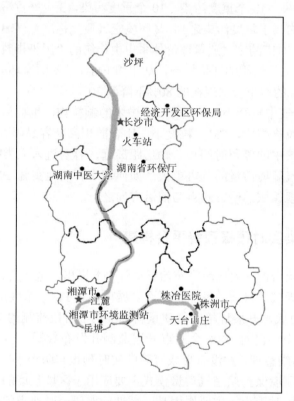

图 8-3　长株潭环境空气监测站点地理分布图

　　目前，湖南省长沙、株洲和湘潭三市的所有环境空气自动监测站点已按新标准进行了监测和实时联网发布，具备了开展环境空气质量预报的基础。湖南省环境监测中心站每天通过电视及网络等媒体对外发布长株潭三市未来 24 小时内的空气质量预报，其内容包括第二天的空气污染指数范围、首要污染物、空气质量级别及健康提示。现阶段，预报内容相对单一，对大气污染指标与日常工作生活的关系缺少具体阐述，对造成空气污染的原因及减轻大气污染的指导措施也缺乏相应描述。另外，由于湖南省预报预警系统工作平台未建成，空气自动站监测数据在天气形势判断中没有充分发挥作用。中国环境监测总站与湖南省气象台也尚未能提供区域性空气质量指导预报产品及气象产品。这些因素导致空气质量预报转折性及重污染天气把握不足，污染较重时天数或月份预报准确率不高，也使得目前的预报工作流程还不能完全符合环境空气质量预警工作的要求。

近几年来，由雾霾天气造成的大气污染次数呈显著上升趋势，长株潭区域近期持续时间最长的一次重污染过程发生在 2014 年 1 月 24～30 日，三市连续出现 7 天空气污染指数维持在重度污染或严重污染水平。特别是在 1 月 27 日，长沙的污染指数达到了最大值 356，株洲和湘潭在当日的污染指数也达到了 350 和 307。2014 年 2 月 23 日，当天冷空气势力减弱，近地面风力为微风或无风，大气层结稳定，持续静稳控制，污染物水平扩散和垂直扩散受阻，长株潭区域内再次发生大范围的雾霾天气，三市环境空气质量严重超标，其中长沙市的空气污染指数从 2 月 21 日、2 月 22 日的 84、147 跃升为当日的 222，骤然达到重度污染级别，能见度极低，交通行车视线受限。而根据潜势预报结果，3 天预报等级分别为良、良和轻度污染，污染等级相差两级。究其原因，精细化气象预报在时间上和空间上把握不足从一方面导致误差的增加，另一方面是受到潜势预报对转折天气预判的滞后局限性。

1. 建立大气预报预警集合数值预报系统

大气环境数值模式可以通过综合物理、化学和数学等学科的最新进展，再现不同过程在大气中的作用，因此与现场观测、实验室模拟成为当前大气环境研究的主要手段。同时大气环境数值模式还具有全球及区域尺度大气痕量成分的源汇评估、历史过程再现和未来场景预测等其他手段不具备的优点。北京市环境监测中心自 2008 年开始通过数值预报模型进行环境空气质量预报，同时使用 CMAQ、CAMX、NAQPMS 三种模型，每天自动下载气象预报信息，结合利用模型中存储的污染源清单信息，形成环境质量的短期和中期预报。2008 年上海市环境监测中心开始组建专业预报队伍，集合数值预报和统计预报，到 2013 年，建成空气质量信息管理系统（AIRNOW-I）将 CMAQ、NAQPMS、CAMX、WRF-Chem 等四套模型数值产品集中管理，提供了丰富的气象和污染预报产品，开展对比分析预报。评估结果表明，集合数值预报系统对于 $PM_{2.5}$、SO_2 和 NO_2 日均浓度的模拟值与实测值相关系数达 0.5～0.6，能较好地模拟出主要污染物的日变化趋势及其浓度范围。

因此，应根据各地需求建立大气预报预警集合数值预报系统，集合同化数值，结合排放清单与气象场的不确定性，并通过实际应用不断改进和完善系统，进行模式后期开发应用，以提高城市及区域空气质量预报准确率和大气环境风险防控能力，为各地大气污染综合防治工作提供技术保障。

2. 注重气象部门合作，开展科学研究

在不同的天气条件下，各气象要素都不同程度地干扰污染物的传播、扩散或聚集，尤其是风、雾、降水、空气湿度和近地面大气层的状态。从某种意义上讲，正确的空气质量预报是以准确的天气预报为基础的。因此，应建立会商和资源共享制度，在进行空气质量预报预警过程中，加强与气象部门的沟通协调，建立合作模式，定期会商。同时，环境部门的预报员要掌握大气化学、大气污染、气象动力学等专业知识，通过联合气象部门对预报城市或区域的监测与气象资料开展分析研究，积累气象与大气污染之间的关联经验，总结出对预报有指导的因素。

3. 完善大气排放源清单

大气排放源清单是实现预警预报的前提条件。只有获得了真实、准确的污染源数据，才有可能开展高水平的空气质量预警预报工作。完整的大气排放源清单包括点源排放清单、线源排放清单、面源排放清单和天然源排放清单。通过综合运用在线监测法、手工监测法、排污系数法、物料衡算法、模型法和模型反演法等方法计算大气污染物排放量，并建立源清单动态更新制度。

4. 加快人才培养，提高预报水平

预报工作的科学性和专业性很强，人才的培养是重点和关键，需要由一支有经验的专业预报员队伍来完成对各种模型预测结果的综合分析、比较、取舍和判断。而且由于预报工作对环境科学、气象学、大气物理学等多学科专业知识的要求均较高，需要有针对性地引进人才组建专职预报预警团队，建立预警预报值班和轮班制度，进行长期培养和经验积累后才能正式对社会公开预报结果。北京市环境监测中心组建有包括气象学专业技术人才在内的 15 人专业预报员队伍，其中主要的预报员通过了 10 年左右的经验积累和培养。上海市环境监测中心直接参与预警预报工作的近 20 人，通过返聘的模式聘请退休的资深气象专家对现有人员进行定期专业培训。国家总站已在与中国科学院合作，并抽调 10 人专职开展全国环境空气质量预报预警体系建设工作。

5. 科学发布与宣传预报内容

加强科学发布环境空气质量预报内容和宣传，既要让群众感观与预报结果尽量接近，又要避免群众的非专业性造成的误解甚至恐慌，尤其是重污染日则更需要加强信息发布和宣传。各地应根据不同区域的空气质量状况，通过电视、电台、网络等媒介，以及各地环保局和监测中心站官方微博，及时向市民发布空气质量信息，提醒市民尽量减少户外活动，加强自我防护。预报出现重污染日时，积极

组织地方主流媒体现场专访，进行培训、讲解，召开新闻发布会，引导全体市民共同参与减排。遵循科学原则，上海市目前构建了以一周展望、未来两天预报、分时段预报、污染临近预报和污染预警为主要业务的科学预报预警体系，预报内容不断深化，更有利于贴切指导群众的日常生产生活。北京市按照分区启动、分级应对的原则，明确了空气质量日常监测与预报、空气重污染日信息发布的内容与形式，通过电视、电台、门户网站，每日发布市内 5 个方位未来 24 小时、72小时环境空气质量，并在全国率先设置媒体开放日，公众可参观北京市环境监测中心的空气质量预报信息发布中心，直观了解空气质量分析、会商、预报过程。

8.4.2　大气污染联防联控工程管理实践

2013 年长株潭三市空气质量优良率分别仅为 54%、59%、53.4%，三市的首要污染物均为 $PM_{2.5}$，10 月底更是出现了由 $PM_{2.5}$ 污染导致的空气重度污染。针对目前的空气质量状况，湖南省已启动大气污染联防联控工程，并着手建立空气质量预警机制；在省政府确定的十大环保工程中，明确了氮氧化物减排工程。比如，专门对空气中的硝酸盐尘埃（离子）进行脱硝。近年拟对 36 台火电机组装备脱硫设施，截至 2013 年年底，已有 16 台装备了脱硝设施，到 2014 年年底长株潭所有电厂已完成脱硝工程。同时加强工业锅炉的改造。

对机动车尾气，在长株潭地区率先对机动车进行检测，2014 年全部实行标志管理，不达标的车辆不能通过年检；对黄标车，从 2015 年起要实行限行，不能进入主城区。

为综合治理雾霾，湖南省将从三个方面着手：第一，进一步加强领导，明确责任。我省已建立环保联席会议制度。各个部门各司其职。第二，创新思路。雾霾现象由来已久，早在 10 年前，北京、上海这些城市就开展了一系列研究，我省也将积极运用这些城市的研究成果。第三，2014～2017 年，将从 8 个方面采取措施治理雾霾。①优化产业结构，严格环境准入。把环保的门槛提高一点。比如，在长沙这样的地区，环保部门不会再新批火电、建材、水泥、钢铁、有色、重金属等企业，高污染、高排放企业在长株潭地区将遇到很高的门槛。②加强工业的点源治理。无论是电厂、生产线，还是工业锅炉，都必须满足环保要求，污染治理设施一定要按照要求建设好，要实行稳定达标排放。对落后产能要坚决淘汰。以干法水泥为例，目前我省应淘汰的产能还有 3900 万吨。③大力推广绿色能源。控制煤炭消费总量，提倡绿色消费，支持风电、太阳能、水电发展，减少火力发电。④提倡绿色交通。对长株潭三市的公交、出租车进行能源替代，推动三市的公交、出租车使用清洁能源；加快油品的改造升级；加快实施油站油气回收，空油箱里的油气要回收，不能任意排放到空气中。⑤控制建筑扬尘。住建部门目前正在制定措施，进一步加强建筑工地扬尘管理。⑥进一步加强对雾霾和 $PM_{2.5}$ 的监测、研究。进一步对成因进行分析，对症下药，依靠科技，提高防治水平。⑦进一步加强宣传教育，使得人民群众进一步了解雾霾形成的原因，意识到减少雾霾人人有责，共同防治雾霾。⑧进一步加强组织领导和推动力度。这已经列入各级政府的重要议事日程。

为全面达到湖南省《贯彻落实〈大气污染防治行动计划〉实施细则》的要求，亟须建立 $PM_{2.5}$ 污染的防控制度与措施，但国内尚无成熟可借鉴经验。目前兄弟省市实行的大气污染防治机制多是由地方政府负责的自上而下行政主导式的防治机制，且多采用政府财政补贴为主的措施与办法。例如，山东省于 2014 年 2 月实行的空气质量生态补偿机制，在很大程度上有效地调动了市级政府治理大气污染的积极性，但同时也对政府财政收入和补偿资金融资有较高要求；北京、上海等大城市在奥运会、残奥会和世博会期间的区域大气污染防控机制虽然效果十分显著，但治理机制本身不具有可持续性和可操作性。"谁污染谁治理"是我国环境污染防治的基本原则，排污收费制度可以引致污染者自我激励，在提供有效强制政策工具的同时减少政府的行政成本。因此，我们提出，在长株潭建立 $PM_{2.5}$ 排污收费制度，按照排放源分类分级体系分别计算确定各排污者 $PM_{2.5}$ 排放数量，与此同时，科学合理地制定排污费征收标准和排污费的使用与管理制度，以达到有针对性地控制 $PM_{2.5}$ 重点污染源排放的目的。

1. $PM_{2.5}$ 排污费征收标准和方法

$PM_{2.5}$ 排污收费是建立在我国现行排污收费制度基础之上的单项污染物收费，按照"排污就收费"的原则，以一次源 $PM_{2.5}$ 排放量，即实施治理工程后的排放量计征排污费。采用分类分级 $PM_{2.5}$ 排放因子法（$PM_{2.5}$ 产生系数）计算排放量，如固定燃烧源以不同类型燃烧炉消耗的不同种类单位燃料对应的 $PM_{2.5}$ 产生系数计算 $PM_{2.5}$ 排放量，工业过程源以不同工艺过程消耗的不同种类单位原料或生产的不同种类单位产品对应的 $PM_{2.5}$ 产生系数计算 $PM_{2.5}$ 排放量，流动源以不同车型、不同使用年限的车辆行车里程和以燃油量对应的 $PM_{2.5}$ 产生系数计算 $PM_{2.5}$ 排放量，建筑施工源以土方表面积对应的 $PM_{2.5}$ 产生系数和土方搬运量对应的 $PM_{2.5}$ 产生系数分别计算 $PM_{2.5}$ 排放量再求和。$PM_{2.5}$ 产生系数采用实地调查的方式获取，无法开展调查时，可根据环境统计和污染源普查数据中获取的相应信息确定，也可参考国家环境保护部技术文件——《大气细颗粒物（$PM_{2.5}$）源排放清单编制技术指南（试行）》和《$PM_{2.5}$ 排放量核算技术规范（火电厂、水泥工业企业）（征求意见稿）》。单位 $PM_{2.5}$ 排放量收费单价的确定需同时考虑 $PM_{2.5}$ 的预期治理成本、$PM_{2.5}$ 污染特征及时空分布规律、$PM_{2.5}$ 浓度与气象因子相关性，以及我省经济发展水平等多种因素。

2. 排污费征缴范围

根据长株潭城市群地区产业结构及其大气污染物排放特征，以及 PM$_{2.5}$ 源解析结果，初步确定一次源 PM$_{2.5}$ 排污费征收范围为：①固定燃烧源，包括所有工业和民用燃煤锅炉或窑炉、秸秆与垃圾焚烧产生的烟尘污染源，由于燃气锅炉 PM$_{2.5}$ 产生系数较小，拟暂缓收费；②工业过程源，涵盖钢铁、有色冶金、水泥、化工等四个主要行业的粉尘与烟尘排放源；③流动源，包括机动车及运输机械等产生的尾气和道路扬尘污染源；④建筑施工源，包括大型建筑工地土方堆风蚀和土方搬运产生的扬尘污染源。

3. 排污费的使用与管理制度

为了充分发挥资金的社会经济效益，应建立长株潭大气污染防治基金，将征集的排污费转变为绿色贷款投资于污染源的环境治理与技术改造，变排污费的无偿使用为有偿使用，既解决资金分散使用问题，使排污费更能集中用于重点污染源的治理，又增强企业用款责任心，提高排污费的使用效益，以保证专款专用，防止将 PM$_{2.5}$ 排污费挪为他用。

8.4.3　大气污染源解析与治理工程管理实践

用于解析大气颗粒物来源的模型主要有扩散模型和受体模型。扩散模型需要提前知道源强及气象参数，根据源强和气象参数模拟污染物从源排放到受体经历的动力学过程。因此，扩散模型对于开放源的动力学过程模拟显得捉襟见肘。随着源解析技术的发展，20 世纪 70 年代有学者提出了受体模型源解析技术。

根据是否需要源信息，受体模型主要可以分成两类：需要源信息，即 sources known 受体模型及不需要源信息，即 sources unknown 受体模型。经过 40 余年的发展，受体模型已经发展得较为成熟，其中 CMB 和 PMF 模型为美国 EPA 推荐使用的模型。用户可以从美国 EPA 官网上下载 CMB 和 PMF 模型软件并可免费使用。从国外学者发表的文章可以看出，受体模型在国外许多地区得到了广泛应用。我国学者先后在北京、杭州、济南、无锡、上海、宁波、乌鲁木齐、日照等城市利用受体模型进行颗粒物污染源的解析研究。由于长沙、株洲、湘潭地区 PM$_{2.5}$ 污染源排放清单正在建立中，无法利用 CMB 模型进行源解析实证研究。主成分-多元线性回归（PCA-MLR）模型是目前常用的不需要源信息的源解析模型。

富集因子模型是用于研究大气中元素的富集程度、评判大气中污染物的人为源和自然源的常用方法。大气颗粒物中含有的元素相对于土壤背景值的丰富度，即为富集因子 E_f，E_f 被定义为

$$E_f = \frac{C_n / C_{\text{ref(sample)}}}{B_n / B_{\text{ref(background)}}} \tag{8-1}$$

其中，C_n 为颗粒物中研究的元素；C_{ref} 为参比元素；$C_n/C_{\text{ref（sample）}}$ 为颗粒物中研究元素与参比元素的浓度之比；$B_n/B_{\text{ref（background）}}$ 为土壤中研究元素与参比元素背景浓度值之比。

一般认为，若 $E_f \geqslant 10$，则说明该元素在颗粒物中有明显富集；若 $E_f < 10$，则说明该元素没有富集，来源于地壳土壤或岩石风化；若 $E_f < 1$，则说明该元素可能有流失，其相对含量明显下降。参比元素一般选用地壳中普遍存在的而人为污染来源少、化学稳定性好、分析结果精确度高的 Al、Ti、Fe、Si 等挥发性低的元素。

PCA-MLR 模型即主成分分析模型和多元线性回归模型两者的综合。单独使用旋转后的 PCA 方法可以达到消除共线性的目的，因为只能得到各主成分对于样本方差的解释率，所以无法得到各个污染源对于 PM$_{2.5}$ 的具体贡献率。将 PCA 模型与 MLR 模型结合使用，在参考其他学者做过的源信息的基础上，可计算出各个污染源对 PM$_{2.5}$ 的贡献率。PCA-MLR 模型计算步骤如下。

第一步：对原始数据做标准化处理。假设主成分分析指标变量有 m 个，分别为 x_1，x_2，$\cdots$，x_m。设第 i 个样本的第 j 个指标的数值为 a_{ij}，经过标准化处理之后的数值为 $\overline{a_{ij}}$，那么 $\overline{a_{ij}} = (a_{ij} - \mu_j)/s_j$，$i=1$，2，$\cdots$，$n$，$j=1$，2，$\cdots$，$m$。其中 μ_j 为第 j 个指标的样本平均值，s_j 是第 j 个指标的样本标准差。

第二步：计算相关性系数矩阵 R。第 i 个指标和第 j 个指标间的相关性系数 r_{ij} 可以表示为 $r_{ij} = \dfrac{\sum_{k=1}^{n} a_{ki} \cdot a_{kj}}{n-1}$，$i=1$，2，$\cdots$，$n$；$j=1$，2，$\cdots$，$m$。

第三步：计算特征值和特征向量。设矩阵 R 的特征值分别为 λ_1，λ_2，$\cdots$，λ_m，特征值对应的特征向量分别为 u_1，u_2，$\cdots$，u_m。各主成分可以表示为

$$F_1 = u_{11}\overline{x_1} + u_{21}\overline{x_2} + \cdots + u_{m1}\overline{x_m}$$
$$F_2 = u_{12}\overline{x_1} + u_{22}\overline{x_2} + \cdots + u_{m2}\overline{x_m} \tag{8-2}$$
$$F_m = u_{1m}\overline{x_1} + u_{2m}\overline{x_2} + \cdots + u_{mm}\overline{x_m}$$

其中，F_1 表示第一个主成分；F_2 表示第二个主成分，依此类推。

第四步：选择主成分个数。定义累积贡献率 α_p，当 p 个特征值的累积贡献率达到设定值以上时，则选取 p 个主成分用于实际案例分析。α_p 可以表示为

$$\alpha_p = \frac{\sum_{k=1}^{p} \lambda_p}{\sum_{k=1}^{m} \lambda_k} \tag{8-3}$$

第五步：以标准化的每个指标的总和为因变量，以因子得分为自变量，进行多元线性回归。在 PM$_{2.5}$ 溯源研究中，旋转后的第 j 个主成分 i 的回归系数与所

有旋转后的主成分的回归系数和的比，就是第 i 个污染源对于 $PM_{2.5}$ 的贡献率。图 8-4 为源解析流程图。

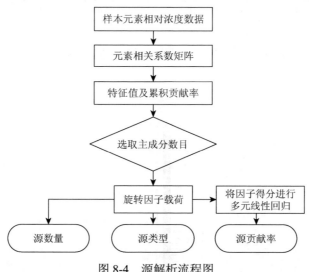

图 8-4　源解析流程图

以湖南省 A 层（表层土）土壤元素背景值的中位值为参比系统、以 Al 元素为参比元素计算各元素的富集因子值，结果见表 8-1，E_f 值大于 10 的被加粗，大于 10 表示该元素主要来自人类活动和行为。

表 8-1　长株潭城市区域 $PM_{2.5}$ 中元素富集因子

元素	长沙	株洲	湘潭
Zn	5.01	**18.09**	**11.15**
Pb	**18.99**	**49.83**	**48.93**
Al	1.00	1.00	1.00
Mn	0.55	0.69	0.73
Fe	7.37	**12.15**	**12.50**
Mg	**16.09**	**19.80**	**26.21**
Ca	**590.18**	**1027.06**	**1057.65**
Na	**23.08**	**43.45**	**38.81**
K	3.75	8.08	5.47
Ti	0.34	0.60	0.62
V	0.43	0.97	1.39
Cr	0.12	0.24	0.20
Co	0.38	0.86	0.95

元素	长沙	株洲	湘潭
Ni	0.70	1.59	1.33
Cu	1.36	4.02	3.33

为直观分析，将表 8-1 结果绘制成如下条形图（图 8-5）。

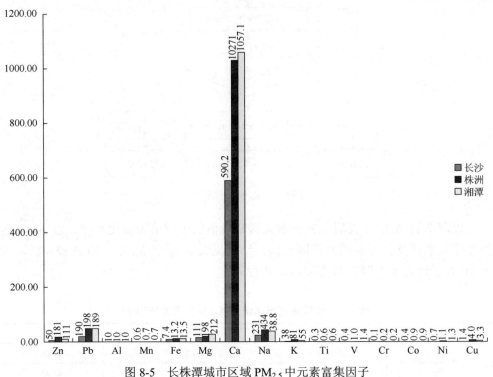

图 8-5　长株潭城市区域 PM$_{2.5}$ 中元素富集因子

图 8-5 显示，在长株潭城市区域中，Ca 元素具有相当高的富集因子值，这说明长株潭城市群 Ca 元素主要来自人为活动，由于 Ca 元素为建筑尘表征元素，这意味着长株潭城市区域的建筑尘均为 PM$_{2.5}$ 的重要来源。长沙市 PM$_{2.5}$ 颗粒物含有的元素中 E_f 大于 10 的有 Pb、Mg、Ca 及 Na；株洲市 PM$_{2.5}$ 颗粒物含有的元素中 E_f 大于 10 的有 Zn、Pb、Fe、Mg、Ca 及 Na；湘潭市 PM$_{2.5}$ 颗粒物含有的元素中 E_f 大于 10 的有 Zn、Pb、Fe、Mg、Ca 及 Na。E_f 大于 10 可以认为该元素释放到空气的过程，主要是受到人类活动的影响。株洲和湘潭 E_f 大于 10 的元素相同，可以初步推断这两个城市空气中主要污染源相似。富集因子分析得到的结果，将为下面 PM$_{2.5}$ 溯源研究提供一定的参考信息。

对 2013 年 9～10 月长沙市城区 5 个点 26 天的 PM$_{2.5}$ 化学成分分析的原始数

据进行标准化处理后，计算得其相关性系数矩阵对应的 17 个特征值由大到小的顺序为 9.11、3.69、1.32、1.02、0.69、0.44、0.25、0.17、0.098、0.075、0.05、0.03、0.022、0.019、0.007、0.005、0.002。前 4 个特征值 λ_1，λ_2，λ_3，λ_4 对于方差的贡献率分别为 54%，22%，8%，6.0%，累积贡献率达 90%，所以选取主成分数目 $p=4$。经过方差极大化正交旋转后，可以显示各元素在主成分中的载荷值。表 8-2 为长沙市 $PM_{2.5}$ 的主因子载荷表，因子载荷值在 0.7 以上的被加粗。

表 8-2　长沙市 $PM_{2.5}$ 中化学元素主因子载荷

化学元素	主因子			
	1	2	3	4
P	0.10	−0.05	0.01	**0.95**
Zn	0.31	0.19	**0.90**	0.06
Pb	**0.77**	−0.28	0.30	0.43
Al	0.10	**0.73**	−0.18	−0.02
Si	0.54	−0.31	0.45	0.44
Mn	**0.91**	−0.19	0.23	0.07
Fe	**0.95**	−0.01	0.24	0.02
Mg	**0.97**	−0.05	0.10	0.05
Ca	−0.04	**0.91**	0.13	−0.10
Na	−0.57	0.79	0.04	−0.11
K	−0.57	0.77	0.04	−0.11
Ti	−0.14	**0.88**	0.25	−0.02
V	0.60	−0.33	0.53	0.41
Cr	−0.52	**0.81**	0.07	−0.09
Co	**0.91**	−0.25	0.11	0.06
Ni	**0.77**	−0.24	0.46	0.20
Cu	0.19	0.18	**0.89**	−0.02
特征值	9.11	3.69	1.32	1.02
解释方差	54%	22%	8%	6%

分别求得表 8-1 中各元素组分在 26 天的相对浓度总和。以标准化后的 17 种化学元素浓度之和为因变量，以表 8-2 中 4 个主因子为自变量，进行回归得到如下回归方程：

$$\overline{C} = 0.68F_1 + 0.53F_2 + 0.4F_3 + 0.23F_4 \tag{8-4}$$

式（8-4）的拟合优度 R^2 值为 0.96，显著性水平 $O=0.05$，F 检验值为 18，P 检验值为 $0 < O = 0.05$，故可以认为拟合成功。下面以 i 源作为研究案例，源 i 的平均

贡献率 $=(B_i/\sum B_i)\times 100\%$。其中，$B_i$ 为式（8-4）中第 i 个主因子的回归系数，由此便可求得最终源贡献率。

对于株洲市和湘潭市，采用与长沙市同样的处理方法进行 $PM_{2.5}$ 的源解析计算，最终得到长株潭城市区域 $PM_{2.5}$ 源解析结果，如表 8-3 和图 8-6 所示。

表 8-3　长株潭城市区域 $PM_{2.5}$ 溯源结果

源序号	长沙	株洲	湘潭
1	交通尘（36.8%）	冶炼尘（35.5%）	地面扬尘（37%）
2	建筑水泥尘（28.8%）	建筑水泥尘（30.5%）	冶炼尘（30%）
3	冶炼尘（21.6%）	煤烟尘（21.9%）	地面扬尘（19%）
4	农业污染（12.7%）	地面扬尘（12.1%）	建筑水泥尘（14%）

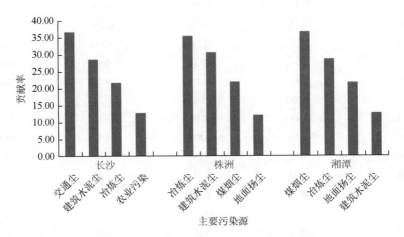

图 8-6　长株潭城市区域 $PM_{2.5}$ 源解析结果

综上研究得到以下结论：①长沙的 $PM_{2.5}$ 污染源中交通尘和建筑水泥尘的贡献率在 60%左右。截止 2013 年年底，长沙市机动车保有量达 159.04 万辆，是株洲的 2.6 倍和湘潭的 9 倍；2005～2012 年，长沙市城市房屋建筑面积由 8233 万平方米提高到 18 583 万平方米，城市道路长度由 1415 千米提升到 2342 千米。由此可见，作为快速发展的中心城市，长沙市 $PM_{2.5}$ 污染从工业型污染逐渐向交通建筑型污染转变，大量基础设施建设和机动车保有量增长是 $PM_{2.5}$ 污染的重要原因。②株洲和湘潭的主要污染源均包含冶炼尘和煤烟尘，尤其是湘潭市煤烟尘和冶炼尘的贡献率高达 67%，说明其工业结构转型的效果远不及长沙，工业燃煤和钢铁冶炼粉尘是其 $PM_{2.5}$ 污染的主要来源。③虽然长株潭三市产业结构存在较大差异，$PM_{2.5}$ 污染源也具有较为明显的地区特征，然而，颗粒物化学元素组分反映三市不同程度地受到冶炼尘污染，冶炼尘贡献率均为 20%以上。这表明长株潭三市之间均有较明显的污染

物扩散与 $PM_{2.5}$ 周边区域输送效应。④生物质燃烧对 $PM_{2.5}$ 污染产生较为明显的季节性影响，10 月份的 $PM_{2.5}$ 浓度峰值主要受周边地区秸秆（稻草）露天燃烧的影响。

8.4.4　大气环境监测网络建设工程管理实践

1. 城市环境空气自动监测能力建设

在各地级以上城市新建、更新并完善国家环境空气自动监测点位监测能力，分三步填平补齐相关监测仪器设备设施；同时为本辖区内每三个点位申请配备一套备用仪器；在各省、市级监测站及环境空气监测点位建立数据传输与网络化质控监控平台；加强各省对本辖区内城市空气自动监测的质控能力。

2. 区域环境空气监测能力建设

在长沙、株洲、湘潭等长株潭"3+5"城市群及其他重点区域新建区域环境空气监测点位，同时扩展 31 个现有农村环境空气监测子站功能，形成区域环境空气监测能力。按照 1∶1 的原则为每个区域环境空气监测点位配备备机。新建区域环境空气监测项目待具体点位确定后，另行申报。

3. 省级（湖南省环境监测总站）环境空气监测能力建设

实现国家空气背景监测重点实验室的立体监测能力，建设区域预警平台、数据实时传输及发布系统等。

8.5　两型城镇转型与建设工程管理实践

8.5.1　资源型企业清洁生产实践

资源型企业是指从事煤炭、石油、有色金属等不可再生自然资源开发和初加工的企业，一般而言，具有以下四个方面的特征：①对资源的依赖性大，以自然资源为主体投入要素进行产品的生产，资源禀赋成为决定企业发展的基础；②地理性强，在选址时要着重考虑资源丰富性、供应便利性；③产品附加价值低，资源型企业的产品大多是初级产品，在产品的具体生产过程中，技术水平相对较低，通过对自然资源的开采和初加工，形成以初级原材料为产品的最终产品；④产生负的外部性较大，企业发展是以自然资源的消耗为前提，以牺牲环境为代价的，其外部性比一般制造业表现得更为严重。湖南省重点企业清洁生产工作推进的思路主要遵循以下原则。

1. **转型的着眼点**

资源型企业转型要特别注意产业结构的调整和升级，不仅要注重转型后的经济效益，而且要注重经济增长的质量，注意经济效益、综合发展和后续能力的统一，谋求结构高度、结构弹性和结构效益。资源型企业转型要求有效减少资源耗损、降低环境污染，大力保护社会经济发展的资源环境基础，在资源承载能力和环境自净能力的许可范围内，安排开发活动。只有这样才能协调环境与经济发展的关系，为子孙后代留下合适的生存空间，实现持续、稳定发展。

2. **转型的主攻方向**

对于资源型企业而言，经济转型的主攻方向是产业结构的升级和经济体制的转轨，核心则是企业经济活动的转型。企业发展要解决两大历史性命题：一是结构转换，即提升产业结构高度；二是体制转换，即资源配置方式及其相关的行为规范的改进，制度安排在很大程度上决定着技术进步的进程和产业之间的配比关系。企业转型的首要目标是调整产业结构，实现产业结构的协调化和高度化，在此基础上，通过制度创新和技术创新推动产业结构升级。转型的重点是传统支柱产业的升级延伸和新型主导产业的培育发展，以及产业关联、产业组织、产业技术的同步递进。也就是说，促使单一化、刚性化、低层次产业结构向综合性、弹性化、高层次产业结构跨越，不断延伸产业链，实现企业经营活动的范围经济效益和规模经济效益。

3. **转型的目标**

资源型企业转型的目标和任务重点在三个方面：一是产业结构目标，主要包括传统产业的升级改造、延伸转化，新兴产业的培育发展、成长壮大，产业素质的改善提高，产业层次的抬升跃迁，其核心是提高产业结构高度、增进产业结构效益。二是发展能力目标，主要包括资本积累和增值、再投入的能力，收入分配和经济利益的调节能力，资源的动员和优化配置能力，科技、教育、体制、管理、决策、意识的支撑能力等，建立更加有效和更具活力的经济体系。三是环境资源目标，就是要恢复和保持生态承载能力，把经济活动建立在坚实的资源环境基础之上。也就是说，随着经济发展和社会进步，资源更新能力不断得到强化，环境状况得到有效好转，生态质量更加适应经济和人民生活的要求。

8.5.2　资源型产业城市转型升级实践

2007 年长株潭城市群获批国家"两型社会"建设综合配套改革试验区以来，

我省积极推动试验区产业转型升级机制改革，不断完善政策体系和运行机制，促进资源高效配置，产业结构持续优化，努力探索新型工业化的路子。根据工业和信息化部最新公布的《全国工业发展质量年度评价报告》，湖南工业发展质量位居全国第九位，继续位居中部六省第一位，并居全国最具潜力省份第一位。

1. 转型升级的主要做法

一是强化顶层设计，选准产业转型升级路径。坚持在发展两型产业中推进新型工业化、新型城市化，加强对产业转型升级机制改革的前瞻性研究，在此基础上制定实施了《湖南省新型工业化"十二五"发展规划》和《环长株潭城市群工业布局规划》，以及冶金、建材、机械等 10 多个行业的专项规划，确定了全省产业转型升级机制改革的基本思路，即坚持新型工业化第一推动力不动摇，深入实施"四千工程"（千亿产业、千亿集群、千亿企业、千亿园区），探索建立两型工业准入，提升及落后产能退出机制，构建多点支撑的产业格局和多极支撑的发展格局。

二是完善政策体系，引导两型工业快速发展。加快构建以两型产业发展为导向的资源配置机制，制定了一系列支持两型产业发展差异化的产业政策，如省委、省政府出台的《关于加快工业转型升级促进环长株潭城市群"两型社会"建设的意见》、省政府批复实施的《长株潭城市群产业发展体制改革专项方案》、《环长株潭城市群"两型"产业振兴工程实施方案（2011—2015 年）》，以及省经济和信息化委员会制定的《湖南省两型工业准入、提升及落后产能退出机制改革工作实施方案》，引导两型产业健康快速发展。与此同时，在全国率先出台工业两型示范企业创建标准，大力推进两型企业创建，湘潭钢铁集团、株洲冶炼集团、泰格林纸集团有限公司列入国家第一批两型企业创建试点。

三是加强技术创新，推进工业发展方式转变。为增强企业的自主创新能力，湖南省加大对国家级企业技术中心、工程技术中心、重点实验室、产业技术联盟的支持力度，开展了"重金属冶炼节能减排关键技术与工程示范"、"新能源发动机研发及产业化技术开发"等一批两型关键技术的攻关。加大省级财政对两型新技术应用的投入，如省新型工业化与培育发展战略性新兴产业引导资金 5 年来共支持长株潭三市重点技改项目 410 个，资金 11.5 亿元，占全省 42.6%。加强产学研金合作，充分整合技术资本、产业资本和金融资本，连续主办七届中国（长沙）科技成果转化交易会，签约项目 1622 个，签约资金 1438 亿元，其中两型社会建设科技项目 849 个，金额 488.76 亿元。

四是提高门槛标准，构建产业发展准入机制。严格执行产业项目用地、节能、环保、安全等准入标准，出台长株潭三市共同的产业环境准入与退出政策，出台两型产业指导目录，建立单位工业产值能耗、单位工业产值水耗、投资强度、单

位用地产出等准入标准值，制定了 11 大类产品的能耗限额，凡新上项目必须达到
"两符三有"要求（符合国家产业政策、符合国家节能减排要求、有市场、有规
模、有效益），禁止国家明令禁止的"十五小"、"新五小"项目和列入国家淘汰
产品目录的项目进入，确保新上产业项目不放松环保要求、承接产业转移不降低
环保门槛、扩大产业规模不增加排放总量，严格产业准入门槛，仅长沙市 5 年内
就否决高污染高能耗项目 460 个。

　　　　五是严格政策要求，加速落后产能淘汰退出。采取分类退出、政策引导、
经济补偿等措施，构建统一的落后产能淘汰和产业退出政策体系，对采用国家
明令淘汰工艺、设备、产能的企业，以及地处饮用水源保护区的排污企业等，
不予工商年检注册，不予发放生产许可证和排污许可证，不予贷款。每年公布
淘汰落后产能企业名单并责令限期关停，目前，六大高耗能行业增加值占全省
规模工业的比重由 2007 年的 41.4%下降到 2012 年的 31.5%，工业经济发展水平
明显提高。

　　　　六是加强资源整合，促进区域产业协同发展。引导两型产业向园区集中，推
进集约集聚发展。长沙经济开发区工程机械等 9 个产业基地先后获批国家新型工
业化产业示范基地，数量居中部第一位，全国第五位。科学定位城市群功能分区，
制订了长株潭产业一体化发展规划，推动三市产业的资源整合、优势互补、分工
合作，不断延长工程机械、汽车与零部件等主导产业的链条。强化外向型发展，
加强与德国普茨迈斯特有限公司、佳友轮胎公司等世界一流跨国公司合作，吸引
跨国公司在长株潭城市群内设立研发中心、采购中心、管理中心。

2. 主要成效

　　　　（1）传统产业明显提升。试验区内的机械、食品、轻工、纺织、有色、冶金、
建材等传统产业正朝着高端化、高新化、两型化方向发展，焕发了新的生命力。
机械装备产业大举向高端市场进发，长臂架及新材料臂架泵车、大吨位汽车起重
机等高附加值产品产量大幅提升。有色产业加快向精深加工领域发展，钛深加工
综合能力进入全国前三，硬质合金刀片、刀具技术水平和市场份额在全国领先。
冶金产业集中力量重点推进湘潭核电级钢管等项目，加快产业结构调整和节能减
排技术改造，产业竞争力有力提升。浏阳烟花爆竹、宁乡纺织、醴陵陶瓷、湘潭
槟榔等特色产业重新在全国乃至全球占据较大的市场份额。

　　　　（2）新兴产业加速壮大。2012 年度长株潭试验区战略性新兴产业增加值达到
1306.5 亿元，占全省比重 57.0%，成为全省战略性新兴产业发展的主阵地。炭/炭
复合材料、"天河一号"超级计算机、中低速磁悬浮列车、5 兆瓦永磁直驱风力
发电机等一批重大科技成果取得突破；建成国家超算长沙中心等一批创新平台；
工程机械、轨道交通、中小航空发动机、风电设备等领域技术水平处于国内领先

位置；先后研制生产了世界最长臂架（101 米）的混凝土泵车、世界最大工作幅度（110 米）的塔式起重机、世界最强起重能力（2000 吨）的轮式起重机、世界首台套 1000 千伏特高压发电机变压器、世界首台 5 兆瓦直驱型海上风力发电机组等一批具有行业领先水平的新产品。

（3）落后产能淘汰出局。2007 年以来，试验区先后淘汰了一批有色、冶金、建材、纺织、造纸等高能耗、高排放行业的企业，如长沙市对坪塘老工业基地实施“两高”产业退出和生态修复工程，21 家高污染企业已全部退出，年削减工业粉尘排放 13 525 吨，削减二氧化硫排放 2600 吨，削减废气排放 3755 万标立方，减少向湘江排放工业废水 15 万吨。2004 年，全省已经淘汰的工业行业落后产能项目涉及冶炼、水泥制造、制革和铅酸蓄电池四个大类，共 162 家企业，有效地优化了工业经济的存量结构。

（4）循环经济快速发展。提出并实施城市群国家循环经济试点方案，加快汨罗、清水塘工业区等国家循环经济试点项目建设，推广株冶、智成化工、衡阳建滔等单位试点经验。各试点单位积极探索发展循环经济的路径，创造了一批发展模式。例如，智成化工探索出行业内的“清洁生产”模式；泰格林纸走“林纸一体化”发展之路；株冶建立了“铅锌联合冶炼”循环经济产业模式；汨罗再生资源循环利用形成“城市矿山”模式；浏阳制造产业基地工业园形成了“园区+中心+企业”模式等。

（5）产业结构持续优化。全省工业经济实现集聚发展，结构持续优化。2012 年全省完成高新技术产业增加值 3317.2 亿元，占全部规模工业的 38.7%，比重比 2007 年提高了 9.2 个百分点。继长沙高新技术开发区和长沙经济开发区之后，2012 年株洲高新区技工贸总收入突破 1000 亿元，全省仅有的三个技工贸总收入过千亿的园区均集中在长株潭试验区。工业节能取得显著成效，2012 年长株潭三市单位规模工业增加值能耗分别比 2007 年累计下降 53.1%、52.6%、56.5%。

8.5.3　生态城市群一体化工程管理实践

2007 年 12 月，国家发展与改革委员会批准长株潭城市群为全国资源节约型和环境友好型社会建设综合配套改革试验区。对此，省委、省政府高度重视，率先构建城市群发展新模式，打造具有国际品质的现代化生态型城市群。

长株潭生态城市群建设现状主要有以下几个方面。

1. 现代城镇体系逐步完善

随着城市群城镇化水平不断提高，城区规模逐步扩大，城市空间布局加快拓展，核心层城市群呈融城之势。长沙形成了一主、两次、四组团式发展布局，并积极向株洲、湘潭方向拓展。株洲在河西向湘潭方向拓展，规划建设成 13 平方千米的新城区，并沿长株潭高速公路两侧发展，北上与长沙对接。湘潭则向北朝长沙方向拓展，沿江规划建设 20 平方千米的新城区，东面则与株洲对接。融城格局使得长株潭三市城区规模进一步扩大，中心作用进一步增强。

长株潭城市群根据资源节约、环境友好社会建设的总体要求，坚持走新型工业化、新型城镇化道路，创新体制机制，经济社会实现了跨越发展。2011 年，环长株潭城市群实现生产总值、地方财政收入、规模工业总产值、社会消费品零售额、固定资产投资分别为 15 483.61 亿元、1039.75 亿元、22 604.67 亿元、4476.51 亿元、8241.90 亿元，分别占全省的 78.9%、68.5%、85.9%、76.7%、78.0%；人均 GDP、城镇居民可支配收入、农民人均纯收入分别为 38 490 元、22 179 元、8115 元，分别比全省平均水平高 8610 元、3335 元、1548 元。环长株潭城市群日益成为湖南产业最为密集的区域，是湖南经济发展的龙头，也是实现中部崛起的重要支撑力量。

2. 两型产业集聚发展

2011 年，长株潭城市群区域面积为全省土地总面积的 45.6%，但创造了全省约 80% 的地区生产总值、60% 以上的地方财政收入、90% 的工业增加值；三次产业结构由"十五"期末的 16.9∶42.4∶40.7 调整为 10.6∶54.4∶35.0；高新技术增加值 2550.36 亿元，占 GDP 的 16.5%；规模以上工业企业当年科技活动经费支出总额 313.82 亿元，相当于 GDP 的 2%；规模以上工业企业研发人员工作量 53 718 小时/人年。主导产业中，工程机械、轨道交通等优势产业实力壮大，电子信息、新能源等战略性新兴产业迅速发展，一批千亿产业、千亿集群和千亿园区逐步形成，长株潭城市群成为全国重要的先进装备制造业基地、电子信息产业基地、文化创意产业基地和商品粮生产基地。

3. 城市交通得到长足发展

2011 年年末，长株潭城市群城市道路总长度达到 6626.11 千米，是 2001 年的 2.2 倍，城市道路面积、人行道面积分别为 11 860 万平方米、2796 万平方米，分别是 2001 年的 3.2 倍和 3.1 倍。城市公共汽车运营车数 8714 辆，比 2001 年增长 70.0%；公共汽车标准运营车数 10 097 标台，比 2001 年增长 120.9%；城市公共交通运营线路网长度达到 9117 千米，客运总量 179 884 万人次，分别是 2001 年的 5.9 倍和 2.4 倍。运营车辆的增加及运营线路网的扩大方便了旅客的出行，为城市居民的生活带来了更大的便利。随着城市地铁的开建，高铁、动车和城际列车的陆续开行，城市交通将更为快捷，城市之间的时间距离显著缩短，大大提高了城市功能和效率。

4. 城市供水和供气能力增强

2011 年，长株潭城市群城市自来水供水管道 7969.68 千米，比 2001 年增长 75.9%；用水人口达到 794.49 万人，比 2001 年增长 50.5%；自来水日综合生产能力达到 628.08 万立方米，年供水总量达到 126 250.01 万立方米，城市生产运营用水 30 390.51 万立方米，居民家庭用水 55 139.45 万立方米。城市用水普及率达 97%以上。城市天然气供气管道长度 7520 千米，用气户数 144.39 万户，供气总量达 117 390 万立方米；城市液化石油气供气总量 15.46 万吨，用户 117.99 万户。城市用气普及率达 95%以上。

5. 市政设施进一步改善

随着城市建设的快速推进，城市市政设施状况显著改善。2011 年，环长株潭城市群城市桥梁 367 座，立交桥 62 座，分别比 2001 年增长 108.5%、47.6%；城市路灯 35.23 万盏，是 2001 年的 4.8 倍；城市排水管道 6556 千米，是 2001 年的 2.6 倍；城市防洪堤 592 千米，其中百年一遇标准防洪堤 160 千米，分别是 2001 年的 1.5 倍和 11.4 倍；生活垃圾无害化处理率达到 100%；城市污水处理厂 26 座，每日处理能力达到 265 万立方米，污水处理量 93 522 万方，分别是 2001 年的 2.2 倍、5 倍和 4 倍，污水处理率在 80%以上。

6. 生态环境保护取得突破性进展

长株潭城市群坚持以科学发展观为指导，根据自身特点，加强了城市总体规划的科学性、前瞻性和可持续性，加大了生态建设和环境保护投资。2011 年，环长株潭城市群城市绿化覆盖面积 36 360 公顷，园林绿地面积 31 126 公顷，公园绿地面积 7660 公顷，分别比 2001 年增长 56.1%、53.8%、138.3%；城市公园数由 2001 年的 54 个上升至 2011 年的 94 个，公园面积增加至 4412 公顷，增长 196.4%。环保产业单位数 752 个，占全省的 67.1%；环保产业项目数 6803 项，占全省的 83.2%；环保产业年收入 497.06 亿元，占全省的 75%，相当于 GDP 的 3.2%。

7. 城乡统筹发展格局初步形成

长株潭城市群坚持把统筹城乡发展作为加快新型城镇化的新路径，逐步实现了城乡基础设施、公共服务、劳动就业、社会保障协调发展。"十一五"时期，环长株潭城市群农村固定资产投资累计 3024.92 亿元，年均增长 32.8%，比"十五"时期快 20.3 个百分点。2010 年，完成农村固定资产投资 756.86 亿元；财政对农林水事务支出 126.41 亿元。2011 年，城乡居民收入比为 2.19，比全省平均水平低 0.68 个点。

8.5.4　建筑与交通节能工程管理实践

1. 绿色建筑工程的实施

　　绿色建筑是在建筑的全寿命期内，最大限度地节约资源、保护环境和减少污染，为人们提供有健康、适用和高效的使用空间，与自然和谐共生的建筑。截至2013 年 3 月，湖南省按照绿色建筑标准建设的省级示范项目面积近 500 万平方米，已有"保利·麓谷林语"等 4 个项目获批住房和城乡建设部绿色建筑和低能耗建筑"双百"示范工程；长沙市大河西先导区梅溪湖片区获批全国首批绿色生态示范城区，争取中央财政补助资金达 5000 万元。

　　2013 年 4 月，湖南省政府已印发绿色建筑行动实施方案，从政策领域推动绿色建筑发展。从 2014 年开始，各级政府投资新建的公益性公共建筑及长沙市的保障性住房，要全部执行绿色建筑标准，必须严格执行绿色建筑标准的项目，在颁发建设工程规划许可证、施工许可证时落实绿色建筑相关内容。同时，湖南省大力推进绿色建筑示范，督促创建计划项目的实施，对达到验收要求的项目及时组织验收；推进有条件的地区开展绿色生态城（区）示范，力争创建 2个以上省级集中示范区；各市至少组织开展 1 个绿色居住建筑示范和 1 个绿色公共建筑示范，有条件的县（市）也要组织实施示范工程。到 2015 年，长株潭三市和有条件的地区、非政府投资的居住和公共建筑，执行绿色建筑标准比例要超过 20%。

　　2014 年 7 月 29 日，湖南省绿色建筑专业委员会在长沙成立。该专业委员会由高校、科研、设计、施工、房产、建材和相关管理部门等企事业单位自愿组成，为专业性、地方性、非盈利性学术团体。该专业委员会主要开展五大工作，即开展绿色建筑调查研究，为湖南本省绿色建筑发展规划和政策提供技术支撑；组织开展绿色建筑相关研究，探索绿色建筑的发展方向和有效途径；协助推进绿色生态城区、绿色建筑、绿色施工示范工程的创建工作及绿色建筑产业发展，协助推进本省绿色建筑标识评价工作；开展绿色建筑学术交流和技术推广；普及绿色建筑的相关知识，促进专业队伍建设等。

　　目前，湖南绿色建筑发展已步入快车道。从"十二五"规划实施以来，共完成绿色建筑创建项目 67 个、绿色施工示范项目 13 个、绿色建筑技术应用示范项目 7 个，按照绿色建筑标准建设的示范项目面积近 1000 万平方米。此外，长沙湘江新区、株洲云龙示范区、益阳东部新区三个绿色建筑强制性推广示范区开展了绿色建筑集中示范区创建有关工作。

2. 绿色交通工程的实施

株洲市在绿色交通工程方面具有两大特色：一是自行车租赁系统的实施；二是绿色公交的实施。

2011 年 4 月以来，为解决公交出行"最后一公里"问题，株洲市在城区建设自行车租赁系统，推动绿色出行。具体实施由株洲市交警部门负责，实施关键在以下四个方面：一是转变观念，倡导多元化出行方式，构筑和谐交通。株洲市委、市政府在 2010 年 7 月提出了建设自行车租赁系统后，交警部门多次专门召开了现代交通理论研讨会、务虚会，积极探讨多元化出行方式对城市交通的缓解作用，并认真研究相应对策。同时，交警支队还召开了座谈会，认真听取不同层面市民的交通诉求。通过研讨，思想高度统一，一致认为"建设自行车租赁系统是建设和谐交通，利民惠民的重大举措，交警支队责无旁贷，必须全力以赴"。二是认真调研，充分履职，当好政府参谋。为确保自行车租赁系统建设的顺利实施，交警支队在全市范围内认真开展了非机动车通行条件现状的调研，在调研基础上，分析了非机动车通行条件现状堪忧的主要原因，同时针对不同问题量体裁衣，制订了详细的自行车道提质改造工程（交通标志标线部分）具体实施方案，为市政府当好参谋。三是现场督导，科学施工，确保交通设施到位。为确保自行车道提质改造的效果，使自行车道美观、规范、连续，交警支队秩序部门安排专人现场指导施工，全程对工程进行监管，确保施工效果良好。四是强化管理，服务提质，构筑和谐交通。公共自行车租赁系统建成使用后，交警支队秩序部门加大管理力度，有效地优化了道路通行秩序。经过多方努力，株洲自行车租赁系统建设取得了满意效果，2013 年已建成 502 个自行车租赁站点，投入 1 万辆公共自行车供市民和外来人员免费使用，非机动车出行率大为提高，有效地缓解了中心城区交通拥堵，有力地推动了绿色出行，株洲市和谐交通的良性循环逐步凸显。

2007 年，中国最大的电动汽车产业化基地落户湖南株洲，点燃了株洲的"绿色公交"梦。2009 年，国家科技部、财政部等四部委联合下文启动"十城千辆"计划，株洲作为中国首批 13 个节能与新能源汽车示范推广试点城市。2009 年 7 月株洲市人民政府出台了《株洲市公交车电动化三年行动计划纲要（2009—2011年）》，全面开启株洲"绿色公交"之旅。为确保目标完成，株洲市加大了政策性资金支持力度，财政给予公交公司购车补贴、贷款贴息等各项补助 6000 万元，分三年拨付。在多方努力下，株洲"城市公交车电动化 3 年行动计划"圆满完成，城区现有的 627 辆公交车全部换成纯电动或混合动力车，成为中国首个实现城市公交电动化的城市。电动公交车平均节油率达 15%以上，每年可节油近 220 万升，减少二氧化碳等各类有害物质排放 14 730 吨，完全达到"两型"社会要求。当地民众形象地比喻：公交换了"芯"，让城市也换了"肺"。

8.6　农村环境综合整治工程管理实践

8.6.1　农村面源污染治理工程管理实践

　　农村面源污染是指农村地区在农业生产和居民生活过程中产生的未经合理处理的污染物对水体、土壤、空气及农产品等造成的污染。农村面源污染已成为导致湘江有机污染负荷逐年提高的主要原因。

　　马石城向记者介绍，湘江流域农村面源污染的突出问题主要是畜禽水产养殖污染、农村居民生活垃圾和生活污水乱堆乱排、农业生产过程中过量施肥施药损害生态环境、农膜等农业废弃物损害土壤结构、病死畜禽和医疗垃圾无害化处理没有得到重视及焚烧秸秆严重污染环境。

　　而在这个提案的后面，马石城也具体提出了湘江流域农村面源污染防治的对策建议，包括理顺管理体制、统筹科学规划、完善工作机制、加大资金投入、强化技术支撑及健全法律保障。

　　他建议加强湘江流域面源污染治理，全国人大需增设环境税等税种，在城市征收水污染税，对一次性餐具、饮料容器等固体废弃物征税，筹措资金专门用于农村面源污染的治理；同时优化农村垃圾处理模式，建议根据湘江流域地区的实际需要，分类采取不同的垃圾处理模式：①"户组分类、村收集、乡镇转运、县处理"模式，主要针对距垃圾处理场较近、人员居住密集、交通便利的乡镇；②"户组分类、村收集、乡镇（片区）处理"模式，主要针对离垃圾处理场距离较远、运输不便，转运成本高的乡镇；③"户分类、村（组）收集、处理"模式，主要针对丘陵地区，交通不太便利，无法由乡镇开展集中清运处理工作的地方；④"户产、户分、户处理"模式，主要针对高山地区、居住分散、交通不便的村庄，还应该尽快制定《湖南省农村面源污染防治条例》，包括对畜禽养殖污染的防治，生活垃圾的收集与处理，排污管道建设与生活污水处理，农业固体废弃物的治理，农药、化肥的销售与使用，农业秸秆的处置，病死畜禽、医疗垃圾无害化处理等。

　　下一阶段湖南省政府将着力推进以畜禽及渔业养殖为重点的农村面源污染治理。完善农村环境连片整治机制，推进10个县（区）的农村环境综合治理整县（区）和重点乡镇、问题村综合治理，积极争取纳入国家"农村环境整治整省推进"试点。研究出台促进畜禽规模养殖污染治理、秸秆综合利用与焚烧污染防控的政策措施。

8.6.2　农村畜禽污染治理和资源化利用管理实践

　　为加快推进湖南省畜禽养殖污染治理，全面推行畜禽养殖清洁生产，改善农村生态环境，湖南省相关部门采取多种措施，合理规划，加强畜禽养殖污染的治理，促进农村环境综合整治。一是结合该县实际，制订了《桃江县畜禽养殖污染治理实施方案》，建立健全了该县畜禽养殖污染治理的制度，为科学治理提供了依据。二是加大资金投入，全面推进规模化畜禽养殖，规范管理，统一治理；大力发展农林牧相结合的模式，实现生态化养殖、资源化利用。三是强化畜禽养殖的污染治理，利用科学手段，推行清洁生产和污染"零排放"技术，确保畜禽养殖废弃物处理资源化、无害化，实现达标排放。四是加大宣传力，提高养殖户的环保意识，并会同有关部门加大执法力度，确保该县畜禽养殖污染治理任务的全面完成。

目前，湖南省禽养殖污染治理模式主要有以下几种。

（1）工厂化模式。工厂化模式是采用高频电子水处理装置对养殖废水进行处理，当水流通过放电极板时，水分子的极性发生改变，这时原来在水中的稳定的污染物失去稳定性，易被生物酶所分解，处理后的废水再用于浇灌植物，实现种养平衡，其典型代表是鑫广安农牧股份有限公司。

（2）种养平衡模式。在种植业面积足够大的情况下，粪水处理后即可用于浇灌植物，实现种养平衡，其典型代表是佳禾农牧股份有限公司。

（3）室外零排放模式。室外零排放技术是用锯末、秸秆、谷壳、米糠等农林业生产下脚料配以专业的有益微生态活菌制剂制成发酵床吸收降解猪粪尿，因为垫料里富含有益微生物可以迅速降解猪的粪尿排泄物，并利用发酵热杀死寄生虫卵及其他有害微生物菌群，达到净化环境的目的，其典型代表是春华兴顺养殖股份有限公司。

（4）活动板房模式。经初步处理后的粪水通过管道输送到移动板房，在板房上通过暴氧处理，降解有机成分，处理后再用于浇灌植物，实现种养平衡达到治污的目的，其典型代表是宏顺养殖公司。

（5）生态养殖（种养平衡）模式。养殖业与种植业二者结合起来，将沼气池+净化池处理后的粪水用于浇灌植物，达到无害化处理、资源化利用的目的。该方式典型代表是湖南天府公司。

（6）沼气燃烧发电模式。将鸡粪与鸡场污水、作物秸秆混合装进发酵池，在沼气发酵菌的作用下，有机质被分解产生甲烷，甲烷是沼气的主要成分，可作为燃料发电，每千克鸡粪可产气 0.37 立方米，原料消化率大概为 65%，甲烷含量为 54%，这说明与其他原料相比用鸡粪发酵沼气可以达到较高的产气水平。沼气发电方法也是目前使用最多的利用人畜粪便发电的方法。普遍形成了"鸡-肥-沼-电-生物质"循环产业链，利用鸡粪生产沼气，利用沼气发电并网、生产，余热可供沼气发酵工程自身增温和居住、工厂的供温，沼液和沼渣又可以作为有机肥料，用于周围的果园和农田使用。

8.6.3　农村废弃物资源化利用和无害化处理实践

废物、废弃物减量化、无害化处理和资源化利用简称"两废三化"。"两废三化"是我国贯彻落实科学发展观，建设和谐社会，保持经济社会的可持续发展，保护环境的重要举措。湖南省"两废三化"工作才刚刚起步，生产、生活中日益增加的废物、废弃物污染环境现象十分严重，已成为影响实现循环经济，实施可持续发展战略的重要问题之一，有必要引起政府和全社会的高度重视。

废物是指失去制造时所规定的使用价值的东西；废弃物是指已失去使用价值或使用价值已被其他物品所替代、被原所有者弃之不用的东西。两种物质都有再利用、再开发的价值，它们是"摆错位置的资源"，开发利用前景非常广阔。目前湖南省废物、废弃物 170 多种，日产量为 500 吨左右，而且还在不断增长。这些日渐增多的废物、废弃物处理不好就会对城市环境和广大农村带来严重的污染，造成巨大的环境生态压力。

（1）环境意识逐步增强，循环经济理念深入人心。长期以来，湖南省各级党委、政府认真落实科学发展观，坚定不移地实施可持续发展战略，深入贯彻《固体废物污染环境防治法》等环保法律法规，大力推进清洁生产，不断加大投资和宣传力度，积极推动废物、废弃物减量化、无害化处理和资源化利用工作进程。一是领导高度重视环境和资源问题。每年"两会"期间市县（区）两级都要召开有"两会"代表、委员和各级各部门主要领导参加的人口、环境和资源座谈会，专题研究讨论人口、环保、资源可持续利用问题，检查落实、安排部署人口、环境、资源所涉及的各项工作。二是全市城镇社区环境卫生不断改善，全民环保意识有所增强，以保护生态、改善环境为中心创建的"中国优秀旅游城市"活动正全面展开。三是循环经济理念已在工业企业中产生深远影响，一大批企业已在生产实践中自觉回收边角废料、废弃物进行综合利用，取得了较好的经济、社会效益。四是在新农村建设带动下，全市农村普遍推行节能灶、卫生厕、卫生圈、沼气池，农业废弃物得到减量化和资源化利用，人居环境得到有效改善。

（2）废旧物资回收形成网络，产业化发展已显雏形。湖南省废旧物资包括工业、农业、建筑、办公、居民生活等活动所产生的各类可再生利用的废弃物。保山废旧物资回收市场主要经营废旧钢铁、废金属、各种酒瓶和废玻璃、废纸、废旧轮胎、废旧农膜和塑料、废家电、废旧家具等。目前全市在册登记、从事废旧物资收购企业 33 户、个体户 193 户，注册总资本 1923 万元，从业人员 582 人，据有关部门估计全市还有拾荒人员 3000 余人。回收行业形成个体和企业等多元化经营的格局，固定、流动收购回收点遍及城乡各地。形成了拾荒人员分类分拣，收购企业和个体户收购、储运、销售，工业企业加工利用的废旧物资回收利用网络。据不完全统计，2006 年全市回收废金属、废纸、各类酒瓶等各种废旧物质 12.8 万吨。

（3）城市垃圾无害化处理步入轨道，医疗废物处置逐步完善。随着城镇建设的快速发展，目前我市城市建成区面积为 45.96 平方千米，城镇人口已达 56.93 万人。城市生活垃圾产生量由"十五"初期的日产 350 吨，增加到现在的日产 440 吨，人均日产垃圾 0.8 千克。各城市均有专业化的生活垃圾清运队伍，基本做到日产日清。垃圾处理主要采取卫生填埋方式，基本达到无害化处理要求。

（4）农村"两废"无害化处理提上议事日程，制度探索初步展开。农业垃圾主要来自农作物秸秆及畜禽养殖粪便。据有关部门统计全市 2003 年农业所产生的农作物秸秆达 116.77 万吨。在城乡结合部和广大农村，大量的农业垃圾对生态环境造成了严重污染。农业垃圾所产生的面源污染所占的比重高达 90%以上。近年来一些村镇农村垃圾处置问题已被提上议事日程，并就农村的"两废"处理机制进行有益的探索。

8.7　资源能源节约工程管理实践

试验区按照湖南省委省政府重大部署，重点推进了以资源性产品价格改革为主要内容的十大改革，在创新资源节约、环境友好体制机制方面进行了有益探索，形成了特色经验和做法。其中资源性产品价格改革全面展开，居民阶梯电价改革全省推开；长沙、常德、怀化三市试行居民阶梯水价改革；居民阶梯气价改革在长株潭三市试行；水、电、气阶梯价格改革的做法和经验得到李克强同志高度肯定。

8.7.1　资源性产品价格改革实践

1. 倡导资源节约，稳妥推进居民水、电、气阶梯价格改革

水价方面，2012 年 2 月 1 日长沙市推行居民阶梯式水价。对居民用水每户月 15 吨以内执行第一阶梯价格，15～22 吨执行第二阶梯价格即纯水价（不包括随水征收的水资源费、污水处理费、垃圾处理费等）加 50%，22 吨以上加 100%。目前，居民生活用水阶梯式水价改革已在长沙、常德、怀化三市推开。其中长沙市 10.3879 万个实行阶梯水价的稳定用水户接水点（表、户）在政策执行后的一年中，累计用水 775.56 万立方米，比上一年度的 963.63 万立方米下降 18.5%。

电价方面，2012 年 7 月 1 日，全省按分档电量电价试行居民阶梯电价。第一档电量以内，基准电价仍按价格主管部门批复的现行居民生活用电价格标准执行，

不作调整（其中省电网居民用户现行基准电价为 0.588 元/千瓦时）；第二档电量区间，在基准电价的基础上，每千瓦时加价 0.05 元；第三档电量，在基准电价的基础上，每千瓦时加价 0.3 元。对二档、三档电量分春秋季和夏冬季核定不同额度。2012 年 8 月至 2013 年 6 月，我省试行阶梯电价后居民生活用电总电量为 216.17 亿千瓦时，执行居民阶梯电价的一户一表居民用户数 1364.96 万户，用电量 151.14 亿千瓦时。居民阶梯电价实施后，居民生活用电量增长幅度由实施居民阶梯电价前 2011 年下半年的 9.5%和 2012 年上半年的 19.4%，下降到 2012 年下半年的 7.1% 和 2013 年上半年的 0.7%，同比增长幅度分别下降 2.4 个百分点和 18.7 个百分点，效果显著。

气价方面，2012 年 12 月起，长株潭三市居民生活用天然气试行阶梯式气价。居民用户年度购气量 600 立方米（含 600 立方米）以下的，实行第一档气量气价，2.45 元/立方米；年购气量超出 600 立方米的部分，实行第二档气量气价，3 元/立方米。根据国家发展与改革委员会统一部署，从 2013 年 7 月 10 日起，长株潭三市非居民用气提高至 3.48 元/立方米，上涨 16%，调整后市场反应总体平稳，受到国家通报表扬。按目前年用气量 600 立方米画线分两档的方案，90%以上的居民用户不会增加负担。

2. 综合运用价格政策，实施非居民水、电、气价改革

水价方面，一是推行水价分类改革。将原来五类水价（居民生活用水、行政事业用水、工业用水、经营服务用水、特种用水），简化为居民生活用水、非居民生活用水和特种用水三类水价，实现工商用水同价。14 个市州除衡阳外都已实现工商用水同价。二是按照有关法律法规对非居民用水实行超定额累进加价。以长沙市为例，超定额 20%以内为第一级纯水价，加价 50%，超定额 20%~40%为第二级，加价 100%；超定额 40%以上为第三级，加价 150%。3000 多家企事业单位实施一年来的用水量统计对比显示，工业企业节水率达 15%。三是全省水资源费征收标准调整到我省"十二五"末应达到的最低标准。其中，地表水由每立方米平均约 0.025 元调整到约 0.1 元，地下水由每立方米平均约 0.08 元调整到约 0.2 元。实施后，我省水资源费征收金额将从实施前的每年 1 亿元左右增加到每年 7 亿多元。四是在全省试行《湖南省农村集中供水价格管理试行办法》，对我省境内县城以下的乡、镇、村各类投资建成投入运行的农村集中供水价格进一步规范，促进农村节约用水。

电价方面，一是继续实施燃煤发电企业脱硫加价政策，每千瓦时加收 1.5 分钱，鼓励电厂脱硫。截至 2013 年 8 月累计支付脱硫电费 48.09 亿元，全省统调燃煤机组脱硫设施建设和改造率达 100%，脱硫效率达 95%以上，减少二氧化硫排放 196.4 万吨。二是从 2013 年 1 月起在全省实施脱硝电价政策。2013

年 1～8 月共支付脱硝电费 1.62 亿元，有效促进了企业脱硝改造，减少氮氧化物排放。三是认真落实对高耗能、高污染行业实行差别电价政策和惩罚性电价政策。同时，对电解铝、铁合金等八大高耗能产业的 666 家企业分别按千瓦时加价 0.2 元和 0.5 元收取差别电价，促使 654 家企业实现关停并转和产业技术升级；对 74 家企业执行惩罚性电价，28 家通过技改后产品能源达标，关停转产 3 家。2005～2012 年我省单位 GDP 能耗从 1.4 吨标准煤/万元降至 0.84 吨标准煤/万元，累计下降了 40%。四是积极实施可再生能源电价附加政策。按照国家发展与改革委员会部署，我省在销售电价上每千瓦时加收 0.1～0.8 分钱作为可再生能源附加，对 2006 年后核准的可再生能源发电项目上网电价按 0.25～0.35 元/千瓦时的标准进行补贴。目前全省可再生能源项目 25 个，累计补贴金额 2.4 亿元，2012 年补贴 9757 万元。五是在全国率先推行统一标杆上网电价，促进电厂节能降耗。省电网统调燃煤机组单位供电标煤耗由 2004 年的 386 克/千瓦时降低到目前的 320 克/千瓦时，节约原煤约 4225 万吨，降低电厂发电成本约 256 亿元，减少二氧化硫排放 77 万吨。六是对资源综合利用和热电联产项目免征附随电价征收的政府性基金。我省余热余气余压等资源综合利用发电项目和热电联产项目由 2004 年的 26 个总装机容量为 61.6 万千瓦迅速发展到 2012 年年底的 66 个 245 万千瓦。2012 年约减免政府性基金 7 亿余元，增加发电量 117 亿千瓦时，节约原煤 648 万吨，减少二氧化硫和二氧化碳排放 7.57 万吨和 900 万吨。七是推进发电企业与大用户直接交易。2013 年起，株洲电厂等 8 个火电厂与株化、蓝思科技等 7 个工业企业电量直接交易。发电厂的上网电价由发电企业和用户协商确定，每千瓦时在 0.4414～0.4624 元，比国家核定的标杆上网电价低 0.0375～0.0585 元。电网按国家规定标准收取过网费和政府性基金及附加。用户最终用电价格比国家核定的销售电价低 0.04 元左右。

气价方面，目前我省开通管道天然气的 8 个地市都实现了工商用气同价。

3. 完善配套措施，确保科学决策

一是认真调研，科学制订改革听证方案。既充分考虑湖南气候特征、居民生活习惯，确保改革不增加大多数群体的生活支出，又适当提高价格，抑制过量消费、奢侈消费，科学分档。从目前的情况看，居民阶梯价格改革后，全省 80%的居民没有增电费支出，长株潭 90%以上的居民没有增加用气支出，长沙 83.33%的居民没有增加水费支出。二是加强宣传，做好舆论引导。加强与媒体的沟通，主动提供新闻通稿；参加现场连线节目，解答听众提出的各种问题；与网友在线交流，安排专人负责搜集网民意见，加强沟通，及时回帖，答疑释惑，增强了群众对改革方案的了解和支持。三是精心组织，确保听证结果符合改革要求。加强与

听证代表们的沟通，安排实地调研，深入交换意见，完善听证方案，最终水、电、气三个听证会都以高票同意推行阶梯价格改革。会后根据代表所提意见和建议，及时完善改革方案。

8.7.2　环境管理嵌入式服务实践

面对日益紧张的资源约束和环境恶化形势，我国政府确立了建设生态文明和"两型社会"的国家战略，把深入推进节能减排、不断提高资源和环境管理能力作为"两型社会"建设的重要支撑。在中央和各级地方政府的统一规划和部署下，我国陆续建设了覆盖国家干流的地表水水质自动监测网络和重点流域重金属污染自动监测系统，针对重点主要排污监控单位对象的重点污染源在线监测系统，以及涵盖省会以上城市及环保重点城市的空气质量自动监测系统，也有越来越多的重点用能单位开发建设了能源管理信息系统。组成这些系统的数量巨大的基于物联网的自动监测仪，为实施面向资源节约与环境保护的嵌入式服务提供了前所未有的广阔空间和基础条件。

然而，目前缺乏对这些丰富基础数据的深入分析，也未能将这些数据较好地用于面向资源节约和环境保护问题的决策支持。在物联网等信息技术手段的支持下，资源利用与环境治理进入精细化管理阶段，并逐步向智慧化方向转变。日益复杂的资源环境形势也要求有关用户加强对有关资源环境监测数据的科学分析，提高资源环境问题决策的水平与效率。

嵌入式服务将为节能减排与环境治理提供决策支持的新模式。嵌入式服务，指服务提供者借助于嵌入到用户的资源环境监测设备及其所产生的数据，在专业分析的基础上，为用户提供的用以提高其效用或效益的专业化服务。其中，服务提供者指为用户提供专业服务的个体或组织；用户可以是企业，也可以是政府监管机构。

从整体上来看，环境管理嵌入式服务实践遵循提出问题—分析问题—解决问题的逻辑，采用描述型研究以弄清面向环境管理的嵌入式服务所能解决的决策问题，采用解释型研究以分析问题的成因和决策机制，采用规范型研究以提出解决问题的办法。将理论与方法研究、计算机仿真实验、系统开发和应用研究相结合，在实证研究的基础上进行理论研究，在实验的基础上进行方法探索。将定性研究与定量研究相结合，有的专题侧重定性研究，有的则侧重定量分析。在研究的过程中，始终结合其他学科的最新发展，特别是把嵌入式服务技术、云计算技术、透明计算技术、物联网技术、模拟仿真技术和决策技术的最新发展应用到本项目的研究中来，以求探寻最新且适用的面向环境管理的嵌入式服务决策理论与方法。项目的总体技术线路如图 8-7 所示。

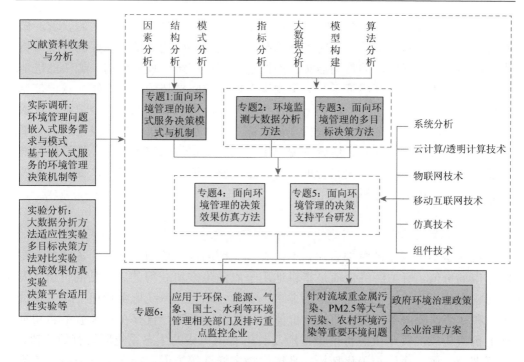

图 8-7　环境管理嵌入式服总体技术路线图

在应用研究中，与环保、能源、气象、国土、水利等环境管理相关部门合作，以长株潭国家两型社会综合配套改革试验区为应用平台，将研究成果用于国电集团、中国五矿集团、华菱钢铁集团等排污重点监控企业，对其进行跟踪研究，取得实际数据，根据反馈信息评价所提出方法的可行性和应用效果，对实际应用中出现的各种情况进行分析，并对研究理论和方法体系做出修改和调整，使研究成果更适应需求，能直接为政府和企业服务，为我国生态文明和两型社会重大战略的实施提供一定的支持。

8.7.3　联合产权交易平台建设工程管理实践

湖南省在完善联合产权交易平台及其机制改革方面，发挥市场配置资源的基础性作用，筹划构建集企业产权、物权、债权、版权、排污权、非公众公司股权交易于一体的区域性综合产权交易平台。湖南股权交易所打造"高新板块"，加快对接全国中小股份转让系统（"新三板"）。具体说来，联合产权制度与平台建设工程管理实践体现在以下五个方面。

1. 建立不动产统一登记制度

组织开展不动产统一登记制度前期调研工作，研究制定湖南省不动产登记实施办法，按照登记机构、登记簿册、登记依据和信息平台"四统一"的要求，做好整合土地、房屋、草原、林地等不动产统一登记的前期准备，抓好国务院即将出台的不动产登记条例的贯彻落实，加快建立不动产统一登记机构。加快推进地籍管理信息化建设，开展基于"数字湖南"地理空间框架的不动产统一登记信息平台建设研究，探索建立土地登记公开查询系统，进一步提高地籍登记规范化水平。全面完成集体土地所有权确权登记发证工作，加快推进集体建设用地、宅基地使用权确权登记发证和宗地统一编码工作。进一步加强储备土地登记管理。继续加强土地整治中的土地权属管理。进一步完善土地变更调查机制，提高工作效率和成果，强化结果分析与应用。

2. 明确耕地价值

　　耕地是不可再生的稀缺资源，不仅具有无穷的经济价值，而且具备日益重要的非市场价值。所谓经济价值是指耕地用于农业生产所获得的农产品的价值，人们对它的认可由来已久。而耕地的非市场价值，即生态系统服务价值（即生态价值）和社会保障服务价值（即社会价值）却是耕地资源一直存在却未被正名和重视的价值构成，其中生态价值指耕地及其附着物构成的生态系统所具有的价值，包括调节气候、净化与美化环境、维持生物多样性等方面；社会价值是指经济价值和生态价值等转化为社会功能的价值，主要包括提供就业保障、粮食安全保障等方面。耕地的非市场价值是耕地的内在特质，是未能在市场上直接体现的价值，这种价值是外部性的、利他性的，相当于生态学家所认同的某种物品的内在属性，与人们是否使用它没有直接关系，会自我无意识地存在并被所有公民共同享有，但其价值的直接维护却仅限于参与耕地保护的地方政府和农民及村组集体组织。

3. 明确耕地产权

　　在坚持农地集体所有的前提下努力实现产权制度的创新，明晰农地产权，构筑适应市场经济的农地产权框架，清楚界定各产权主体的责、权、利关系。农地产权制度的创新对于耕地的有效保护具有重要意义，清晰的农地产权不仅可以使外在性内在化，而且可使产权排他性原则得到确立，产权主体得到明确，从而使产权主体能认真保护其产权。当耕地遭到城市政府或其他有关部门的不合理侵犯时，产权主体会自行保护耕地不受侵犯，使耕地保护过程中的"搭便车"行为得以消除。农地产权制度的创新有利于农民对土地的投入产出形成合理的预期，激励农民对农地进行投入和培肥地力，提高耕地质量。

4. 建立现代林业产权制度

　　巩固集体林权制度改革成果，进一步深化配套改革，推进国有林及湿地资源产权制度改革进程，逐步建立"产权归属清晰、经营主体到位、责权划分明确、利益保障严格、流转规范有序、服务监管有效"的现代林业产权制度。

5. 开展草地定权发证工作

建议出台相关文件，落实相关经费，推动解决南方草地的权属问题。继续推进草地家庭承包。进一步完善草地承包责任制，在明确草场所有权、使用权的同时，逐步规范草地流转，实现草场资源的合理配置。

8.8　两型示范创建工程管理实践

近年来，湖南积极探索一条以两型示范创建推动两型社会建设的路子。紧紧围绕发展方式和生活方式的"两个转变"，以两型惠民为宗旨，注重两型与经济、政治、文化、社会建设相融合，广泛调动各方资源，针对产业发展、城乡统筹、生态环境保护、体制机制创新等两型社会建设的重大问题开展创建。坚持两型标准引领，大力推进"两型五进"，促进两型技术产品、两型生产生活方式、两型服务设施、优美生态环境、两型文化等两型要素进机关、学校、企业、园区、小城镇、村庄、社区、农村合作社、市场门店、旅游景区、家庭等，使两型理念渗透到经济社会的各方面，取得了一系列实践成果和制度成果。在长株潭乃至全省，两型生产正在成为一种制度，两型生活正在成为一种习惯，两型消费正在成为一种时尚，两型的理念深入人心，全省两型社会建设氛围日益浓厚。但当前国家层面未全面开展两型示范创建(两型企业创建才开始)，省级示范品牌仅局限于省内，不像文明创建一样具有强大的国家层面的牵引力，难以形成持续、有力的参与动力，政策和资金支持体系也有待加强。因此，建议在国家层面开展两型示范创建，出台两型支持政策。

8.8.1　两型示范创建规划管理实践

两型社会建设的主题是两型、主体是社会、手段是建设，需要动员全社会各方面力量的广泛参与。长株潭试验区获批以来，按照国务院批准的《长株潭城市群试验区总体方案》中"推进试点示范，及时总结经验，切实做好全面推广工作"的要求，我省把两型示范创建作为抓手，推进两型进机关、学校、企业、园区、小城镇、村庄、社区、农村合作社、市场门店、旅游景区、家庭等，促进了两型蓝图的具体化。我们感到，两型创建是播种机，将两型的种子播撒在三湘大地；两型创建是大平台，形成推动两型社会试验的强大合力；两型创建是加速器，激发了社会各界特别是基层群众建设两型的热情；两型创建是宣传队，展示湖南两型社会实践成果和美好未来，极大地鼓舞了两型社会和生态文明建设的信心。

按照"省里抓示范、市县搞创建"的方针，2014 年两型示范创建工作拟分三个层面推进。一是两型单位创建，主要抓好年初长株潭"两型"实验区工作委员会确定的"100 个两型村庄""100 个两型社区"的创建。这项工作主要由市州组织申报和实施，省两型管理委员会重点抓创建单位的达标验收检查。二是两型单位示范，拟在机关、学校、村庄、园区、企业、旅游景区、社区、小城镇等领域培育、确认 20 个左右的省级两型示范单位，省两型管理委员会重点抓好示范单位遴选、培育、宣传推广，树立各行业的两型典范，作为学习推广的标杆。三是两型综合示范片区建设。拟在长株潭三市的成熟街区和正常人口密度的乡村，战略性地培育、打造三个左右两型综合示范片区，通过 3～5 年的持续培育，综合集成具备两型全要素的两型"花园"，作为两型社会建设成果的实体展示窗口。

8.8.2　两型示范工程建设管理实践

（1）动员社会各方面开展创建，打造一个传播两型理念、塑造两型文化、扩大公众参与的载体。

一是以多样的创建类型发动群众。两型创建渗透到各个领域，由城区延伸到了农村，由机关延伸到了学校，由单个企业扩大到了园区，由家庭拓展到了社区、门店，范围涵盖生产、生活、消费，对象覆盖工人、农民、社区居民、机关干部、学生等，引导群众从自己做起，从点滴做起。

二是以丰富的主题活动贴近群众。举办两型社区节暨两型示范家庭评选活动，家庭代表向全省发出创建两型家庭的倡议。举办两型知识竞赛，全省 25 万人参赛。与团省委、环保组织等联合举办"争当两型小先锋"、"跟随大雁去迁徙"、护鸟营、守望湘江等两型公益活动，1000 多万青少年踊跃参与。各地都举办了各种各样的主题活动，韶山推广两型的广场舞。群众切身感受到"处处皆两型，人人可两型"，全省 1700 多万家庭重拎菜篮子、布袋子，使用节能家电、节水器具等。

三是以生动的宣教影响群众。动员媒体资源，以集中宣传、典型宣传为重点，打出宣传的组合拳。在《湖南日报》、绿网等开辟专栏，介绍典型项目、单位。开展科学发展成就辉煌——走进长株潭试验区、文艺家和作家采风等多项活动，从"两代表一委员"、老干部、工人、农民、普通市民、文艺家等视角关注和感受创建典型。制作两型公益广告，在省、市电视台的黄金时段播出。与教育厅联合下发中小学两型教育纲要，长沙市的中小学编了 30 套两型校本教材。组织现场观摩交流会、两型培训 100 多次，受众 10 000 多人次。在两型农村创建单位，那些无所事事、打牌赌钱的人很少，更多的居民热衷于搞好环境卫生。创建营造了比、学、赶、帮、超的氛围,两型理念入脑入心,在社会组织得到引导发展的同时,传播着生态文明的正能量。

(2)针对两型社会建设的重大问题开展创建,成为聚焦两型问题、培育两型模式、提供示范引领的平台。注重发现、面对、破解创建中存在的问题,为各行业各领域输送了许多个创新成果。

一是围绕产业发展抓创建。开展两型企业、两型园区创建,成为探索产业准入、退出、提升机制的重要切入口。两型企业,以清洁低碳技术的研发应用为重点、以市场运作为基础,加快传统产业提升、节能环保等新兴产业壮大。南方水泥浏阳公司采用高压变频调速等技术,年节能超过 8300 吨标煤,模式在整个南方集团推广。兴业太阳能公司建设九华园区 20.8 兆瓦光伏屋顶电站、智能微电网系统,带动太阳能电池片、光伏组件、平板集热器等产业高速发展。园区建设,以能源科技资源共享、项目投资产出强度控制和环境准入等为重点。宁乡经济开发区建设集中供热系统,园区只有一个烟囱;岳阳云溪精细化工园探索"企业—产业链—区域"的循环经济模式,推动企业间产业循环组合、"三废"综合治理、能源梯级利用;株洲栗雨工业园实行环保一票否决制,入园项目环保审批率达 100%,近三年否决不符合园区产业导向、未能通过环境审批的项目 20 余项,涉及投资资金 15 亿元。

二是围绕城乡统筹发展抓创建。开展两型村庄、两型专业合作社、两型小城镇创建,积极探索土地流转、垃圾分类处置、村民集中居住、现代农业发展等途径,初步形成了引导农民集中居住、城乡用地增减挂钩的宁乡"关山模式",推进打造乡村旅游品牌的望城"光明模式",以农民专业合作社平台进行产业帮扶、强化社区居民管理组织结构的韶山"华润模式",土地集中流转、推广清洁低碳技术产品的益阳山乡巨变第一村的"清溪模式"等。

三是围绕生态环境保护抓创建。针对生态环境领域的一些关键技术难题和运行模式问题,积极探索解决方案。农村环境推进城乡同治,株洲攸县形成"分区包干、分散处理、分级投入、分期考核"的"四分法";长沙县果园镇 2009 年在全国首创农村环保合作社,形成"户分类、村收集、乡中转、县处理"的垃圾分类处理模式。城市推进垃圾资源化利用、引入市场机制,在收运、分拣、填埋、污泥处置等进行全面、全链条探索。仁和垃圾公司建设首条垃圾分选线,机械与人工分选结合,回收率达 80%以上,大大减少了垃圾填埋量。长沙洋湖垸景区建设大规模的人工湿地处理污水。

四是围绕体制机制创新抓创建。两型创建为改革探索而生、为改革探索而进、为改革探索而兴,瞄准产业转型、能源资源节约和综合利用、生态环境治理等重大问题先行先试,涌现了产业退出、集约节约用地、环境治理市场化、住宅工厂化、垃圾资源化等 100 多项原创性的方式方法。海尚公司首创"不要政府付费、不用业主掏钱,向污染物资源化要效益"的畜禽养殖污染治理合同环境服务模式。

(3)整合行政与社会资源开展创建,强化上下联动、部门互动、凝聚合力的抓手。顺应各级各部门干事创业的激情,坚持指导与自主结合、部署与考评结合、激励与鞭策结合,形成了党政主导、部门组织、群众参与的工作格局。

一是高处着眼、顶层设计。针对两型创建重点领域和行业,制定出台59个两型标准,把生产、生活和消费领域中所涉及的资源、环境因素,细化成两型评价细则和标准,成为创建两型学校、园区、家庭、村镇、门店、机关等工作的"标尺"。按照两型具体化的要求,明确"两型五进",强调两型技术产品、两型生产生活方式、两型服务设施、优美生态环境、两型文化等两型要素,编制《两型示范创建工作指南》。

二是实处着力、齐抓共管。强化省直部门的协同组织,加大对各市的指导,形成了"总牵头单位—组织部门—责任单位—创建主体"的工作网络。省直部门认真履责,牵头开展相关工作:省财政厅积极推动清洁低碳技术产品纳入政府绿色采购,省直机关工委抓两型机关创建,省农业和农村工作办公室抓两型村庄、合作社,省发展与改革委员会抓两型园区,省经济和信息化委员会抓两型企业,省工商局抓两型门店,省旅游局抓两型景区,省妇女联合会抓两型家庭,两型示范创建成为部门服务、参与两型社会建设的重要平台。发挥财政资金的杠杆作用,2011年以来省财政每年投入3000多万元,支持省级示范创建点的改革建设。湘潭、益阳等市设立了示范创建专项资金。省市合力打造两型综合示范点,促进示范创建由"盆景"变"花园"。2013年,长株潭实验区工作委员会同省直有关部门,指导韶山市率先打造两型综合示范点,引领毛主席家乡人民率先过上两型美好生活。

三是小处着手、规范运作。将创建工作纳入对市政府年度绩效考核,长株潭三市考核分值为10分。建立两型示范单位管理办法,形成从示范创建申请到评审、指导培育、省级示范评审确定的管理制度。省、市开展常规的创建督导督查,各市建立了两型示范创建项目库,实行"月反馈、季调度、年评比"的推进机制。

三年来的两型示范创建,取得了一批制度成果,产生了很好的社会影响。湘潭市探索创造了"教育一个孩子、影响一个家庭、带动一个社区"的经验,得到中央领导高度肯定。长沙市探索的节地模式获国土资源部肯定并推广。株洲启动公共自行车租赁系统项目,推广到长沙、湘潭、衡阳、郴州、邵阳等市,以公共自行车租赁系统为基础的"1135"绿色出行"株洲模式"全国走红。长沙县、攸县农村环境整治创造了全国经验,被誉为"农民生活方式的一场深刻变革"。尤为重要的是,两型创建产生了综合性的效果:一是激发了试验区应有的创新精神,为先行先试提供了现实的目标和阵地;二是积累了两型建设的宝贵经验,使两型在各个领域找到了落地的路径;三是培育和锻炼了一大批对两型热情高、理解深、有办法的骨干分子;四是通过各个领域的创建,描画了一幅两型社会的"清明上河图"，唤起了人们对两型社会美好未来的热切向往。

　　健全生态文明建设公众参与机制，推进生态文明教育进党校、进社区、进学校、进乡村。积极开展生态县市和乡镇创建活动，支持创建一批国家和省级生态示范县市和乡镇。坚持以标准指导示范创建，健全两型社会标准体系，积极申报国家标准，总结提升一批省级两型示范单位，重点支持建设 100 个两型村庄、100个两型社区和 300 个"美丽乡村"。推进湘潭韶山两型综合示范片区建设，支持长沙大河西先导区、株洲天元区省级两型综合示范片区建设，推动两型社会建设由"盆景"向"花园"转变。

8.8.3　两型示范工程建设评价管理实践

　　建立和完善生态文明建设考核评价体系。探索编制自然资源资产负债表的调查研究。健全大气、水体、土壤和生物资源等生态环境监测网络，建立资源环境承载能力监测预警机制。完善绿色 GDP 评价体系，在长株潭三市开展绿色 GDP评价试点。推行生态文明建设绩效考核，加大资源消耗、环境保护、消化过剩产能等指标的考核权重。启动领导干部资源环境保护离任审计试点，将自然资源和环境保护纳入领导干部经济责任审计体系。加快研究建立与主体功能区相适应的分类考核绩效评价体系。针对禁止开发区建立系统配套的政策体系，建立健全国家级重点生态功能区财政支持的正常增长机制和考核奖惩机制。启动研究对划定生态红线区域、限制开发区和生态脆弱的国家扶贫开发工作重点县取消地区生产总值考核的具体措施。

　　根据省、市长株潭两型社会试验区改革要求及市政府对区政府年度节能目标责任考核相关要求，按照市政府对两型社会建设和节能工作的总体部署，长沙市率先考核评价各单位两型社会建设和节能目标任务完成情况。

　　考核的目标任务如下。

　　(1) 发展绿色生产。全市粮食总产量保持在 245 万吨以上，蔬菜总产量保持在 300 万吨以上；做大做强中国淡水鱼都，实现水产品总产量 32 万吨；新增"三品一标"（即无公害农产品、绿色食品、有机农产品和农产品地理标志）认证产品 20 个；农机总动力达 465 万千瓦，水稻生产全程机械化水平达到 73%；新建农业成果示范推广基地 12 个；建设标准化健康养殖小区 200 个以上；重点培育粮食、水产、茶叶、竹木、棉麻纺织五大支柱农业产业龙头企业，打造 2~3 家年产值过10 亿元的企业，年销售收入过亿元绿色食品品牌企业达 50 家；农产品加工销售收入增长 20%以上；农林牧渔业总产值同比增长 3%以上。全面推广十大清洁低碳技术，推进重点行业清洁生产审核，审核通过率达 90%以上，培育市级两型示范创建企业 5 个，淘汰落后产能企业 5 家；培育高新技术企业 6 家，高新技术产业增加值增长 30%，占规模工业增加值比重 24%以上；全市万元生产总值能耗和规模工业万元增加值能耗同比分别下降 3.5%和 5%；强力推进园区建设大会战，园区工业增加值占全市工业增加值的比重达到 50%以上；进一步加快资水流域水电开发和洞庭湖区风电开发，全市绿色能源产值达 45 亿元。开展星级旅游饭店和生态旅游景区创建活动，力争培育 1 家五星级酒店，打造 1 个以上休闲农业或乡村旅游示范点，加快建设益阳服务外包产业园，发展呼叫中心、3D 动漫等服务外包，服务业增加值增长 12%以上。

（2）建设绿色生态。启动国家生态城市创建。完成第五个"十万棵树进城"任务，新建和续建公园 6 个、社区公园 2 个、小游园 3 个和街头绿地 26 处，新增园林绿地面积 47.72 公顷，全市森林覆盖率稳定在 54.39%以上，中心城区建成区绿化覆盖率达 40.02%，绿地率达 38.89%，人均公共绿地面积达 12.51 平方米以上。实施兰溪河、志溪河综合整治工程；全市化学需氧量排放总量、氨氮、二氧化硫和氮氧化物排放量控制在省定计划之内；做好 $PM_{2.5}$ 监测和防治启动工作，中心城区空气环境质量优良率达 90%以上；加强工业废水和固体废弃物综合利用，万元规模工业增加值用水量下降 5%，工业固体废弃物综合利用率达 65%。深入推进城乡清洁工程，城镇生活垃圾处理率达到 100%；城镇污水集中处理率达到 92%以上，集中式饮用水源水质达标率 100%；城市水环境功能区水质、环境噪声等指标优于 2012 年水平；新建农村户用沼气池 4065 户；建成 15 个以上规模化禽畜养殖区污染治理或养殖废弃物综合利用示范工程，规模化禽畜养殖场废弃物综合利用率达 50%以上；全市所有行政村均达到"四有两无"清洁村标准；创建"农村清洁工程"省级示范村 8 个。强力推进交通建设大会战，完成交通建设投资 100 亿元以上；加快推进银城大道和益阳大道的两型示范道路建设；完成农村公路 500 千米，行政村通畅率达到 94%。加大园区建设支持力度，园区基础设施建设投入不低于所在地地方财政收入的 10%，新型工业化引导资金、高新技术产业发展资金、信息产业发展资金、节能减排资金等各类专项资金用于园区的比例不低于 70%，园区经营性土地收益全额投入园区建设。推进益阳东部新区建设，建成内环线和鱼形山大道，开展区域环境评估，启动高效生态林业示范区建设，创建国家级绿色生态城区，力争鱼形山水库补水工程列入国家和省水利建设投资计划。

（3）倡导绿色生活。《益阳日报》和广播电视台开辟绿色益阳与两型社会建设专栏，举办"绿色消费进万家""绿色益阳，两型之路"等主题宣传活动，开展两次绿色益阳与两型社会建设大型志愿者主题活动，确保生态文明宣传教育普及率达 100%。开展以两型为主题的群众文化活动和文化演艺惠民活动，提高全社会对绿色益阳与两型社会建设的知晓率和支持率。建立两型示范村庄、社区、机关、学校、家庭、门店创建长效机制，培育 3 个以上市级两型示范创建村庄、2 个以上市级两型示范创建社区、2 个以上市级两型示范创建机关、5 个以上市级两型示范创建学校、10 户以上市级两型示范创建家庭、5 个以上市级两型示范创建门店，打造 2 个以上省级两型示范单位。出台《益阳市城市照明管理办法》，完成中心城区高效节能灯具的推广应用工作，确保中心城区高效节能灯具使用率达 95.5%，实现节能 13.5%以上；完成 5 所以上学校的绿色照明系统或燃煤锅炉改造。全面完成城区农贸市场提质改造；新增符合国家标准的清洁能源公交车 20 辆；结合国家交通管理模范城市创建工作，优先发展城市公共交通，中心城区、各区县（市）万人拥有公交车辆 15 辆以上。

（4）推进绿色管理。设立区县（市）两型社会建设工作机构；建立绿色投入机制，区县（市）人民政府设置绿色益阳与两型社会建设专项引导资金并纳入财政预算；打造效能政府、廉洁政府，行政服务效率和廉洁指数明显提高，创造高效快捷、风清气正的政务环境，提升人民群众满意度；加大对民生资金、资源环保、节能减排、资源节约等方面的审计力度，将资源环境情况纳入领导干部经济责任的审计范围，开展试点工作。制订绿色发展规划，每个乡镇编制 1~2 个农民集中居住区建设详规，县城和重点镇近期建设用地控制性详细规划覆盖率达到 100%，一般建制镇控制性详细规划覆盖率达到 85%，乡规划编制和镇（乡）域村镇布局规划全部完成。完成 70%以上行政村“四位一体”机制建设任务；26 个农村土地信托流转乡镇耕地流转率达 50%以上，信托流转乡镇年内平均新增农业投资 5000 万元以上，其中整合涉农项目资金 1500 万元以上，全市统筹城乡发展投入比上年明显增长；建立控违拆违长效机制，全面实施乡镇规划、国土等管理机构联合审批制度，“一书三证”发证率达到 100%；严守耕地保有量 410.6 万亩和基本农田 344.6 万亩的保护“红线”。推进省级创业型城市建设，实现城镇新增就业 34 000 人，农村劳动力转移就业 28 000 人，零就业家庭动态就业援助率 100%，城镇登记失业率控制在 4.5%以内；完成中心城区棚户区改造 8729 户，推进保障性安居房建设，每个区县（市）建设或建成农民集中居住区达到 2 个以上，人均住房面积不足 12 平方米的城镇低收入群体住户降低率达 93%以上；确保 70%的村卫生室实施基本药物制度；改扩建乡镇敬老院 13 所以上；实现城乡低保和农村五保供养全覆盖，全年减贫 2.5 万人以上。

考核评价基本原则包括以下四个方面。

（1）评建结合，以评促建。绩效考核的目的在于促进各单位加强对两型社会建设工作的组织领导、统筹管理和协调服务，形成两型社会建设的凝聚力、战斗力和创造力。

（2）围绕两型、节能，突出重点。围绕两型社会建设和节能工作展开，突出考评各相关部门单位本年度两型社会建设和节能工作在重点领域、重点环节、重点项目、重点工作等方面取得的工作绩效。

（3）客观公正，易于操作。坚持实事求是、客观公正、简便易行。考评办法的设计注重科学性和较强的可操作性，考评结果体现真实性和有效性。

（4）单独考评，综合利用。按年度单独进行，当年 12 月 31 日前完成。考评结果一方面用于两型社会建设和节能目标的考核验收，另一方面也是区委、区政府对各单位绩效考核的组成部分。其中，两型示范工程建设评价指标体系见表 8-4。

表 8-4　两型示范工程建设评价目标任务及评分细则

序号	单位	目标任务	分值	评分细则
1	市直机关工作委员会	培育 2 个以上市级两型示范创建机关	40	每少 1 个扣 20 分
		有 1 条以上两型示范机关创建经验在省级以上媒体宣传推介	20	未完成计 0 分
		形成 1 篇以上与示范机关创建相关的调研报告	20	未完成计 0 分
		指导市直单位制定节水、节电、节能、垃圾处理和控制"三公"消费的具体制度	20	每有 5%的市直单位未制定制度扣 5 分，扣完为止
2	市人民政府农业和农村工作办公室	培育 3 个以上市级两型示范创建村庄	15	每少 1 个扣 5 分
		有 1 条以上两型示范村庄创建经验在省级以上媒体宣传推介	5	未完成计 0 分
		培育 2 个以上市级两型示范创建农民专业合作社	10	每少 1 个扣 5 分
		有 1 条以上两型示范农民专业合作社创建经验在省级以上媒体宣传推介	5	未完成计 0 分
		26 个信托流转乡镇耕地流转率达 50%以上，其中信托流转耕地面积占耕地流转面积的比率达 50%以上；26 个信托流转乡镇平均新增农业投资 5000 万元以上	30	每有 1 项未完成扣 10 分
		进一步抓好农村清洁工程，全市所有行政村都达到"四有两无"清洁村标准	15	未完成计 0 分
		完成 1 个试点乡镇的农村集体土地承包经营权确权颁证和"鱼鳞图"制作工作	10	开展了相关工作，但未完成计 4 分；未开展相关工作，计 0 分
		制定《益阳市沼气化推动农村禽畜污染治理和资源化利用技术实施方案》，新建农村户用沼气池 4065 户	10	制订了方案未完成任务计 4 分；未制订方案计 0 分
3	市发展与改革委员会	万元 GDP 能耗比上年下降 3.5%	10	未完成计 0 分
		争取节能节水、环境保护、生态保障等两型类项目资金 2 亿元以上	15	争取两型类项目资金每少 1000 万元扣 3 分，扣完为止
		根据省进度安排，大力推进益阳市洞庭湖生态经济区发展规划编制，争取一批项目进入省洞庭湖生态经济区规划	10	编制工作达到省进度要求，且一批项目进入省规划计满分；否则，计 0 分
		争取省级服务业引导资金支持，促进益阳东	10	争取到服务业引导资金支持

续表

序号	单位	目标任务	分值	评分细则
3	市发展与改革委员会	部新区新兴服务业和服务平台建设		计满分；否则，计 0 分
		抓好基础设施及产业发展、民生工程等重大项目建设，固定资产投资比上年增长 25%以上	10	固定资产投资增长速度每少 1%扣 2 分，扣完为止
		支持建成沅江华顺漉湖风电场一期工程项目，支持沅江漉湖芦苇风电场开展前期工作	15	每有 1 个项目未实现目标扣 7.5 分
		制订并组织实施《新能源发电技术推广实施方案》和《益阳市"城市矿产"再利用技术推广实施方案》	10	每缺 1 个方案扣 5 分；每有 1 个方案未组织实施扣 3 分，扣完为止
		推广节能减排技术，推进重大节能示范项目建设	10	在节能技术推广、节能示范项目推动上有计划、有举措、有资金支持、有实际节能量，计满分；否则，计 0 分
		完成市节能减排工作领导小组交办的各项工作和任务，确保节能工作完成各项省级考核指标	10	省级节能工作考核为完成以上计满分；否则，计 0 分
4	市教育局	培育 5 个以上市级两型示范创建学校	15	每少创建 1 所扣 3 分
		有 2 条以上两型示范学校创建经验在省级以上媒体宣传推介	10	每少 1 条扣 5 分
		开展 1 次全市中小学生资源节约、环境友好知识竞赛	10	未完成计 0 分
		在各级各类学校推广使用清洁能源，完成 5 所以上学校的绿色照明系统改造或原煤锅炉改造	15	每少 1 所扣 3 分
		建立两型校园考核常态机制	25	有制度未组织实施计 15 分；无制度计 0 分
		督促各学校建立节水、节电、垃圾分类等维护管理制度	25	每有 5%的学校未制定制度扣 5 分，扣完为止
5	市科技局	开展科技下乡进社区宣传服务活动 4 次以上	16	每少 1 次扣 4 分
		新建 12 家农业成果示范推广基地	20	每少 1 家扣 4 分，扣完为止
		培育高新技术企业 6 家	24	每少 1 家扣 4 分
		高新技术产业增加值增长 30%，占规模工业增加值比重 24%以上	20	每有 1 项未完成扣 10 分
		10%以上市级科技经费用于节能减排专项工作	20	每少 1%扣 10 分，扣完为止
6	市经济和信息化委员会	培育 5 个以上市级两型示范创建企业	8	每少 1 个扣 2 分，扣完为止
		有 1 条以上两型示范企业创建经验在省级以上媒体宣传推介	5	未完成计 0 分
		园区工业增加值占全市工业增加值的比重达	8	每少 1%扣 2 分，扣完为止

续表

序号	单位	目标任务	分值	评分细则
6	市经济和信息化委员会	到 50%以上		
		万元规模工业增加值能耗下降 5%	8	未完成计 0 分
		推进重点行业清洁生产审核，审核通过率达 90%以上	8	未完成计 0 分
		10 家企业清洁生产审核工程通过省专家评审	6	每少 1 家扣 3 分，扣完为止
		全市绿色能源产值达到 45 亿元	8	未完成计 0 分
		万元规模工业增加值用水量下降 5%	8	未完成计 0 分
		制订并组织实施《益阳市工业锅（窑）炉节能技术推广实施方案》	6	制订方案未组织实施计 2 分；未制订方案，计 0 分
		获得省战略性新兴产业和省新兴工业化项目、国家重点产业振兴技术改造项目、国家和省级中小企业技术改造项目及省级节能项目资金支持企业达 40 家以上	8	每少 1 家扣 2 分，扣完为止
		严格工业准入，对辖区内经济和信息化主管部门管理的工业和通信业固定资产投资项目执行节能评估与审查制度	5	未执行计 0 分
		推广合同能源管理，重点支持实施 2 个合同能源管理项目	6	每少 1 家扣 3 分
		推进工业"三废"，特别是电厂粉煤、矿渣等大固体废弃物综合利用，工业固体废弃物综合利用率达 65%	8	未完成计 0 分
		淘汰落后产能企业 5 家（含生产线）	8	未完成计 0 分
7	市公安局	在中心城区开展 1 次以上交通安全常识普及宣教活动	10	未完成计 0 分
		创建文明交通示范公路 5 条	30	每少 1 条扣 6 分
		研究制订户籍制度改革试点工作方案	20	未完成计 0 分
		按照创建国家交通管理模范城市工作实施方案开展相关工作	40	完成年度创建工作目标计满分；否则，计 0 分
8	市民政局	培育 2 个以上市级两型示范创建社区	30	每少 1 个扣 15 分
		有 1 条以上两型示范社区创建经验在省级以上媒体宣传推介	20	未完成计 0 分
		改扩建乡镇敬老院 13 所以上	30	每少 1 所扣 6 分，扣完为止
		实现城乡低保和农村五保供养全覆盖	20	未完成计 0 分

第9章 两型工程管理展望

9.1 两型工程管理的信息化、智能化

信息技术的革命性发展，使得互联网及移动互联网、物联网、大数据等新一代信息技术越来越广泛地应用到社会生活的方方面面，互联网技术不断与传统产业融合发展，使传统产业的发展出现了新业态、新机遇、新挑战，甚至促进了一大批新兴产业的诞生。这一趋势使得经济社会发展面临着前所未有的变革，中国国务院总理李克强首先在十二届全国人民代表大会第三次会议上所做的政府工作报告中提出顺利和利用这一革命性的趋势和机遇，实施"互联网+"行动计划，推动新兴产业和新兴业态的发展。毫无疑问，工程管理作为技术密集型行业和先进技术的大规模应用阵地，将在"互联网+"引领下发生重大而深刻的变化，两型工程管理也将在这一潮流中展现出新的面貌，日益呈现出日益信息化、智能化的趋势。

9.1.1 互联网革命对两型工程管理的引领

伴随着互联网技术的深度发展，尤其是移动互联网技术的大规模应用和普及，传统经济发展的地域和时间限制发生了较大改变，使得许多传统行业的发展路径、组织方式出现了巨大变革。对于两型工程管理而言，互联网革命对本行业发展的影响可能主要表现在以下三个方面。

（1）公共关系管理的信息透明化。随着互联网的发展，公民群体参与经济、社会管理的渠道更加多样，参与需求和意见表达也更加强烈。两型工程管理涉及与公众利益息息相关的资源、环境问题，受到项目直接影响的群众对项目可行性研究和规划编制期间的信息公开、决策参与的呼声强烈，随着互联网技术的发展、互联网社交媒体的应用，两型工程管理在规划、咨询阶段就需要通过相关互联网技术和媒体征集、吸收相关公众意见，并作为工程决策和规划的重要依据。同时，在工程实施阶段，两型工程管理主体也可以通过互联网及时对关注工程实施影响的群体发布信息、交流互动，以消除社会大众对工程的误解和担心。

（2）招投标阶段的全球化。互联网的发展，使得工程信息的交流反馈所需的时间极大缩小。两型工程作为一类较为复杂的工程项目，在选择工程实施主体时，需要尽量多吸引发达国家已具有成功相关项目实施经验的工程实施主体参与，鼓励他们与国内了解中国工程实施环境、法律的主体合作投标参与两型工程项目。

随着互联网的发展，信息通信条件的改善，两型工程可大力推进全球招标，吸引国际工程主体参与，而工程实施主体在投标时，也可更加便利地邀请国际同行合作共同投标，并在实施阶段实现与国际同行的及时信息交流、共享与合作。

（3）融资管理的网络化。随着互联网技术的发展，金融市场也出现了更加全球化和网络化的趋势。由于信息技术的改善，传统的民间融资渠道也逐渐走上前台，汇入互联网金融的洪流。这一系列变化，为两型工程的融资管理提供了更为多样化的选择和渠道，在不远的将来，两型工程融资通过众筹、P2P 平台等渠道实现都可能成为现实。与此同时，在互联网金融的背景下，融资活动也将面对非传统风险的存在，加强在此条件下融资风险的研究和管控也将成为非常紧迫的课题。

9.1.2　物联网技术发展对两型工程管理的提升

物联网是指通过连接互联网与包括射频识别装置、红外感应器、全球定位系统、激光扫描器等多种信息传感设备而形成的专门信息服务和控制网络。物联网技术在两型工程管理领域具有广阔的应用前景，已经在智能建筑与建筑节能、环境监测与智能决策等方面发挥出了巨大作用。

（1）在建筑节能领域，物联网技术的应用使得构建集中央控制、末端传感、实时监测、智能决策功能于一体的综合性建筑节能系统成为可能。该系统既包括一个统一的节能服务中心平台和针对每个建筑开发的节能管理系统，通过网络连接到建筑中的各种传感器，实现能耗分项计量，实时监视暖通空调、照明、电梯、给排水等系统的能耗和运行，同时具有独立运行的分布式特征和中央控制的系统架构。

（2）在建筑智能化领域，物联网技术的引入将产生极为深刻的影响。该领域中现有的产品和服务的形态将可能发生巨大变化，建筑智能化的技术服务将更加综合化、系统化、智能化，过去按照系统目的（楼宇控制、安防、消防、通信、办公）独立开发建设系统，各系统间互不通信、互不兼容的情况将逐渐消失，取而代之的是末端监控传感器统一部署、数据实时共享、监控预警智能功能高度综合的智慧型建筑综合控制系统。

（3）在环境监测和治理工程领域，物联网技术也将"大展身手"。在宏观环境管理和环境工程实施的基础条件，我国环境监测经过数 10 年的发展，正在从以往的以人工化学分析为主，即人工定期（或不定期）的现场采样、化验、水质分析，向依托移动互联网技术，进行基于无线传输的实时动态自动化监测发展。新一代基于物联网技术的环境监测网络通过多层级监控中心实时接入、监控数据无线传输等方式，解决监测终端部署环境限制、人为恶意破坏通信网络、企业/地方政府更改数据等问题，极大地提高了环境监测的实时性、准确性、可靠性及智能化程度。

9.1.3　大数据技术引入对两型工程管理的优化

大数据分析技术的出现开启了一次重大的时代转型，正在深刻改变人类理解和认识客观世界的方式，这一技术在两型工程领域的应用将为该类工程的管理提供更为高效甚至革命性的工具。

通过应用大数据技术对环境监测中产生的海量数据进行分析，可以获得可视化的环境数据分析结果和治理模型的立体化展现。通过历史数据模拟工程方案执行的结果，从而可以评估、优化两型工程的规划和实施方案。这类基于大数据的环境预测技术已在许多国家和地区的环境工程实践中得到应用，如在纽约哈德森河实施的"新一代的水资源管理计划"中，传感器网络将河流的生化、物理特征和盐度、浊度、颗粒物粒径等水质信息，以及河流水面上方的风向、气压等气象信息实时传输给智能分析中心，随时与历史数据进行比对分析，并结合起来对未来变化进行模拟预测。

大数据技术的引入，也使全民参与两型工程管理成为可能，信息传递结构扁平化是大数据时代的一个重要特征，这意味着数据对于每个身处其中的人而言都是公平的。公民的参与可将帮助更好地积累和形成环境大数据，同时这些数据的积累和公开，也将使公民获得参加、评价、监督两型工程的全新视角。

例如，非政府组织——中国公众与环境研究中心，通过搜集环保部门的公开数据，同时组织各地志愿者进行调查和报告，开发了"中国水污染地图"、"中国空气污染地图"和"固废污染地图"，建立了国内首个公益性的水污染和空气污染数据库，涵盖全国 31 个省级行政区和超过 300 家地市级行政区的当地水质、主要污染物排放浓度和污染源信息，使得普通公众可以通过直观、易懂的图表了解环境污染的详情。目前，"中国水污染地图"已经列出了超过 13 万条的企业污染纪录，而空气污染地图也列出了上万条企业违规超标纪录。当社会公众可以获取这些信息时，公众参与流域治理与修复、大型企业节能减排等大规模两型工程项目的规划、决策在信息对称上成为可能，同时也为社会公众监督这些两型工程项目的实施和运营效果提供了有效渠道。

9.2　两型工程管理的模块化、集成化

随着两型工程的数量急剧增多，政府和社会各界对两型工程实施和运营质量的要求越来越高，要保证两型工程的进度和质量，模块化、集成化的管理模式就是一条必由之路。

9.2.1　两型工程模块化、集成化的总体思路

　　模块化是在规划、实施复杂工程过程中按照功能、性质等标准把工程对象划分为若干子系统的方法。集成化则是指在工程实施中互相独立的过程或工程对象中相互独立的子系统，因为功能互补、流程优化、提高性能等需求，进行统一规划和实施的方法。两者相辅相成，都是运筹学思想在工程管理中的应用。

　　随着两型工程数量的快速增长，模块化可以缩短工期、降低成本，支撑两型工程的日益增加。同时，两型工程所具有的实施环境差异、工程过程标准化程度有限的特征，也为两型工程的模块化带来了困难。这要求两型工程的管理单位要充分运用前沿的工程管理技术，对两型工程进行科学合理的剖析分项，从小模块到大模块，由局部的模块化到整体模块化。集成化则可以有效提升两型工程所实现的性能，提高两型工程的智能化水平。对于两型工程中条块分割、各自为政的子系统，要进行充分整合，在基础层面实现平台、数据的共享，在高端应用层面则应实现功能模块化。

　　为此，我们要针对项目的实际情况，进行费用分析对比和统筹规划。优先考虑大规模设备、设施、网络的模块化组装；满足设计、运输、信息等方面限制条件的设施、设备均要实现模块化；对现场安装工作量大的设施、设备尽可能模块化。

9.2.2　两型工程模块化、集成化的计划实施

　　（1）成立专门机构，确定工作管理流程，落实各专业模块化组成人员，共同推进模块化实施。联合各方专家，成立模块化管理委员会，涉及多方参建的要在各承建单位设立对应工作机构。建立工程模块的信息通报和共享机制。

　　（2）组织调研，掌握第一手资料。模块化施工必须同各专业紧密结合，要充分考虑指导设计、设备采购、组装、物流运输、安全保护、现场安装与调试等环节的工作，确定各模块化方案的时间节点。

　　（3）模块化实施的具体步骤。进行方案策划，界定模块化项目；与各专家进行技术交流，讨论实施方案、交换意见，确定模块化实施的可能性；完善模块化方案，调整模块化项目；完成模块化项目设计方案、组装方案、物流方案、安装调试方案；完成关键设备、结构、功能组件的模块作业设计，对方案的可靠性进行论证，完善修订方案细节；完成辅助设备、结构、功能组件的模块化作业设计；组织具体实施模块化方案，涉及进度控制、场地利用、物流运输、质量保证、基础保障条件等多方面实施协调。

参 考 文 献

安维复. 2007. 工程决策：一个值得关注的哲学问题. 自然辩证法研究, 23（8）：51-55.

毕文杰, 陈晓红. 2007. 一种基于可变精度粗糙集的群体分类决策方法. 系统工程, 25(8)：94-97.

蔡芳. 2008. 环境保护的金融手段研究——以绿色信贷为例. 青岛：中国海洋大学.

操小娟, 李和中. 2011. "两型社会"视域下低碳经济发展激励政策模型分析——以武汉城市圈
　　为例. 中国软科学, （7）：66-73.

陈惠芳. 2009. "两型社会"我国可持续消费模式研究. 湘潭：湘潭大学.

陈伟强, 章恒全. 2003. PPP 与 BOT 融资模式的比较研究. 价值工程, 2：4-6.

陈晓红. 2011-09-01. 科学构建"两型社会"标准体系. 人民日报, 7 版.

陈晓红. 2012. 构建绿色经济政策体系. 新湘评论, （21）：14-16.

陈晓红. 2012-11-01. 以体制机制改革创新推进"两型社会"建设. 人民日报, 23 版.

陈晓红. 2013a. 工程决策理论、方法与平台//中国工程管理论坛编委会. 2013 中国工程管理论坛
　　论文集. 长沙：中南大学出版社：445-449.

陈晓红. 2013b. 以"两型社会"建设改革推进生态文明建设工程的实践与思考. 中国工程科
　　学, 15（11）：87-91.

陈晓红, 陈志阳, 徐选华. 2008. 面向复杂大群体的群体决策支持平台框架研究. 计算机集成制
　　造系统, 14（9）：1796-1804.

陈晓红, 傅滔涛, 曹裕. 2012. 企业循环经济评价体系——以某大型冶炼企业为例. 科研管理,
　　33（1）：47-55.

陈晓红, 李喜华. 2008. 民营企业高层管理团队冲突和冲突管理模型研究. 系统工程, 26（12）：
　　45-51.

陈晓红, 唐湘博, 田耘. 2015. 基于 PCA-MLR 模型的城市区域 PM2.5 污染来源解析实证研究——
　　以长株潭城市群为例. 中国软科学, （1）：139-149.

陈晓红, 王宗润. 2003. 资产证券化的融资模式. 中南大学学报（社会科学版）, （1）：85-88.

陈瑜, 陈晓红. 2010. 区域生态现代化评价指标及实证研究. 系统工程, （4）：110-114.

程曼丽. 1994. 公关传播. 北京：中国国际广播出版社.

程新宇. 2007. 工程决策中的伦理问题及其对策. 道德与文明, （5）：80-84.

程玉贤, 郑海英. 2001. 公共关系六大特征解析. 北华大学学报, （3）：77-81.

邓超, 陈晓红. 2004. 一种共赢的融资方式：重点项目集合委托贷款. 求索, （5）：21-23.

董传仪. 2007. 危机管理学. 北京：中国传媒大学出版社.

杜岩, 谭春华. 2006. 企业公关危机管理理论和对策研究. 山东经济, （3）：57-60.

段小萍. 2013. 我国合同能源管理（EPC）项目融资风险管理研究. 长沙：中南大学.

范一. 2012. 基于"两型社会"建设的九华经济技术开发区发展模式评价研究. 湘潭：湘潭大学.

冯锋，张瑞青. 2006. 公用事业项目融资及其路径选择——基于 BOT，TOT，PPP 模式之比较分析. 软科学，19（6）：52-55.

付丽娜，陈晓红，冷智花. 2013. 基于超效率 DEA 模型的城市生态效率研究——以长株潭"3+5"城市群为例. 中国人口·资源与环境，22（4）：169-175.

付自鹏. 2013. 对工程风险管理的简述. 科技与企业，18：42.

苟伯让，李寓. 2008. 建设工程项目管理. 北京：机械工业出版社.

郭秉慧. 2008. 媒体公关的功能及道德研究. 上海：上海外国语大学.

郭庆光. 2002. 传播学教程. 北京：中国人民大学出版社.

韩跃进，孟旭. 1998. 公共关系的调查研究浅论. 行政论坛，（5）：47-48.

何继善，陈晓红，洪开荣. 2005. 论工程管理. 中国工程科学，7（10）：5-10.

何继善，王孟钧，王青. 2013. 中国工程管理现状与发展. 北京：高等教育出版社.

胡东滨，陈晓红. 2008. 决策问题管理系统及其开发组件研究. 长沙：中南大学.

胡军华，张砚. 2013. 基于相似度的区间二型模糊多准则群决策方法. 系统工程与电子技术，35（6）：1242-1248.

胡税根. 1995. 论公共关系评估. 浙江大学学报（社会科学版），（4）：65-68.

胡振华. 2001. 工程项目管理. 长沙：湖南人民出版社.

胡志根. 2004. 工程项目管理. 武汉：武汉大学出版社.

华锦阳. 2011. 制造业低碳技术创新的动力源探究及其政策涵义. 科研管理，32（6）：42-48.

黄健荣，徐西光. 2012. 政府决策能力论析：国家重点建设工程决策之视界——以长江三峡工程决策为例. 江苏行政学院学报，（1）：89-97.

蒋先玲. 2008. 项目融资. 北京：中国金融出版社.

雷杰欣. 2010. 非营利组织的公共关系策略——以国际铜业协会为例. 广州：暨南大学.

雷明，钟书华. 2010. 生态工业园区评价研究评述. 科技进步与对策，27（6）：156-160.

李忱忱. 2013. 新时期设立我国政府公共关系机构的必要性研究. 上海：东华大学.

李季. 2008. 建设工程施工进度控制研究. 青岛：中国海洋大学.

李名升，佟连军. 2007. 中国环境友好型社会评价体系构建与应用. 中国人口·资源与环境，17（5）：105-111.

李明贤，匡远配. 2008. "两型社会"建设的金融支撑体系构建研究. 湖南社会科学，（5）：110-113.

李森，魏兴琥，张素红，等. 2007. 生态城市建设的基本架构与转型途径. 热带地理，27（4）：354-359.

李世东，翟洪波. 2002. 世界林业生态工程对比研究. 生态学报，22（11）：1976-1982.

李秀辉，张世英. 2002. PPP：一种新型的项目融资方式. 中国软科学，（2）：51-54.

李艳. 2009. 浅谈绿色工程项目管理评价体系. 海南大学学报（自然科学版），27（1）：8-14.

梁世连. 2011. 工程项目管理. 2 版. 北京：清华大学出版社.

廖为建. 1989. 公共关系学简明教程. 广州：中山大学出版社.

林敏娟. 2005. 论公共政策过程中政府公关的重要性. 山东行政学院山东省经济管理干部学院学报，（8）：7-9.

林萍. 2006. 政府危机公关研究——以松花江水污染事件为个案. 北京：北京师范大学.

刘传江，冯碧梅. 2009. 低碳经济对武汉城市圈建设"两型社会"的启示. 中国人口·资源与环境，19（5）：16-21.

刘贵文，符定辉. 2008. 我国建筑垃圾处理项目推行 PFI 融资模式的研究. 项目管理技术，（5）：44-48.

刘金龙. 2004. 中国参与式林业的简要回顾与展望. 林业科技管理，（1）：28-33.

刘钧. 2005. 风险管理概论. 北京：中国金融出版社.

芦文慧. 2008. 论高校公共关系的功能. 河南工业大学学报（社会科学版），（2）：110-113.

陆惠民，苏振民，王延树. 2010. 工程项目管理. 2 版. 南京：东南大学出版社.

陆佑楣. 2004. 三峡工程的决策和实践. 中国工程科学，5（6）：1-6.

毛腾飞. 2006. 中国城市基础设施建设投融资模式创新研究. 长沙：中南大学.

毛小云，齐顾波. 2010. 参与式发展：科学还是神话. 南京工业大学学报（社会科学版），（9）：668-673.

孟丽莎，沈中华. 2008. 城市循环经济评价指标体系研究. 科技管理研究，（4）：50-52.

苗俊伟，周贝贝，钱谊. 2013. 生态工业园区生态效率评估方法研究及应用. 生态与农村环境学报，29（4）：466-470.

齐艳霞. 2010. 工程决策的伦理规约研究. 大连：大连理工大学.

钱锡红，杨永福. 2008. 资源节约与环境友好型工业指标体系构建——以东部"五省市"为例. 中国管理科学，16：622-627.

任宏，张巍. 2005. 工程项目管理. 北京：高等教育出版社.

任旭. 2012. 工程风险管理. 北京：清华大学出版社，北京交通大学出版社.

沈国舫. 2010. 三峡工程对生态和环境的影响. 科学中国人，（S1）：48-53.

施骞. 2008. 工程项目环境友好型设计的分析与控制. 环境与可持续发展，（3）：51-53.

孙晓光. 2004. 城市基础设施建设及其投融资研究. 天津：天津大学.

谭春桥，陈晓红. 2009. 基于直觉模糊值 Sugeno 积分算子的多属性群决策. 北京理工大学学报，29（1）：85-89.

谭春桥，马本江，陈晓红. 2010. 基于诱导 Choquet 积分算子的群决策方法. 管理工程学报，（4）：155-160.

涂正革，刘磊珂. 2010. 环境技术效率与"两型社会"建设研究：以湖北为例. 山东经济，（5）：5-12.

万冬君，刘伊生，姚兵. 2007. 城市能源基础设施-经济-社会-环境复合系统协调发展研究. 中国管理科学，15：676-681.

王发友. 2013. 论克洛斯的工程设计思想. 自然辩证法研究，29（8）：57-62.

王建廷，李迎迎，肖忠钰. 2010. 绿色工程管理及其工程价值观研究. 工程管理学报，24（1）：
    41-45.

王金南，曹国志，曹东，等. 2013. 国家环境风险防控与管理体系框架构建. 中国环境科学，
    33（1）：186-191.

王礼先. 2000. 林业生态工程学. 北京：中国林业出版社.

王茂祯，冯之浚. 2012. 循环经济创新评价指标体系研究. 中国人口·资源与环境，22（4）：
    163-166.

王文军，赵黛青，陈勇. 2011. 我国低碳技术的现状、问题与发展模式研究. 中国软科学，（12）：
    84-91.

王修华，傅钰，刘灿，等. 2010. 长株潭“两型社会”建设的市场化融资路径. 理论探索，（6）：
    62-67.

王学民，高随祥. 2010. 工程进度优化与控制问题的研究现状及趋势. 工程研究——跨学科视野
    中的工程，2（2）：131-136.

王勇. 2000. 论公共关系的基本功能. 西藏民族学院学报，（2）：52-56.

王卓甫，杨高升. 2009. 工程项目管理原理与案例. 2 版. 北京：中国水利水电出版社.

吴季松. 2009. 从传统工程走向生态工程：案例与建议. 工程研究：跨学科视野中的工程，（4）：
    319-326.

肖序，周志方. 2012. 企业环境风险管理与环境负债评估框架研究. 审计与经济研究，27（2）：
    33-40.

熊原伟. 1990. 公共关系学. 合肥：安徽人民出版社.

徐波. 2011. 流域综合治理的投融资机制研究——以国家开发银行支持太湖综合治理为例. 水
    利发展研究，11（7）：83-87.

徐选华，周声海，汪业凤，等. 2013. 非常规突发事件应急决策冲突消解协调方法. 控制与决策，
    28（8）：1138-1144.

许凯. 2007. 工程设计的伦理审视. 成都：西南交通大学.

杨建科，王宏波，屈旻. 2009. 从工程社会学的视角看工程决策的双重逻辑. 自然辩证法研究，
    （1）：76-80.

杨平. 2011. 实现“两型社会”建设技术创新的基本途径——以湖南长株潭城市群“两型社
    会”建设为例. 系统科学学报，（3）：66-70.

姚大钧. 2012. 工程风险管理实务要点简介. 地下空间与工程学报，（S2）：1732-1736.

叶敬忠，张梅雪，史丽文. 2001. 论参与式社区发展规划. 农业经济问题，（2）：45-51.

易显飞. 2009. 两型社会与技术创新的生态化. 科学技术与辩证法，（2）：86-89.

殷瑞钰. 2006. 关于工程与工程创新的认识. 科学中国人，（5）：22-26.

殷瑞钰，汪应洛，李伯聪. 2007. 工程哲学. 北京：高等教育出版社.

袁广达. 2010. 基于环境会计信息视角下的企业环境风险评价与控制研究. 会计研究，（4）：

34-41.

袁志明. 2008. 环境友好型社会评价指标测度方法研究. 科研管理,(7):175-179.

张红. 2010. 论绿色金融政策及其立法路径——兼论作为法理基础的"两型社会"先行先试权. 财经理论与实践,(2):125-128.

张极井. 1997. 项目融资. 北京:中信出版社.

张萌,林本海. 2012. 地铁建设期工程风险评估方法及其应用. 建筑监督检测与造价,(2):7-13.

张强,王忠生. 2008. 长株潭城市群区域金融生态环境优化研究——基于长株潭城市群"两型社会"建设的思考. 求索,(7):5-7.

张先锋. 2009. 工程项目环境风险管理效率及绩效评价研究. 武汉:华中科技大学.

张相勇. 2009. 建筑工程设计风险分析及管理研究. 北京:中国矿业大学.

张晓凤,蔡丽. 2010. 基于项目的碳金融发展的模式研究——中国式碳金融发展状况分析. 金融论坛,(S1):65-72.

张永洁. 2008. 林业生态工程投资项目后评价研究——以德惠市三北防护林工程为例. 昆明:西南林业大学.

赵燕. 2012. 工程项目成本控制体系的构建. 沈阳:沈阳工业大学.

周五七,聂鸣. 2011. 促进低碳技术创新的公共政策实践与启示. 中国科技论坛,(7):18-23.

周显武,佘婷,吴克生. 2008. 加强工程项目管理,服务"两型社会"建设. 中国工程咨询,(11):14-17.

周永章,陈杰,李飑,等. 2006. 节约型社会指标体系框架设计与广东节约水平现状评价. 中国人口·资源与环境,(4):112-116.

朱立韬. 2006. 新型项目融资模式 PPP 与 BOT、TOT 模式的比较研究. 金融经济,(24):122-123.

Clifford Chance 法律公司. 1998. 项目融资. 龚辉宏译. 北京:华夏出版社.

Burton I. 1987. Our common future: the world commission on environment and development. Environment: Science and Policy for Sustainable Development, 29(5): 25-29.

Coombs W T, Holladay S J. 2008. Comparing apology to equivalent crisis response strategies: clarifying apology's role and value in crisis communication. Public Relations Review, 34(3): 252-257.

Darbraa R M, Eljarrata E, Barcelo D. 2008. How to measure uncertainties in environmental risk assessment. Trends in Analytical Chemistry, 20(4): 377-385.

Deblonde T, Cossu-Leguille C, Hartemann P. 2011. Emerging pollutants in wastewater: a review of the literature. International Journal of Hygiene and Environmental Health, 214(6): 442-448.

Duan H. 2005. Social process of environmental risk perception, preferences of risk management and public participation in decision making: a cross-cultural study between the United States and China. Columbus: Ohio State University.

Escher B I, Fenner K. 2011. Recent advances in environmental risk assessment of transformation products. Environmental Science & Technology，45（9）：3835-3847.

Fu Z N，Jia H Y，Cao Z Y. 2012. Developing two-oriented energy to build two-oriented society based on the construction of Wuhan city circle. Advanced Materials Research，524：3052-3057.

Jun J. 2011. How climate change organizations utilize websites for public relations. Public Relations Review，37（3）：245-249.

Kasperson J X，Kasperson R E. 2011. Global Environmental Risk. New York：United Nations University Press.

Lafferty W M，Eckerberg K. 2013. From the Earth Summit to Local Agenda 21：Working Towards Sustainable Development. London：Routledge.

Lawniczak R. 2009. Re-examining the economic roots of public relations. Public Relations Review，35（4）：346-352.

Nevitt P K，Fabozzi F J，de Sury P. 1995. Project Financing. London：Euromoney Publications.

Odum E O. 1983. Basic Ecology. New York：Saunders.

Peggy J. 2009. The supervision of environmental risk：the case of HCB waste or botany/randwick. Journal of Environmental Management，90（4）：1576-1582.

Perez-Barahona A，Zou B. 2006. A comparative study of energy saving technical progress in a vintage capital model. Resource and Energy Economics，28（2）：181-191.

Project Management Institute. 2013. A Guide to the Project Management Body of Knowledge（Pmbok Guide）. 5th ed. Baton Rouge：Project Management Institute.

Robert M. 1998. Encyclopedia Britannica. 15th ed. London：Encyclopaedia Britannica（UK）Ltd.

Schwarza A，Fritscha A. 2014. Communicating on behalf of global civil society：management and coordination of public relations in international nongovernmental organizations. Journal of Public Relations Research，26（2）：161-183.

Seo H，Kim J Y，Yang S U. 2009. Global activism and new media：a study of transnational NGOs' online public relations. Public Relations Review，35（2）：123-126.

Yamamura K，Ikari S，Kenmochi T. 2013. Historic evolution of public relations in Japan. Public Relations Review，39（2）：147-155.